추천사

★★★★★

새로운 지역으로 와서 새로운 연결과 새로운 실천커뮤니티를 만들려고 하는 지금의 내게 꼭 필요한 책이다. 저자는 비경제적 자본인 '커뮤니티'의 자본화를 통해 우리들의 삶, 지역, 사회에 긍정적 변화를 끌어낼 수 있다고 말한다. 그리고 그 실천서를 출간했다. 그는 창조적 커뮤니티를 생성하고 기존 커뮤니티와의 융합을 통해 삶을 풍요롭게 만드는 자본으로 커뮤니티를 바라보고 있다. 경계를 넘어 서로 연결되고 변화되어 가는 길과 그 길을 통해 분절과 격차와 소외를 완화시켜 나가는 방법이 '커뮤니티 웨이'라고도 말한다.

저자가 처음 제주창조경제센터장으로 부임했을 때의 마음이나 느낌은 지금 내가 가지고 있는 것과 비슷하다. 단기간의 성과에 집착하기보다는 지역창업생태계 조성이라는 본질에 충실하도록 지역 내 기반을 계속 만들어가다 보면 지역 혁신가들의 경험과 커뮤니티가 앞으로 전북 창업 생태계의 자본이 될 것으로 믿는다. 그렇기에 나 역시 '새로운 연결과 창조적 융합을 통한 전북 창업 생태계의 진화'를 목표로 일하고 있다.

창조적 커뮤니티는 새로 만들어지는 것만을 의미하지는 않는다. 기존에 존재하던 서로 다른 커뮤니티들이 연결되고 융합되어 새롭게 만들어져서 지역에 긍정적인 변화를 끌어내는 커뮤니티 자본이 된다. 그러기 위해 실천적 방안을 제시하고 실행하는 것이 혁신으로 가는 변화의 길이고 커뮤니티엑스 웨이다.

로컬의 한계를 극복하기 위한 주요 요건인 다양성과 개방성을 기반으로 커뮤니티 자본의 성장을 통해 기존의 경제적 자본과 연결하여 새로운 미래 성장 동력을 확보하도록 공공도 변화해야 한다. 그런 의미에서 이 책은 나에겐 꼭 필요한 자습서이다. 여러분께도 분명히 가치 있는 책이 될 것이라 믿는다.

- 강영재, 전북창조경제혁신센터장·전 브릿지스퀘어 대표(전북)

우리 사회는 혈연, 지연, 학연, 진영 중심의 사회로 커뮤니티 간의 단절과 반목이 크며 많은 문제를 낳고 있다. 이러한 커뮤니티 문제를 해결하는 것이 지속가능한 사회로 나갈 수 있는 길이라고 믿는다. 내가 2008년에 고벤처포럼을 만들어 다양한 사람들이 서로 연결되어 지식과 경험을 나누는 개방적인 스타트업 커뮤니티와 생태계를 만들고자 했던 이유다. 이 책은 저자가 제주의 창업 생태계를 만들며 직접 경험하고 실천한 것을 나눈 것으로서 지역에 다양성과 개방성의 커뮤니티를 만들려는 분들에게 특히 큰 도움이 될 것이다.

- 고영하, 한국엔젤투자협회 회장

이 책을 읽으면서 설렜고 위로받았다. 부산 영도에서 5년 한시적인 문화도시 사업을 추진하다 보니 무엇을 남기는 것이 지속가능한 선택인지 매번 고민하게 된다. 조직이나 공간도 중요하지만 가장 효능감 있는 맺음은 도시를 문화적으로 변화시켜갈 '사람'과 느슨하지만 서로를 지켜봐주는 '관계망'을 풍부하게 남기는 것이 아닐까 했다. 그래서 커뮤니티를 잇는 커넥터를 찾고 함께 작당하고 작은 성공의 경험을 축적하는 데 애쓰고 있다.

하지만 지치는 순간도 많다. 단기간 성과를 내야 하는 정책 사업상 커뮤니티 일하기 방식은 때로는 당장 효과로 나타나지 않아 비판도 받고 때로는 관계에 지치기도 했다. 그래서 나에게 이 책이 참 따뜻했다. 커뮤니티의 힘을 믿고 풍랑을 헤치며 항해 중인 많은 지역 혁신가에게 잘 가고 있다고 불 밝히는 은하수 같다고 할까? 삶과 도시의 여정을 고민하는 많은 분과 이 책을 같이 읽고 토론하고 싶다.

- 고윤정, 영도문화도시센터장(부산 영도)

지금 각자의 지역에서 비즈니스를 상상하고 가용한 자원과 네트워크를 활용하여 하나씩의 사례를 만들어가는 많은 플레이어가 있다. 나 역시 그 안에 포함된다. 우리는 매 순간 새로운 문제를 발견하고 솔루션을 찾아가며 이러한 활동들이 누적되어 지역만의 색깔을 쌓아가고 있다. 하지만 그 과정에서 어느 순간 주변을 바라보면 나 혼자 미지의 세계 어딘가로 돌진해 와 버렸다는 느낌을 받을 때가 많다.

분명 지역에 가치를 더하고 지속가능한 비즈니스를 발명하고 있지만 우리 스스로를 무어라고 정의해야 할지 몰라 막막해하는 지역의 많은 동료에게 한 줄기 빛을 던져주는 책이다. 플레이어들이 필드에서 두려움과 주저 없이 앞으로 내달릴 수 있도록 정리해준 저자에게 깊은 감사를 드린다!

- 권오상, 주식회사 퍼즐랩 대표·마을스테이 대표(충남 공주)

이 세상은 패러다임의 전쟁터다. 패러다임을 바꾸는 자가 세상을 지배할 것이다. 스타트업을 통한 로컬 생태계의 교차점은 커뮤니티와 네트워킹의 본질이다. 작가가 말하는 커뮤니티를 변화시키는 일이 얼마나 가치 있는가에 크게 공감한다. 지역소멸, 저출산, 청년이탈, 도시문제 해결의 실마리를 찾고 싶은 분들에게 추천한다.

- 김영록, 넥스트챌린지 대표·『변종의 늑대』 저자

제주는 로컬 크리에이터의 성지와 활성화된 창업 생태계가 가진 지역으로 주목받고 있다. 많은 사람이 그 비결을 찾아 방문하기도 하고 전문가들의 분석들도 이어지고 있다. 통상 방문을 통해 얻는 것은 외형적 특징이거나 결과물이다. 그러나 이런 방법으로는 비결을 알아낼 수가 없다. 멋진 아름드리나무의 뿌리, 줄기, 가지, 잎 등을 분석한다고 좋은 나무를 기르는 방법이 나오지 않는다. 나무는 땅을 기름지게 하고 좋은 씨앗을 심고, 물, 햇살, 영양분을 제공해야 자라게 된다. 떡잎을 보고 줄기가 없음을 이야기하는 건 아무 의미가 없다.

이 책의 매력은 창업 생태계가 성장해 가는 과정과 원리를 담고 있다는 것이다. 이론적이거나 추상적인 것들이 아니라 실천과 실행 속에서 만들어지고 좋은 결실을 이어진 것들이라 더욱 값지다. 저자는 타고난 이야기꾼이기도 하다. 이 과정과 원리를 다양한 사람

들의 스토리와 함께 풀어낸다. 사람들의 삶의 이야기는 우리에게 흥미를 제공한다. 독자들은 각 원리를 쉽고 자연스럽게 이해하게 된다.

이 책이 제시하는 커뮤니티 엑스는 한국의 시대적 흐름에 천착하며 지금 한국 사회가 마주한 다양한 문제들을 해결할 저자만의 고유의 통찰들이다. 사람은 자율적인 개체이자 사회적인 존재이다. 개인주의와 집단적 공동체주의는 인간의 한 단면이 과도하게 반영된 결과이다. 커뮤니티를 집단주의적 공동체로 해석하는 순간 길을 헤맬 수밖에 없다. 커뮤니티 엑스는 연결과 융합을 촉진하는 커뮤니티 문화와 자본으로 이 딜레마를 해결할 수 있음을 제시하고 있다. 저자는 자신의 통찰에 영향을 미친 다양한 석학들의 책들과 관점을 함께 제시한다. 이를 통해 독자들을 지역, 창업, 사회와 관련된 더 깊은 지혜의 세계로 안내하기도 한다.

이 책이 흥미로운 것 중 하나는 저자가 현재진행형이라는 점이다. 이 책은 저자의 지난 7년간의 삶의 기록이기도 하지만 새로운 미래에 대한 출사표이기도 하다. 과거의 실험들이 어떻게 현재로 연결되었는지를 알아가는 과정은 흥미롭다. 나아가 앞으로 삶의 선택과 미래 방향을 읽을 때는 그 결과가 어떻게 될지 설렘을 느끼게 한다.

이렇듯 이 책은 지금 시대 대한민국과 지역에 필요한 커뮤니티 자본을 확장시키기 위한 과정, 원리, 실행, 실천, 스토리, 정서, 이론, 통찰들이 씨줄과 날줄로 연결되고 잘 버무려져 있는 매력적인 글이다. 실천가로서뿐만 아니라 암묵지를 형식지로 변환하는 작가적 역량이 돋보인다. 덕분에 우리는 쉽지만 깊이 있고 구체적이지만 추상적인 내용으로 커뮤니티 자본을 받아들이게 된다. 이 책을 통해 지역에서의 실행을 통해 변화시키려는 사람들은 더 다양하게 연결되어 갈 것이다. 단순한 책을 넘어 대한민국과 지역의 미래를 만들어가는 실행 커뮤니티를 위한 실천적 프로파간다이기도 하다.

– 김종현, 섬이다 대표(전 제주더큰내일센터장)

사람과 사람을 연결하는 일. 나는 네트워킹이란 그저 사람이 일상에서 하는 일이라고만 생각했다. 아라리오가 제주에 뮤지엄과 디앤디파트먼트 제주점을 운영하면서 지역 사람들이 모일 수 있는 곳을 만들고 지역의 상품들을 소개하면서 물건을 파는 것이 핵심이 아니라 그 물건을 중심으로 한 커뮤니티를 팔아야 한다고 생각했다. 그것은 트렌드와 싸우는 일이다. 물건 그 이면에 있는 사람과 사람과의 연결성은 새로운 자본으로서 여겨져야 할 것이고 그 가치는 미래에 더 중요해질 것이다. 이 책의 저자에게 배운 생각이다. 이 책은 미래에 경영을 고민하는 모든 분께 중요한 시사점을 전해줄 것임이 확실하다.

– 김지완, 아라리오제주 대표(제주)

2000년대 이후 한국의 탈산업화가 본격적으로 진행되면서 지역에서 물리적 자원을 집적하는 산업단지에서 벗어나 비물리적 자원을 활용한 기업 생태계를 구축하기 위한 다양한 노력이 시작됐다. 로컬 기업은 활용하는 지역 자원으로는 지역 문화, 건축 자원, 커뮤니티 자원, 상업 자원을 들 수 있다. 『커뮤니티 자본론』은 로컬 문헌에서 그동안 간과한 커뮤니티 자본이 어떻게 지역 기업 생태계 형성에 기여하고 지역 혁신가가 어떻게 커뮤니티 자본을 활용해야 하는지를 설명하는 역사적으로 중요한 책이다. 제주에서 실제로 창조 커뮤니티를 설계하고 성공시킨 현장 전문가가 쓴 책이어서 더욱 신뢰가 간다.
- **모종린**, 연세대학교 국제대학원 교수·골목길 경제학자

대전시 유성구는 기술 중심 과학도시이다. 하지만 과학은 혁신의 필요 요소일 뿐 커뮤니티 자본과 연결자가 없는 과학도시는 혁신 생태계로 전환되기 어렵다. 장소성을 바탕으로 하는 연결의 힘, 그걸 끌어가는 리더십의 존재, 그리고 시간의 힘. 그 바탕 아래에서 모든 지역은 반드시 변화된다. 그 핵심에 커뮤니티 자본이 있다. 유성구도 뒤늦게 그 길을 가고자 한다. 이 책에서 그 원리를 확인해 보시라.
- **문창용**, 대전시 유성구청 부구청장(대전)

동네, 공동체, 라이프스타일 비즈니스를 하는 누구나 '커뮤니티 자본'에서 자유로울 수 없다. 비즈니스를 지속가능하게 하려면 커뮤니티를 소홀히 할 수 없지만 그 정의와 방법을 제대로 설명하긴 어렵다. 제주, 대전, 목포 등에서 저자가 경험하고 분석한 사례는 커뮤니티 자본은 무엇인지, 어떻게 만들어야 하는지, 비즈니스와 지역 사회에는 어떤 영향을 주는지 쉬운 이해를 하도록 돕는다.

IT 개발자로 서울, 제주에서 살았지만 저자는 커뮤니티가 갖는 의미와 영향을 40대에 접어들어 이해하기 시작했다. 당신은 창업, 이직, 은퇴 등으로 또 다른 커뮤니티에 속할 준비를 하고 있는가? 이 책은 서로 다른 커뮤니티를 연결해서 개인적인 성장과 경제적 이익도 연결할 수 있는 조금 다른 방식을 제안한다.

– 박명호, 공장공장 대표(목포)

이 책은 '더 나은 세상을 만들어가는 치열한 지역혁신의 현장' 한가운데에서 탄생했다. 그래서 그 어떤 커뮤니티 이론서보다 더 생생하고 절박하다. 연결에서 관계로 그리고 생태적 순환으로 이어져가는 커뮤니티 자본을 명확히 보여준다. 공감하고 실천하는 연결된 공동체의 모습과 겹쳐진다. '비영리스타트업 육성 및 지원사업'을 하면서 '사회에 필요한 일이라면 사회가 가능하게 할 것'이라는 밑도 끝도 없는 믿음이 있었는데 일맥상통하기도 하다. #지역 #커뮤니티 #혁신 #생태계 #사람을 키워드로 품은 분들께 강력히 추천한다.

– 방대욱, 다음세대재단 대표이사

인연은 돌고 돈다. "아니, 전 작가님이 그때 그 커뮤니티 모임의 그분이셨군요! 어쩜 이런 일이……." 옷깃을 스친 인연이었다. 2년 전 제주창조경제혁신센터가 주최한 행사 참여를 위해 전정환 센터장과 사전미팅을 했다. 이야기를 나누다 보니 그도 나도 20대 초반 '또 하나의 문화'라는 한 커뮤니티 모임의 일원이었다. 그 모임은

'자율과 공존의 가치를 탐구하며 함께 살고 싶은 세상을 꿈꾸는' 작은 커뮤니티였는데……. 돌고 돌아 중년이 된 그는 새로운 공동체를 만들 비법을 담은 원고를 들고 나타났다. 이 책은 지역과 사람을 연결한 '개척자이자 이상주의자 전정환'의 실천적 여정을 담고 있다. 더 나은 공동체를 만들어갈 창조적 방법론이 책 속에 수두룩하다. '당신의 커뮤니티를 알면 당신이 누구인지 알 수 있다'는 책 속의 말처럼 이 책을 손에 드는 순간 당신 역시 그가 지향하는 창조적 커뮤니티 일원으로 빨려들 것이다.

– 서은경, 스토리텔링 작가·『음식의 가치』 저자

대한민국 창업 생태계의 역사는 대략 40년이 되어간다. 모든 생태계는 참여 주체들 간의 연결성과 완결성을 필수 요소로 한다. 그 40년 중 4분의 3 가까이는 창업기업과 투자자 간의 재무적인 관계 외에는 이렇다 할 것이 없었으니 엄밀한 의미에서는 생태계라고 할 수도 없었다. 다행스럽게도 최근 10년 사이에 창업 생태계에 커뮤니티와 문화가 자리잡기 시작했다. 그 시점부터 우리 창업 생태계는 도약하고 있다. 크립톤이 중요하게 여기는 국가적인 창업 생태계와 지역 창업 생태계에서 커뮤니티의 역할은 절대적이다. 사람을 키우고 기업을 키우고 지역을 살리는 것은 돈으로만 해결할 수 없는 것들이다.

한 아이를 키우려면 온 마을이 필요하다는 말처럼 커뮤니티 자본만이 이를 가능케 한다. 비전을 세우고 필요한 인재들을 불러 모아 연결하고 될 때까지 지속적으로 밀어붙이는 힘이 바로 커뮤니티

자본이다. 가까이서 지켜보고 함께 일해본 사람으로서 저자는 탁월한 커뮤니티 빌더이고 커뮤니티 자본의 조성자이다. 사람과 사람을 연결해 문제를 해결하고 기업과 지역을 살리는 그의 능력을 가까이서 지켜보는 것은 참으로 즐거운 일이다. 이 책을 통해 독자들은 경제적 자본을 넘어서는 커뮤니티 자본의 힘을 경험할 수 있을 것이다. 더 많은 커뮤니티 자본가들이 탄생하기를 바란다.

– 양경준, 크립톤 대표

자원이 부족할 때 나눔은 희생이 될 수 있다. 사과 하나를 가진 사람이 그 사과를 나눠주면 그것은 그의 희생이자 상대방에 대한 자선이 된다. 이러한 상황에서 나누는 사람은 헌신적인 사람이거나 바보 같은 사람이었다.

그러나 자원이 풍부하고 서로 다른 것을 가졌을 때 나누는 행위는 시너지와 혁신을 만드는 일이 된다. 내가 가진 사과의 반쪽과 상대방이 가진 고기의 반쪽을 결합하면 새로운 메뉴가 탄생하고 그것은 혁신이 되고 축제가 된다. 이럴 때 나누는 사람은 가장 혁신적이고 현명한 사람이 된다. 나누는 만큼 다양한 생각들과 자원들이 나에게 들어오게 될 테니.

이제 우리나라는 한정된 자원을 나눠 먹는 나라가 아니라 풍족한 자원을 어떻게 연결해 시너지를 내고 혁신을 만들어낼지 고민해야 하는 나라가 되었다. 새로운 혁신은 한두 명의 천재로부터 나오는 것이 아니라 수많은 뛰어난 사람들이 서로 연결되었을 때 나오게 된다. 우리에게도 헤밍웨이와 피카소와 살바도르 달리와 T. S.

엘리엇 등이 함께 이야기했던 1920년대 파리의 밤처럼 일론 머스크, 스티브 잡스, 래리 페이지, 세르게이 브린, 마크 주커버그 등이 함께 있었던 2000년대의 실리콘밸리처럼 커뮤니티 자본의 시대가 오고 있다.

- 유호현, 옥소폴리틱스 대표·『이기적 직원들이 만드는 최고의 회사』 저자(실리콘밸리)

중심Center보다 경계Edge가 주목받는 시대다. 대자본이 중심을 높여갈 때 에지 있는 경계인들은 경계를 세공한다. '창의적 경계인'들이 만든 섬세한 경계 지대는 서로 다른 영역의 또 다른 경계인을 매혹한다. 다양성이 경쟁력인 현대사회에서 창의적 경계인이 몰려드는 동네만큼 가치 있는 자산은 없다. 그러나 아슬아슬한 경계는 어디보다 위태롭고 외줄 위의 경계인은 누구보다 외롭다. 창의적 경계인들이 한 지역에서 오래 마음 놓고 활약하기 위해서는 '힙'과 '쿨'만큼 '커뮤니티 자본'이 절실하다. 예민한 경계인들에게 통용되는 커뮤니티 자본은 '정'에 기반한 일반 공동체 공식과는 비슷한 듯 다르다. 경계적 커뮤니티의 리더는 수많은 갈래의 고유하고 전문적인 구획을 깊이 이해하고 각자에게 필요한 지원을 케이스 바이 케이스로 건네야 한다.

리더가 전문성을 가지고 세심하게 다가가지 못하면 아직 얇고 거친 경계선은 부서지거나 날카로운 모서리가 되어 상처를 주고받게 된다. 이 책은 해외사례가 아닌 국내에서 7년간 창의적 경계인의 집결소 역할을 했던 제주 그리고 한국의 이야기를 현장감 있게 들려준다. 핵심임에도 제대로 된 논의조차 없었던 경계적 커뮤니티 리더의 두툼한 노하우 역시 '먼저 주기' 원칙에 따라 낱낱이 풀어준다. 그 과정에 얽힌 이야기들은 한국 '로컬'의 연대기와도 같다. 소위 이 책 한 권으로 그간의 모든 '로컬'의 논의를 따라잡을 수 있을 것이다.

- 윤주선, 충남대학교 건축학과 우당탕탕랩 교수(대전)

현재 제주창조경제혁신센터장으로서 전임자가 임기 중 구상하고 실천했던 내용을 바탕으로 정립한 '커뮤니티 자본'이란 개념을 받아든 감회는 남다르다. 그의 구상과 실천이 제주 창업 생태계 구석구석에 어떻게 녹아들어 있는지 누구보다도 생생하게 확인하는 입장이기 때문이다.

저자가 센터장으로 재직한 7년간 제주 스타트업 생태계에는 많은 변화가 있었다. 지역의 자원을 기반으로 한 로컬크리에이터란 개념이 새롭게 자리잡았고 커뮤니티가 견인하는 스타트업 생태계가 작동하기 시작했다. 최근에 제주를 방문해서 이런 변화를 감지한 분이라면 이 책을 통해 그 배경과 지향점을 꼭 확인해보시기 바란다.

- 이병선, 제주창조경제혁신센터장(제주)

지금 로컬의 수도라고 하면 누구나 제주도를 떠올릴 것이다. 하지만 불과 몇 년 전만 해도 제주는 수도에서 멀리 떨어진 낭만과 휴양의 섬이었지 로컬, 크리에이터, 창업, 혁신의 중심과는 거리가 멀었다. 이러한 변화는 단 한 명의 영웅에 의한 것도 하나의 완벽한 정책에 의한 것도 아니다. 창의적 경계인의 끊임없는 커뮤니티의 연결과 확장을 통해 이루어진 것임을 이 책에서 확인할 수 있다.

일본의 도시 재생 프로젝트에 참여하던 나 또한 2018년 제주 창조경제혁신센터의 커뮤니티와 만나 회사를 창업했다. 그리고 스타트업과 로컬을 연결하는 프로그램을 실행하고 그곳에서 만난 크리에이터들과 함께 제주 원도심의 변화의 씨앗이 되어 전국 로컬 크리에이터 커뮤니티로 확장되었다. 이 책에 그 복잡하고 긴 과정 역시 잘 정리되어 있다.

지역과 분야를 막론하고 변화를 만들고 싶은 모든 개인에게 어떻게 원하는 방향으로 나아갈 수 있는지 다양한 길을 제안해준다. 많은 독자가 이 책의 여정을 함께하며 커뮤니티엑스웨이의 교차로에서 만날 수 있기를 기대한다.

– 이승민, 한국리노베링 대표

이방인으로 시작했던 저자의 제주 생활 8년이라는 시간은 이 책에 생명력을 부여한다. 저자의 커뮤니티 생태계 구축을 위한 다양한 시행착오 속에서 얻은 인사이트들은 커뮤니티를 연구하고 실현하는 사람들에게 필수적인 나침반을 제공한다.

– 이원제, 상명대학교 커뮤니케이션디자인 전공 교수·『도시를 바꾸는 공간기획』 저자

저자가 제주혁신센터장의 경험을 시작으로 커뮤니티 리더이자 관찰자로서 커뮤니티를 통해 어떻게 가치를 만들어가는지 경험을 토

대로 잘 제시해주고 있다. 인간다움이라는 가치가 더욱 중요해지는 시대에 참고할 만한 좋은 방향을 제시해준다고 생각한다.

- 이형주, 인프랩 대표

늘 백척간두에 서 있는 것만 같았다. 나는 연고도 없었다. 최북단 DMZ는 물리적 제약만큼이나 공고한 심리적 벽들로 둘러싸여 있었다. 지역 커뮤니티와 어떤 방향으로 함께 갈 수 있을지 접점을 찾기는 쉽지 않았다. 방황할 때마다 앞 길을 밝혀줄 가이드와 나침반이 있으면 좋겠다고 생각했다. 그리고 우리의 여정이 어느 방향으로 흘러가야 하는지 전체 그림을 보고 싶었다.

저자의 책을 읽으며 나는 비로소 이 길이 '커뮤니티 웨이'이며 '커뮤니티 자본'을 형성하는 과정이라는 것을 알게 되었다. 지난 다년간 경험을 통해 저자가 축적한 지혜로 나는 한 걸음 더 나아가 지역 커뮤니티와 더 진정성 있게 마주할 수 있는 자신감을 갖게 되었다. 수많은 도전과 시행착오를 거치며 만들어진 이 견고한 커뮤니티 자본이 우리의 미래 세대를 위한 희망의 공간인 'DMZSPACE' 탄생으로 이어지게 될 것이다. 나는 이 책이 지역 비즈니스를 시작하는 또 다른 혁신가들에게도 귀중한 지침서가 될 것이라고 확신한다.

- 임미려, DMZ숲 대표(파주)

지역(로컬)의 지속가능성을 화두로 공동체(커뮤니티)와 창업 생태계가 어우러지는 세계를 상상하는 저자의 접근법은 대담하고 불온하다. 이 책은 오랜 현장 경험에서 쌓인 통찰력에 바탕을 두고 있어 우리 시대의 중요한 사회혁신 세력이라 부를 만한 로컬 벤처의 생태계를 이해하는 데 큰 도움을 준다.

- 임주환, 희망제작소 소장

이 책을 읽으면서 자주 떠오른 말은 '호혜적 관계망'이다. 신뢰에 기반한 호혜적 관계망이 지역의 변화를 만드는 밑거름이라는 풀뿌리 운동의 상징과도 같은 말이 '커뮤니티 자본'과 겹쳐 보였기 때문이다.

지리산이음은 10년 동안 지리산 안과 밖의 사람들을 연결하고 지원해서 지역의 작은 변화를 만들어내고 시민사회와 비영리 생태계를 활성화하는 활동을 해왔다. 작년에 지리산이음의 다음 10년을 구상하면서 정리한 생각은 이렇다. '이제까지 계속 확장해왔던 연결선들을 다시 지역으로 순환하게 하자. 지리산이음하고만 연결된 선들을 여러 지역, 주제, 커뮤니티 노드로 분산 공유하여 더 넓고 다양하게 연결된 관계망을 만들자. 그 관계망 안에 있는 사람들과 함께 신뢰에 기반한 공유, 거래, 소통, 나눔, 배움의 커뮤니티를 만들자. 그리하여 커뮤니티 안에 축적된 자산이 곧 지리산권을 포함한 시민사회와 비영리 생태계의 자산으로 쓰일 수 있도록 하자.'라는 것이다.

이 책을 읽으면서 막연하게 정리했던 생각이 더욱 선명해졌다. 시민사회·비영리생태계와 창업생태계는 다르지만 그 바탕에 있는 철학과 작동 원리가 다르지 않다는 것을 알려준다. 결과적으로 지역, 변화, 연결, 관계, 신뢰, 커뮤니티에 대해 내가 가지고 있던 암묵지를 선명한 형식지로 바꿔준 셈이다.

가장 중요한 것은 시간에 관한 이야기다. 시간은 곧 기다림을 의미한다. 이 책은 커뮤니티 자본이 성과를 내기 위해서는 최소 10년 이상의 시간이 필요하다고 말한다. 단기 성과에 연연하지 않고 제주에서 시도했던 작은 일들이 결국 어떤 결과를 만들어냈는지 잔잔하게 이야기한다. 지역의 변화는 긴 시간이 필요하기 때문에 사람에 대한 지원을 먼저 해야 한다는 생각으로 6년째 운영하는 '지리산 작은변화지원센터'의 방향과도 맞아서 무척 반가웠다.

저자의 이야기가 이상적으로 들릴 수 있다. 하지만 이 이상은 실현 가능하고 도전해볼 만한 가치가 있다. 세대, 지역, 분야의 경계를 허물고 신뢰에 기반한 커뮤니티를 만드는 일이 그 어느 때보다 필요한 시기이다. 커뮤니티의 에너지가 여러 지역과 분야에서 차곡차곡 축적될 때 진짜 변화를 만들어낼 힘이 생기고 변화를 함께 만들 새로운 사람들이 등장한다. 시민사회와 비영리 생태계에서 다음 10년을 위해 지금부터 무엇인가를 해야겠다고 생각하는 활동가들에게 추천하고 싶은 이유다.

– 조아신, 지리산이음 공동창립자·이사장(전북 남원)

한국에 '크리에이티브 시티' 담론이 소개된 지 20년이 되었다. 정치적 선언으로 창조도시를 표방한 곳은 여럿 있었지만 창조적 도시 진화 모델을 실천으로 만들어간 사례는 흔치 않다. 저자는 제주에 이전을 꿈꾸던 기업의 구성원이었고 제주창조경제혁신센터라는 공공

기관의 대표자였지만 스스로 창의적 경계인이자 실천가로 제주의 변화를 함께 일구었다. 그걸 가능케 했던 태도, 전략, 나아가 본질을 '커뮤니티 자본'으로 설명한다. 이 책은 경계를 넘나드는 실천으로 발전시킨 저자의 문제의식을 기록하고 담론으로 확장시킨 복제 불가의 실천판 '크리에이티브 시티' 교과서이다.

- 최도인, 메타기획컨설팅 본부장

어떻게 일하고 어떻게 살아갈까? 마음에 드는 커뮤니티에서 다양한 사람들과 연결되며 창조적 가치를 만들어내는 삶. 저자가 책에서 제안하는 방식이다. 책을 읽으면 그리 일하고 살고 싶다는 생각이 자연스레 든다. 저자는 제주창조경제혁신센터장으로 일하며 성공적으로 수행한 '커뮤니티 웨이'에 대해 썼다. 그것은 실은 일을 잘해보려는 노력일 뿐 아니라 좋은 삶을 향한 노력이기도 했다. 압축 성장 과정에서 우리가 놓쳤던 것과 그래서 생긴 문제들의 핵심 아이디어를 많이 품고 있다. 저자의 생생한 증언과 제언을 통해 당신도, 우리 사회도 일과 삶을 행복하게 꾸려갈 수 있으면 좋겠다.

- 최인아, 최인아책방 대표

커뮤니티는 단단한 에고의 자갈들 사이사이를 메워주는 모래와 같다. 세상을 모두 이해했다고 생각하는 어른에게 과거 지식의 큐레이션과 같은 일방의 교육은 효용성이 떨어진다. 세상 이해보다 문제해결이 중요해진 그에게 필요한 것은 피어peer 간의 배움이다. 고대 그리스의 '향연'이나 18세기 프랑스의 '살롱'은 당대 지식인들이 모여

재미있는 수다나 지식 자랑을 넘어 상호 배움이 있었기에 지속될 수 있었다. 대표적인 '그들만의 커뮤니티'이다. 사실 이 세상 자체가 거대 커뮤니티이다. 그리고 모든 커뮤니티의 탄생과 지속을 가능하게 하는 것은 재미와 의미이다. 우리의 세상살이는 그 커뮤니티 안에서 끊임없이 재미와 의미를 찾아가는 과정이다. 그래서 거대 커뮤니티에서는 찾기 어려운 재미와 의미를 찾기 위해 우리는 향연이나 살롱과 같은 '그들만의 커뮤니티'를 만들기도 한다.

전에 없던 문제를 해결하기 위해서는 과거의 지식만으로는 부족하기 때문에 새로운 배움의 장인 커뮤니티가 필요하다. 스타트업 생태계에 다양한 커뮤니티가 존재하는 이유이다. 잠잘 시간조차 아껴 쓰는 창업자들이 '밋업meet-up'이라 불리는 작고 즉흥적인 커뮤니티까지 챙기는 이유는 세상 어디에도 없는 지식을 구해서 자신들이 고민하는 문제를 해결하기 위함이다.

스타트업 생태계는 혁신을 통해 가치를 만들어내는 스타트업뿐만 아니라 혁신에 자금을 공급하는 투자자, 혁신의 씨앗을 만드는 대학, 혁신을 사회에 알리는 미디어, 그리고 이를 지원하는 정부와 기관 등 다양한 구성원들이 활동하고 있다. 스타트업얼라이언스는 이들의 커뮤니티를 만들어주는 역할을 하는 스타트업 생태계 지원기관이다. '테헤란로커피클럽'을 통해서는 스타트업을 막 시작한 창업자를 중심으로 커뮤니티를 만들어주고, '스타트업 생태계 컨퍼런스'를 통해서는 생태계의 발전을 고민하는 구성원들의 커뮤니티를 만들어주고, '한국인 시리즈'를 통해서는 해외와 국내에서 활동하는 한국인들의 크로스보더 커뮤니티를 만들어주고 있다. 올해는 이러한 커뮤니티 빌더로서의 역할을 활용하여 지역 스타트업 생태계 활성화를 위한 문제를 풀어보려고 한다.

지역 스타트업 생태계 활성화는 인구 집중, 경쟁 심화, 행복감 감소, 인구 감소로 이어지는 악순환의 고리를 스타트업 또는 스타트업식 해법으로 풀 수 있다는 믿음에서 출발하였다. 그리고 이전에는 더 나은 세상을 만들기 위한 문제를 정의하는 자들과 해결하는 자들의 커뮤니티를 '제로원'이라는 이름으로 만들었다. 제로원 커뮤니티에서는 삶과 사람, 그리고 사람의 커뮤니티인 사회에 대해 끊임없이 고민하며 문제를 정의하는 이들을 '크리에이터'로 불렀고 그 문제를 해결하는 이들을 '스타트업' 또는 '창업자'라고 불렀다. 이 커뮤니티에 재미를 찾아 모여든 사람들은 잠시 후 각자의 의미를 찾기 시작했고 일부는 공동체의 의미를 찾기 시작했다. 이들에 의해 제로원 커뮤니티는 성장하여 세상과의 접점을 넓히기도 했고 또다른 커뮤니티로 세포분열을 하여 더 많은 의미를 찾기도 했다.

이렇게 커뮤니티 빌더로서 살아온 덕에 저자의 원고를 세상보다 조금 먼저 접할 수 있었다. 저자는 대표적인 온라인 커뮤니티를 제공하는 조직에서 웹과 모바일 양쪽에서의 경험과 대표적인 스타트업 생태계의 커뮤니티를 제공하는 기관에서 민간과 공공 양쪽에서의 경험을 바탕으로 커뮤니티를 다각도로 살펴보았다. 그리고 커뮤니티를 비경제적 자본으로 정의하면서도 그 어느 자본보다도 소중함을 역설하고 있다. 커뮤니티를 만드는 이, 커뮤니티에 참여하는 이, 커뮤니티를 활용하여 비즈니스를 하는 이, 자신이 속해 있는 커뮤니티를 의식적으로 바라보기 시작한 모든 이들은 저자의 생각을 따라가 볼 필요가 있다. 어느 순간 당신의 에고의 자갈 사이사이에 채워진 모래를 발견할 수도 있을 테니까.

– 최항집, 스타트업얼라이언스 센터장·전 제로원 센터장

지난 2015년 봄 저자와 나는 제주와 강원에서 로컬 창업자들의 커뮤니티 생태계 만드는 일을 시작했다. 선례도 지침도 매뉴얼도 없는 암중모색 속에 우린 서로에게서 배우고 토론하며 커뮤니티엑스 웨이를 키워갔다. 강원이 쇠락한 지역에 뿌리내릴 창업자를 찾고 연결하는 데 집중했다면 제주는 전국의 로컬 크리에이터들을 연결하는 실천과 지식 커뮤니티 허브 역할을 톡톡히 해냈다. 저자가 제주에서 적용하고 구현해보려 했던 비전과 원칙과 실천의 방법론은 모두에게 나침반 역할을 해줬다.

그런 점에서 강원을 비롯한 여타 지역은 제주에 큰 부채를 안고 있다. 그때 저자에게서 배우고 영감을 얻었던 것들은 8년여가 지난 지금 로컬 창업 신에서 표준이 되고 교과서로 활용되고 있다. 저자가 일관되게 추구해 온 '전정환 웨이'와 '제주처럼 일하기' 방법론과 철학은 커뮤니티 자본론으로 정립돼 많은 사람의 생각과 행동을 변화시키는 동력이 될 것이다. 저자가 제주에서 고군분투했던 경험을 정리한 이 책을 누구보다도 전국 17개 광역 지자체에서 창업 생태계 조성의 허브를 키워가는 전국 창조경제혁신센터 1,000여 구성원들에게 필독서로 추천하고 싶다.

– 한종호, 소풍벤처스 파트너·전 강원창조경제혁신센터장

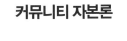

커뮤니티 자본론

커뮤니티 자본론

나의 제주에서 7년간
창업생태계 실천커뮤니티를
만들어간 이야기

전정환 지음

클라우드나인
CLOUD 9

당신에겐 어떤 커뮤니티 자본이 있는가

최근 커뮤니티에 관한 관심이 커지며 그 중요성이 주목받고 있다. 온라인에서는 전 세계 사람들이 단시간에 연결되어 엄청난 규모의 팬덤 커뮤니티가 만들어지고 있지만 오프라인에서는 물리적으로 가까이 있는 사람들끼리 서로 관심도 없고 소통도 하지 않은 채 외로워하고 있다. 서로 다른 커뮤니티들 간의 접점은 점점 줄어들고 있다.

특히 우리 편에게는 무한히 관대하고 상대 집단에게는 가혹한 것이 당연시되는 정치적 부족주의가 만연하기도 한다. 서울과 지역의 격차, 세대 간 몰이해와 반목, '이대남'과 '이대녀'로 불리는 성별 간 대립과 갈등도 커지고 있다. 그런가 하면 커뮤니티 장소가 늘어나고 소통하고 교류하는 프로그램들이 갈수록 인기를 끌고 관련 책과 강연도 많아졌다. 어떤 개인은 커뮤니티를 만들면 돈을 벌 수 있다며 노하우를 팔기도 하고 또 다른 어떤 개인은 도시재생과 시민

사회에서 마을 공동체를 디자인하며 사회혁신을 추구하기도 한다.

이렇듯 커뮤니티에 관한 관심은 다양하게 펼쳐지고 있다. 그럼에도 왜 커뮤니티가 점점 더 문제가 되고 있는지와 자신의 삶과 어떤 관계가 있는지를 이해하지 못하는 것 같다. 변화하는 세상에서 더 나은 삶을 살아가고 더 좋은 사회를 만들기 위해서 커뮤니티를 어떻게 다루어야 할까? 그러한 실천적 지식을 얻을 수 있는 책을 찾아보기는 쉽지 않다. 아마 다양한 영역과 지역의 커뮤니티 경계를 넘나들면서 과거를 이해하고 미래를 만들어가며 쌓은 통찰이 필요하기 때문이다.

나는 2019년 말 『밀레니얼의 반격』을 쓰면서 콘텐츠와 커뮤니티를 통해 경계를 넘나들며 자신과 사회를 변화시키는 개척자를 '창의적 경계인'이라고 지칭한 바 있다. 이번 책은 그 후속작으로 그 주제를 이어가며 커뮤니티에 대해 더 깊이 다루고자 한다. 그리고 대표적인 비경제적 자본이면서 우리 삶과 사회에 꼭 필요한 요소로서 '커뮤니티 자본'을 탐구하고 더 나은 커뮤니티를 만들어갈 수 있는 방법론으로서 '커뮤니티엑스 웨이Community-X Way'를 제안하고자 한다.

이러한 탐색은 경제적 성장만 추구해왔던 우리 사회가 당면한 문제들의 원인이 커뮤니티 간의 단절과 반목에 있다고 진단한 데서 시작되었다. 나는 커뮤니티들이 많다고 해서 그 사회에 커뮤니티 자본이 풍성하다고 보지 않는다. 사회 내 폐쇄적 커뮤니티들이 서로 반목하고 갈등을 만들어낸다면 아무리 많다고 해도 커뮤니티 자본은 부족하다고 볼 수 있다. 커뮤니티들이 서로 경계에서 만나고 융합하면서 새로운 창조적 커뮤니티가 탄생하고 성장하고 기존 커뮤니티들이 함께 변화하면서 커뮤니티 생태계가 선순환하는 곳이 커뮤니티 자본이 풍부한 곳이다. 이러한 사회에서 개인은 특정 커뮤니티에 매몰되어 살아가지 않고 능동적으로 다양한 커뮤니티들에 참여하고 창조하는 주체가 된다. 커뮤니티 간에 경계를 넘는 연결과 융합이 끊임없이 일어남으로써 계층 간, 세대 간, 지역 간 분절과 경제 문화적 격차가 완화된다.

이 책은 이론서가 아닌 실천서다. 나의 직간접적인 경험을 지식으로 만들어 함께 나누고 싶다. 나 자신이 개발자이자 예술경영 전공자이자 서울에서 태어나 살다가 제주에서 8년여를 살면서 민간에서 일하다가 공공에서 일한 경계인으로서 서로 다른 커뮤니티 사이에 서 있었다. '새로운 연결을 통한 창조의 섬 제주'라는 미션을 가지고 7년간 지역 사회의 변화를 만들어내는 일을 하면서 새로운 커뮤니티가 탄생하는 과정에 참여해왔다.

이 책은 주로 지역에서 창업생태계를 조성했던 경험을 바탕으로 썼다. 하지만 커뮤니티 자본과 커뮤니티엑스 웨이는 그것을 넘어서 다양한 곳에 적용될 수 있을 것이다. 모든 것이 경계를 넘어 서로 연결되어 변화해가는 것이 커뮤니티 자본과 커뮤니티엑스 웨이이기 때문이다. 그리고 다양한 세대들이 자신의 나이대에서 어떻게 다른 세대들과 소통하고 공감하며 더 나아가 협업할 수 있을지에 대한 것이다. 또한 서로 다른 전문 영역의 한계를 넘어 융합하여 새로운 영역을 창조하고자 하는 사람들에게도 유용한 나침반이 되기를 기대한다.

무엇보다 좁고 안락한 커뮤니티를 넘어서 경계 밖 세상을 두려워하지 않고 건너가 보고 나 자신과 커뮤니티를 변화시키는 것이 얼마나 가치 있는 삶인가에 대해 독자 여러분에게 알려드리고 싶다.

커뮤니티 자본과 커뮤니티엑스 웨이를 대표할 수 있는 훌륭한 실천 사례들이 계속 많아지고 있기에 모두 담는 것은 불가능했다. 실제로 최대한 현장을 직접 가서 보고 담으려고 했지만 일부는 간접 경험으로 담아야 하는 아쉬움이 있었다. 이 책에 실린 분들과 지면 관계상 담지 못한 훌륭한 커뮤니티엑스 웨이의 실천가들에게 이 글을 통해 감사의 말씀을 드린다.

그들은 모두 나에게 배움을 주고 있는 훌륭한 스승들이다. 내가 이 책에서 전하는 것은 그분들에게 배운 것을 또 다른 스승들에게 전하는 것일 뿐이다. 이 책을 통해 커뮤니티에 대해 관심을 가지고 실천하는 독자 여러분과 연결되는 것 또한 내게는 커뮤니티와 커뮤니티를 연결해서 또 다른 커뮤니티를 만들어가는 과정이라고 생각한다.

여러분과 만날 수 있게 되어 기쁘다. 여러분의 커뮤니티 자본과 커뮤니티엑스 웨이에 대해 들을 수 있는 날을 고대한다.

왜 나는 제주창조경제센터장을 맡았는가

실천을 통해 세 가지 질문에 답을 구하다

✦ ✦ ✦ ✦ ✦

인간이 변화하는 방법은 세 가지가 있다고 한다. 시간을 달리 쓰는 것, 사는 곳을 바꾸는 것, 새로운 사람을 사귀는 것이다. 나는 그렇게 자신에게 익숙한 업, 환경, 관계의 한계를 넘어 자신뿐 아니라 사회를 창조적으로 변화시키려는 사람들을 '창의적 경계인'이라고 부른다. 그들은 자신을 쉽게 확장할 수 있기 때문에 여러 다른 세계들을 연결하고 융합할 기회를 얻으며 자신과 사회의 지속가능성을 확보한다.

나는 서울에서 태어나 40여 년을 살면서 학교를 졸업하고 IT 기업을 다니다가 2015년부터 8년을 제주에서 살았다. 제주에서 새로운 사람들을 만났고 전혀 다른 일을 했다. 나 자신을 둘러싼 경계를 넘으면서 많이 변화하고 성장했다. 그 사이 제주도 많이 변화했다. 사람은 지역에 속해 있고 지역은 사람을 품고 있다. 나와 지역의 변화와 성장은 서로 영향을 주고받음으로써 가능했다. 서울에서 태어나 서울에서만 살 때는 그것을 잘 알지 못했다. 낯선 제주에 와서 고군분투하면서야 알게 되었다. 그리고 그동안 내가 얼마나 좁은 관점에서 세상을 살아왔는지를 깨닫게 되었다. 비로소 서울 밖 출신 친구들이 서울에 와서 적응하면서 느꼈을 것들을 조금은 알 것 같았다.

'1,000만 도시' 서울과 제주는 다를 수밖에 없다. 제주는 인구 70만 명이 안 되는 상대적으로 작은 지역이다. 내 역할이 제주 지역의 창업생태계와 커뮤니티를 조성하는 기획자 겸 연결자이다 보니 변화에 직간접적으로 많이 참여하고 관여하게 되었다.

초기에는 제주 창업생태계를 주도하는 핵심 멤버들이 모이면 몇 손가락으로 꼽을 수 있는 정도였다. 가끔은 1900년대 초반에 파리에 주요 문화계 인사들이 모여 있을 때 이렇지 않았을까 하는 생각이 들기도 했다. 비슷한 미래를 꿈꾸는 사람들이 서로서로 모두 다 연결된 것처럼 느껴졌다. 이런 커뮤니티는 무언가 낭만적이다. 개인의 존재감과 커뮤니티의 연대감은 아직 척박했던 지역 창업생태계에 성장의 불씨가 되었다.

서울은 각 분야에 뛰어난 사람들이 많아서 좋은 점도 있지만 내가 없어도 크게 달라질 게 없는 것처럼 느껴지곤 했다. 반면 제주에서는 이제 막 창업생태계를 만들어가는 시기에 스타트업 커뮤니티의 한 사람 한 사람은 대체 불가능한 창조적 개인들이었다. 우리는 태동하는 스타트업 커뮤니티와 함께 공진화해나갔다.

나와 제주도의 인연은 2006년에 시작됐다. 공동 창업을 해서 3년 반 동안 운영했던 스타트업을 접고 취직을 준비하던 시기였다. 제주에서 열린 「2006 다음라이코스 개발자 콘퍼런스」에 게스트로 초대받았다. 당시 다음커뮤니케이션은 2년간 선발대 20여 명의 제주 이주 실험을 마치고 제주시에 200여 명이 근무할 수 있는 글로벌미디어센터GMC를 건립했다. 나는 재충전도 할 겸 콘퍼런스에 참여했다가 다음커뮤니케이션의 개발자 문화와 제주 이주 실험에 반해서 입사를 결정했다.

처음부터 제주에서 근무했던 것은 아니다. 제주는 오랜 기간 한 달에 한 번 정도 다녀오는 출장지였다. 8년 넘게 다음커뮤니케이션 서울 사옥으로 출퇴근하며 프론트엔드 개발 본부, 뉴플랫폼 개발 본부, 로컬서비스 본부, 경영지원유닛을 총괄하며 중간관리자로 일했다. 그 사이 다음커뮤니케이션은 제주에 새로 조성된 첨단 과학기술단지에 사옥을 추가 건립했다. 그리고 2012년 본사를 제주로 옮기고 제주 근무자를 650명까지 늘려갔다.

그런데 2014년에 큰 반전이 일어났다. 그해 4월 카카오와의 합병이 전격 발표된 것이다. 다음인들은 갑작스러운 합병에 큰 충격을 받았다. 내게도 답을 쉽게 짐작하지 못할 질문이 남았다. 혹시 다음커뮤니케이션이 제주도에 본사를 이전한 것이 경쟁력을 떨어뜨리고 성장에 장애가 된 것은 아닐까? 그렇다면 비수도권 지역에서 기업이 더 잘 성장할 수 있으려면 어떤 변화가 필요한 걸까?

그러던 중 나는 2015년 4월에 뜻하지 않게 제주로 이주해서 일하게 됐다. 카카오와의 합병이 결정된 지 1년 뒤였다. 제주창조경제혁신센터 설립에 다음카카오가 참여하게 되면서 초대 센터장을 맡게 된 것이다. 그 후 세 번째 임기를 이어가며 7년이 지났다.

내가 7년간 제주 창업생태계 조성 역할을 한 것은 다음 세 가지 질문에 대해 실천을 통해 해답을 구하는 과정이기도 했다. 첫째, 기업이 제주에 이주한 후 더욱 성장하지 못하는 이유는 무엇일까? 둘째, 지역의 기업생태계와 연결되지 못하는 이유는 무엇일까? 셋째, 지역에 경쟁력 있는 기업생태계를 만들려면 어떻게 해야 할까?

창업생태계와 커뮤니티의 조성자가 되다

✦ ✦ ✦ ✦ ✦

제주창조경제혁신센터를 설립한 2015년은 폭풍 같은 한 해였다. 내게는 모든 것이 낯설었고 이해가 가지 않는 것들투성이였다. 서울에서 민간 기업에만 다니던 사람이 제주에서 공공 예산을 사용하고 관리 감독을 받는 일을 하게 됐기 때문이다. 박근혜 정부가 주도한 '창조경제'의 대표 사업이 창조경제혁신센터라는 것 때문에 정치적으로 과도한 관심을 받는 것도 부담스러웠다. 정부의 불합리한 하향식 지시도 많았다. 반대편에서는 과도한 견제가 있어서 어려움은 가중되었다. 무작정 센터가 없어져야 한다며 오해하고 공격하는 일들이 많아서 마음고생도 했다. 제주 출신이 아닌 첫 기관장이다 보니 견제하는 시선도 있었다. 그렇게 많은 사람이 지켜보는 가운데 지역과 영역에 대한 지식도 네트워크도 없이 센터를 출범시켜야 했다.

하지만 나의 내적 동기로 그 어려움을 극복할 수 있었다. 센터에 주어진 미션인 '지역 창업생태계 조성'은 그 당시 다음커뮤니케이션의 제주 이주와 카카오와의 합병으로 생겼던 나의 의문과 해답을 찾고자 하는 의지와 연결되어 있었다. 제주도민 중에 다음커뮤니케이션에 기대와 응원을 하는 분들이 있었다. 그들은 다음커뮤니케이션 출신인 내게 호의적이어서 큰 힘이 되었다.

나는 정부의 단기적 성과 목표에는 그다지 관심이 없었다. 지역 창업생태계 조성이라는 미션의 본질에 집중했다. 나는 센터의 존속 자체를 위하거나 내 자리를 지키기 위해 일할 이유를 느끼지 못했다. 어차피 내 노력과 의지와 상관없이 정치 논리에 의해 언제든 없어질 수 있는 기관이 아닌가. 그럴수록 나는 '제주 창업생태계 조성'의 초석을 놓는 일에 충실해야겠다고 생각했다. 본질에 충실히 창업생태계의 기반을 닦는다면 정치적 결정으로 센터가 없어지는 일이 있더라도 혁신가들의 경험과 커뮤니티가 자산이 되지 않겠는가. 그 과정에서 성장한 사람들이 어디서든 이 미션을 이어가겠지 하는 생각이었다.

제주는 전국 17개 지역 창조경제혁신센터와 비교할 때 지역 인구가 적고 산업 기반이 약했다. 더구나 센터장으로서 내가 단기 목표와 실적에 연연하지도 않았으니 첫 2년 동안 미래창조과학부의 평가 기준에서 하위권을 면치 못했다. 나는 이상주의자이자 유별나고 고집 센 기관장으로 알려졌다. 제주도 내 언론에서도 제주가 전국 센터 중에 성과가 낮다며 질책하는 기사들이 나오곤 했다. 반면 본질적인 변화를 원하는 소수의 선구자는 센터에 열렬한 지지를 보냈다.

센터 직원들 역시 상당수가 초기에는 내 비전과 사업의 방향을 이해하지 못했다. 몇 년이 지나서야 중간관리자 직원이 내게 고백하길 초기에 나의 비전과 성과 창출 능력에 대해 의심을 했는데 이제는 그게 무엇인지 알겠다고 했다. 실제로 한 해 두 해 시간이 지나고 3년이 넘어갈 시점부터 장기 비전에 의한 성과가 힘을 발휘하기 시작했다. 그리고 7년이 지난 2022년 나의 임기 마지막 해에는 제주창조경제혁신센터가 중소벤처기업부로부터 전국 최우수 센터로 선정되었고 최고의 공공 액셀러레이터로 표창을 받을 수 있었다.

내가 남들과 다르게 할 수 있었던 것에는 다음커뮤니케이션을 다니며 한국예술종합학교 예술경영에서 공부했던 것이 큰 도움이 되었다. 나는 창조경제를 예술경영 수업에서 배웠다. 2012년부터 전수환 교수와 함께 다음커뮤니케이션에서 조직문화 실험을 했다. 그리고 2013년에 예술경영 전문사 과정에 입학해서 회사 일과 학업을 병행하며 회사의 조직혁신에 적용하며 실험하고 나의 생각을 전개할 수 있었다. 그때 영국과 미국의 창조경제 개념과 주요 사례를 배웠다. 그 덕분에 박근혜 정부가 주창하고 실행한 하달식 창조경제가 아니라 내가 해외 사례에서 배운 것들을 한국의 상황에 맞게 응용하여 지역 창업생태계, 스타트업 커뮤니티, 창조도시를 만들어갈 수 있었다.

1990년대 말 영국에서는 제조업 등 전통 산업이 경쟁력을 잃자 '개인의 창조적 재능과 기술을 사용해 지적재산권을 생성하고 그 기반으로 가치와 고용을 창출하고 경제성장을 견인하는 산업'으로 창조산업Creative Industries을 정의하고 창조경제Creative Economy를 주창했다. 또한 기존 도시들을 창조도시Creative City로 변화시키는 것이 핵심이라고 보았다. 그 후 영국은 정권이 진보와 보수로 계속 바뀌었어도 이러한 정책 기조는 계속 이어갔다.

2000년대 들어 미국에서 리처드 플로리다라는 학자가 창조도시에 관해 연구했다. 그 시기 미국에서는 피츠버그와 디트로이트와 같은 전통적인 산업 도시는 쇠퇴하고 샌프란시스코, 시애틀, 오스틴과 같은 도시가 부흥했다. 리처드 플로리다는 부흥하는 도시에는 기술Technology, 인재Talent, 관용Tolerance의 3요소가 있다고 보았고 3T라고 명명했다. 도시에 3T가 있으면 창조적 인재들인 창조계급Creative Class이 몰려들고 그렇지 않으면 떠난다고 보았다.

내가 한국예술종합학교에서 배운 또 다른 중요한 이론은 실천커뮤니티CoP, Communities of Practice였다. 실리콘밸리에서는 경계를 넘는 실천적 지식의 생산, 교류, 학습이 일어난다. 이러한 실천커뮤니티가 지속적인 혁신의 원동력이라는 것이다. 실천커뮤니티 이론은 제주창조경제혁신센터의 모든 프로그램의 핵심 원리가 되었다.

2015년에 제주창조경제혁신센터장을 맡은 후 미래창조과학부와 창업 관련 정부 기관이나 언론계를 만났을 때 놀란 게 있다. 정부 편이든 반대편이든 관계없이 대부분의 사람들이 박근혜 정부에서 창조경제를 고안해낸 것으로 알고 있었다. 그들은 해외의 창조경제, 창조산업, 창조도시의 개념과 실천에 대해 전혀 모르고 있었다.

아이러니한 것은 문화체육관광부와 문화기획자들은 창조경제,

창조산업, 창조도시를 2000년대 초반부터 이미 알고 있었고 각종 사업에 적용하고 있었다는 것이다. 그들은 영국의 창조산업, 창조도시와 미국의 창조계급, 창조도시, 실천커뮤니티 이론이 해외에서 등장한 지 얼마 안 되어서 도입하고 응용했다. 하지만 문화체육관광부와 문화기획자들은 오랜 기간 문화예술과 문화도시라는 틀에서 벗어나지 못하고 있었다. 스타트업과 창업생태계에 대해서는 거의 알지 못했고 관심을 두지 않았기 때문이다.

나는 컴퓨터를 전공하고 개발본부장을 하다가 예술경영을 전공하고 경영지원유닛장을 하는 기술과 문화 사이의 경계인이었다. 나는 과학기술 중심의 미래창조과학부의 창조경제, 영국의 창조산업과 창조도시, 미국의 스타트업 생태계와 스타트업 시티에 대해서 모두 알고 있었고 그것을 융합할 수 있는 위치에 있었다. 나는 이러한 다양한 영역의 경계인이자 서울과 제주 사이의 경계인이 되면서 이것들을 융합하여 제주의 창업생태계, 스타트업 커뮤니티를 새로운 방식으로 디자인할 수 있었던 것이다.

나의 지도교수였던 전수환 교수 역시 경계인이었다. 그는 2011년부터 기업혁신을 위한 문화예술의 역할을 찾는 아르콤ARCOM 사업을 진행했다. 넥슨 김정주 회장과 넥서스커뮤니티 양재현 대표 등이 한국예술종합학교 예술경영에 입학하여 기업의 조직문화 실험을 함께했다. 전수환 교수가 다음커뮤니케이션의 조직문화 실험을 하기 위해서 찾아온 것은 2012년이었다. 전수환 교수의 지인인 그룹장이 조직문화와 예술에 관심이 많은 나를 추천한 것이 인연이 되어 함께 조직문화 실험을 하게 되었다. 나는 다음 해부터 예술경영 전문사 공부를 하며 주경야독을 했다.

전수환 교수는 연세대학교 전산학과 출신으로 다음커뮤니케이션 초창기 멤버이면서 지인인 이선철과 1990년대 후반 문화기획사 난장커뮤니케이션즈를 공동 창업한 경력이 있다. 이후 카이스트 경영대학원에서 조직혁신을 연구하고 대기업의 조직혁신을 위한 실천커뮤니티 적용 등을 실험했다. 나는 그가 오랜 기간 실천적으로 연구한 것들을 사사했기 때문에 준비된 창업생태계와 커뮤니티의 조성자가 될 수 있었다.

'새로운 연결을 통한 창조의 섬 제주'를 꿈꾸다

✦ ✦ ✦ ✦ ✦

제주는 다른 지역과 달리 창업 관련 기관이 많지 않았다. 제주창조경제혁신센터가 지역 최초로 설립된 창업 관련 기관이었다. 그만큼 창업을 위한 지원이 부족한 열악한 지역이었다. 그런데 이것은 단점인 동시에 장점이기도 했다. 창조경제혁신센터는 직원 20명 내외의 작은 기관이었다. 제주는 규모 있는 창업 관련 기관들이 많은 다른 지역과 달리 창조경제혁신센터가 유일무이했기 때문에 지역 창업생태계의 방향을 설정하고 주도할 수 있는 여건이 되었던 것이다.

나는 '새로운 연결을 통한 창조의 섬 제주'라는 비전을 세웠다. 그리고 '연결Connect, 커뮤니티Community, 공동 창조Co-creation'라는 핵심 가치를 통해 변화를 만들어가고자 했다. 자금 지원과 공간 제공 중심의 보육 사업들이 아니라 다양한 주체들을 연결해서 새로운 혁신 커뮤니티를 만드는 것이 스타트업 도시이자 창조도시를 만들 수 있는 핵심 원리라고 믿었기 때문이다.

센터 출범 시기인 2015년에 제주는 혁신 자원이 크게 부족했다. 나는 센터 비전하에 제주의 다양한 민간과 공공의 주체들을 연결하고 시너지를 창출하도록 하는 허브 역할을 자처했다. 센터는 제주에 스타트업들과 액셀러레이터들을 유입시키고 제주의 다양한 주체들과 연결했다. 새로운 기관과 커뮤니티가 생겨날 때마다 정보와 네트워크를 제공하여 파트너들이 성장할 수 있도록 도왔다. 3년이 지나자 제주에 다양한 창업 관련 기관과 커뮤니티가 생겨났다. 그리고 '새로운 연결을 통한 창조의 섬, 제주'의 비전과 커뮤니티 웨이가 다양한 기관과 커뮤니티에 확산되며 제주 스타트업 생태계의 기본 원리로 자리잡았다.

다시 더 넓은 영역과 지역으로 실천적 탐색을 떠나며

◆ ◆ ◆ ◆ ◆

2022년 5월 나는 제주창조경제혁신센터의 7년 1개월 동안 세 번에 걸친 임기를 마쳤다. 제주 창업생태계는 또 다른 단계로 진화해갔고 일은 보람이 있었다. 하지만 내가 쌓은 경험, 지식, 네트워크가 제주창조경제혁신센터장이 아니라 다른 위치에서 쓰인다면 어떤 가치를 만들어낼 수 있을지 궁금해졌다. 제주 창업생태계와 스타트업 커뮤니티의 7년의 경험이 다른 지역과 영역에 적용된다면 어떤 변화가 가능할지, 우리 사회의 수많은 문제가 창조적 생태계와 커뮤니티의 조성으로 해결될 수 있을지 알고 싶었다. 그래서 더 넓은 영역과 지역에서 실천적 탐색을 하는 길을 떠나기로 했다.

2023년 현재 나는 대전, 전주, 광주, 목포, 부산 등 많은 지역을 다니며 제주 창업생태계와 커뮤니티 조성에서 배운 것을 전하며 커뮤니티 리더들을 돕고 있다. 제주에서도 이제 공공이 아니라 민간에서 지속적인 역할을 하고 있다. 센터장 퇴임 후 제주MBC, JIBS, KCTV 등 지역 방송의 다큐멘터리와 패널 토의에 참여했다. 제주상공회의소가 주최하고 200여 명의 지역 기업인들이 참석한 제주 경제대토론회에서 '새로운 연결과 융합을 통한 제주 기업생태계의 진화'를 주제로 기조 강연을 하기도 했다.

작가로서 활동도 하고 있다. 센터장 임기 3년 차였던 2017년 7월 실천적 탐색 경험을 바탕으로 예술경영 졸업 논문 「예술을 통한 변화의 길 찾기-교육, 기업, 지역의 영역에서」를 썼다. 그것이 계기가 되어 센터장 임기 5년 차였던 2019년 10월에 첫 책 『밀레니얼의 반격-라이프스타일 혁신가들이 몰려온다』를 출간했다. 이 책은 그때 시작된 국내 로컬크리에이터의 현상을 알리고 확산하는 데 기여했고 지역혁신을 하려는 민간과 공공의 실천적 학습서가 되었다.

그리고 이제는 제주에서의 8년여의 실천 경험을 바탕으로 서로 다른 커뮤니티들이 연결되고 융합하여 창조적 커뮤니티를 만들어내는 '커뮤니티 자본'과 '커뮤니티엑스 웨이'에 대한 이야기를 쓰고자 한다.

1장

왜 커뮤니티 자본이
필요한가

1.
진짜 변화는 커뮤니티 변화에서 시작된다

왜 커뮤니티들이 연결되고 협력해야 하는가

✦ ✦ ✦ ✦

2021년 12월 제주시 중앙로 사거리에 38년 만에 횡단보도가 들어섰다. 거의 모든 도시의 원도심에는 중앙로 사거리가 있는데 신도심이 생기기 전에 가장 번화했던 중심지 거리다. 그런 곳에 38년 동안 횡단보도가 없었던 이유가 무엇이었을까? 그리고 그렇게 오랜 기간 만드는 데 실패했는데 어떻게 이번에는 성공할 수 있었을까?

제주시 원도심이 최고 전성기였던 1983년 중앙로 사거리에 지하 상점가가 만들어졌다. 제주에는 백화점이 없기에 도민과 관광객 등 많은 사람이 꾸준히 자주 찾는 명소로 오래도록 전성기를 구가했다. 하지만 신도심인 연동과 노형동이 차례로 개발되고 관공서, 학교, 주거지 등이 대거 이동하면서 쇠퇴해갔다.

그러자 지상의 칠성로 상점가에도 빈 건물이 늘어났고 주거단지였던 삼도동도 빈집이 늘어났다. 동문시장은 여전히 많은 사람이 찾았고 탑동 매립지에도 큰 호텔들이 들어서 많은 관광객이 찾았다. 하지만 그들은 모두 차를 타고 와서 일을 보고 바로 떠났다. 동네를 걷는 사람들이 점차 줄어들고 상가와 집들이 점차 공동화되었다.

동문시장과 탑동에 오는 사람들은 굳이 길을 건널 필요를 느끼지 못했고 지하 상점가로도 들어가지 않았다. 지상의 칠성로 상가연합회와 동네 주민들을 중심으로 횡단보도를 만들어야 한다는 얘기가 꾸준히 나왔다. 하지만 건널목까지 만들게 되면 더더욱 사람들이 지하 상점가를 찾지 않을 것이라는 두려움에 지하 상점가 연합회에서 강력히 반대했다. 그렇게 해서 이 동네는 38년 동안 분절된 채로 동반 쇠퇴하고 있었다.

중앙로 사거리에는 저마다의 이익을 대변하는 커뮤니티들이 있다. 제주중앙지하상점가진흥사업협동조합, 제주칠성로상점가진흥사업협동조합, 제주중앙로상점가상인회다. 마침내 건널목이 만들어지자 모두가 환호했다. 그리고 커뮤니티들은 자신들이 이 일을 주도했다고 여기고 있다. 실제로 지상의 제주칠성로상점가진흥사업협동조합은 이해관계자 설득을 위해 노력했고 제주중앙로상점가상인회는 사거리의 건물을 가로막는 엘리베이터 구조물을 설치하는 것에 대해 양해해주었다. 제주중앙지하상점가진흥사업협동조합은 에스컬레이터와 노약자, 장애인을 위한 엘리베이터를 설치하는 것을 전제로 합의를 했다. 제주도 의회와 행정은 이례적으로 수십억 원의 예산을 마련해서 공사를 집행했다.

커뮤니티들이 협업해서 38년간 묵은 문제를 해결하자 시민들은 환호했다. 골목이 서로 연결되자 거리에 걷는 인구가 꾸준히 늘어났다. 무엇보다 그동안 자신들의 이해를 따지며 갈등했던 사람들이 서로 함께 무언가를 해볼 수 있다는 효능감이 커졌다. 그 이후에도 함께 무언가를 해보자는 아이디어가 끊이지 않는다고 한다.

왜 커뮤니티 간의 문제는 해결하기 어려운가

✦ ✦ ✦ ✦ ✦

오랜 기간 쌓인 커뮤니티 간의 문제는 사람과 지역에 큰 영향을 미친다. 환경이 변화하며 함께 대응해야 할 때임에도 각 커뮤니티가 최선을 다해 구성원들의 이익을 대변하는 게 오히려 상황을 악화시킬 수 있다. 자기 밥그릇에만 충실한 시간이 오랠수록 더 많은 문제가 쌓인다. 이러한 문제는 해결이 매우 어렵다. 그 이유는 무엇일까?

첫째, 경계인 커뮤니티 리더의 부족이다. 내부 결속은 강하고 외부와의 소통이나 연대는 약한 커뮤니티의 속성 때문이다. 커뮤니티 내부에서 리더가 된 사람은 내부의 이해관계를 대변하는 사람이다. 내부 결속에서 긴밀한 관계를 유지하는 사람인 것이다. 그런데 커뮤니티 간의 문제를 해결하려면 다른 커뮤니티와 연결되어 있고 소통할 수 있는 사람이어야 한다. 이런 사람은 커뮤니티 내부의 관점에서 보면 중심부를 벗어나 있는 경계인이다. 경계인은 그 커뮤니티 리더의 자리에 오르기 어려운 것이 일반적이다.

둘째, 기존 커뮤니티에 속한 사람들의 변화에 대한 두려움이다. 환경이 변화하고 위기가 올 때일수록 변화에 능동적으로 대응하기보다는 위기가 가속화되는 것을 두려워한다. 시대적 흐름상 변화가 어쩔 수 없다는 것을 감지하더라도 그것을 가속하는 요인을 허용하고 싶어하지 않게 된다. 특히 그 커뮤니티가 고령화될수록 앞으로 자신이 활동할 때까지만이라도 그 변화의 속도를 늦추는 것이 최선이라고 생각하는 경우가 많다. 그런 마음가짐일 때는 변화를 가속하려는 사람을 자신들의 적으로 삼고 공격하게 된다.

셋째, 다양성과 개방성을 바탕으로 한 창조적 협업의 커뮤니티 문화의 부재다. 우리나라는 저개발국가에서 경제개발을 할 때 정부가 하향식 개발 정책을 펼쳐서 성공했다. 정치적 네트워크가 있는 사람들이 자신들에게 유리한 정책과 사업을 유도해 이권을 챙기고 다른 사람들에게 불이익을 주는 방식이었기에 승자와 패자가 명확했다. 그러니 손해 보지 않으려면 이익집단만의 이해관계를 바탕으로 목소리를 높이고 절대 타협하지 않아야 한다는 적자생존의 원리가 지배적인 문화가 된 것이다.

넷째, 정치와 행정의 역할과 역량이 변화하지 못한 탓이다. 지금까지 정부는 기획재정부가 막강한 권한을 가지고 효율성과 성과를 높이는 방식으로 예산을 편성하고 투입하면서 일해왔다. 자금이 투입되면서 오히려 커뮤니티 간의 경쟁이 치열해져 서로를 적으로 여기게 된 경우도 많다. 이제는 정부의 역할이 변화해야 한다. 다양한 커뮤니티들의 목소리를 경청하고 이해관계를 조율하고 시너지를 창출하도록 지원하는 역할을 해야 한다.

승차 공유 모빌리티 플랫폼 타다와 택시업계 사이의 갈등은 정부가 싸움을 키운 경우다. 2019년 6월 문재인 대통령은 핀란드·노르웨이·스웨덴 북유럽 3국 순방을 하러 가면서 국내 스타트업들을 동반했는데 타다 서비스를 출시한 스타트업인 VCNC 대표도 포함되었다. 당시는 타다와 같은 승차 공유 모빌리티 플랫폼에 대해 택시업계가 반발하며 사회적 갈등이 커졌을 때다. 모빌리티 스타트업과 택시 간 현재의 이슈, 미래에 대한 방향성, 상생의 방법에 관한 이야기를 진행할 수 없는 상태였다. 정부는 타다를 혁신성장 서비스의 대표 사례로 해외에 소개했다. 그 시기에 택시 기사들은 승차 공유 서비스가 불법이라며 연이은 분신자살 사건이 일어나고 있었다. 다음 해 정부의 입장이 급변했다. 불과 몇 개월 만에 타다는 정부의 공격을 받았다. 순식간에 '타다금지법'이라고 불리는 「여객자동차 운수사업법」이 만들어졌고 타다 서비스는 종료되었다. 타다를 혁신성장 서비스의 대표 사례로 띄우다가 갑자기 반대 방향으로 법을 개정해 불법 서비스로 만든 정부는 이해관계자들의 갈등에 불을 붙이고 빠져나온 격이 되었다.

제주시 중앙로 사거리와 같은 방식으로 접근했으면 어땠을까? 제주시가 그곳에 사거리 횡단보도가 꼭 필요한지에 대해 이해관계자들 간의 공감을 형성했듯이 정부는 미래의 모빌리티에 승차 공유가 꼭 필요한지 업계와 시민들의 공감을 형성하는 과정을 거쳤어야 했다. 그리고 고령화되는 택시 기사들이 택시 라이선스를 자신의 노후 자산이라고 생각해서 가지는 두려움이 진짜 갈등의 원인일 수 있다는 문제를 파악했어야 했다. 그리고 해결 방법으로 이라이선스를 정부가 단계적으로 매입하거나 스타트업 업계가 적정한 가격에 되살 수 있는 협력 방법을 함께 진지하게 논의할 수도 있었을 것이다.

어떻게 커뮤니티 자본을 부유하게 만들 것인가
✦ ✦ ✦ ✦ ✦

정부가 시대와 세대 간의 변화관리자 역할을 성공적으로 한 해외 사례들이 있다. 네덜란드는 현재 농업 강국이지만 1980년대만 해도 농부들이 농촌을 떠나 도시로 향하면서 농업이 위기였던 시기가 있었다. 네덜란드 정부는 이 위기를 농업 강국을 만드는 변화의 계기로 삼았다. 당시 네덜란드는 우리나라와 비슷하게 소규모 농작지를 경영하는 소농들이 많았다. 정부는 그들이 대도시로 대거 떠나자 땅을 매입했고 경작지를 대규모화해서 농업혁신에 도전하고자 하는 청년들에게 분양했다. 그 청년들이 농업을 지식산업화와 첨단 산업화를 해서 현재의 농업 강국을 만들어낸 것이다.

지금 우리 사회 곳곳에 있는 많은 문제는 커뮤니티 문제다. 커뮤니티들이 많다고 해서 커뮤니티 자본이 풍부한 것이 아니다. 커뮤니티 자본이 없는 상태에서는 커뮤니티들이 이익집단화되어 서로 갈등과 반목만 하게 될 수 있다. 커뮤니티 자본이 풍부한 사회는 커뮤니티 간의 경계를 넘어 연결되어 시너지를 창출하고 새로운 커뮤니티가 창조될 수 있는 선순환이 일어난다. 이러한 사회에서는 기성 세대와 미래 세대 사이의 커뮤니티 연결과 융합도 원활해져서 세대 간의 문제도 해결되고 시대의 변화에도 능동적으로 대처할 수 있게 된다. 커뮤니티 자본이 풍부한 사회를 만들기 위해서는 다음과 같은 노력이 필요하다.

첫째, 변화에 저항하는 커뮤니티 구성원들의 두려움을 덜어내고 다른 커뮤니티가 긍정적인 변화를 함께 만들어낼 협력자라는 것을 이해할 수 있도록 해야 한다.

둘째, 커뮤니티 간의 경계에서 커뮤니티 리더십을 발휘할 수 있는 창조적 인재를 발굴하고 키워내야 한다. 그들이 커뮤니티 내 위계 안에서 주변인으로 밀려나 혁신적 시도가 초기에 좌초되지 않도록 창조적 경계인들의 커뮤니티를 만들어야 한다.

셋째, 커뮤니티 간의 공감, 협업, 시너지 창출의 성공 경험을 하도록 하며 그 실천의 의미를 널리 알려서 지속적으로 확산될 수 있도록 해야 한다.

넷째, 행정은 과거의 기재부 중심의 효율성 위주의 예산 편성과 성과 창출 방식에서 벗어나서 커뮤니티 자본을 키워내며 중장기적인 변화를 끌어낼 수 있도록 기존의 사업 방식을 재구성해야 한다.

2.
제주 10년의 변화는 커뮤니티의 변화다

변방의 섬에서 다시 다양성과 연결의 섬이 되다

✦ ✦ ✦ ✦ ✦

사람은 동시에 여러 시간과 장소에서 살 수 없다. 따라서 특정 시기에 어떤 지역이 가진 커뮤니티 자본은 그 시간에 그 장소에서 살아가는 사람들의 커뮤니티 자본 전체와 같다. 동일한 자본과 지역을 주인공으로 보는가, 아니면 사람들 각각을 주인공으로 보는가에 따라 서술의 차이가 있을 뿐이다

한마을에서 태어난 사람이 평생 그곳에서만 사는 경우를 생각해보자. 몇 대를 이어 한 곳에서만 살아가던 시대에는 한 사람이 가진 커뮤니티 자본은 그 마을 것의 일부분이었을 것이다. 그 마을이 탄생해서 소멸하기까지 긴 시간 속에 그곳에서 살아간 사람의 삶이 온전히 포함되어 있었을 것이다.

그러나 이것은 이론적으로만 그렇다고 볼 수 있다. 실제로는 그

렇게 완전히 폐쇄된 마을은 존재하기 어렵다. 단 한 사람이라도 외지인이 드나들어 현지인과 교류하게 된다든지, 외지인 중 정착한 사람이 생긴다면 그 외지인이나 이주민은 지금까지 자신이 쌓아온 커뮤니티 자본을 마을에 가지고 온다. 그리고 시간이 지나면서 마을의 주민들이 그 이주민과 교류하게 되고 그 마을의 커뮤니티 자본에 변화가 일어난다. 동시에 마을 사람들도 이전의 존재와 다른 존재가 되어갈 것이다.

제주는 지난 수천 년 역사 동안 커뮤니티 자본에서 큰 변화를 겪었다. 섬이라는 사실은 변하지 않았지만 지정학적으로는 양극단을 오가는 변화가 있었다. 오래전 제주는 천년 넘게 동아시아 여러 지역과 연결된 요충지로 해상 무역이 발달한 탐라국이라는 왕국이었다. 그러나 탐라국이 조선에 복속된 1400년 이후로 모든 것이 달라졌다. 그 이후로 반세기 동안 제주는 외부와 철저히 단절되었다. 제주도민이 외부에 나가는 것도, 외부인이 들어오는 것도 철저히 통제되었다. 조선시대에 제주는 한양에서 가장 먼 최적의 유배지였다. 조선은 광해군, 송시열, 김정희 등 260명을 제주에 유배했다. 한양의 중심 커뮤니티로부터 철저히 차단되는 벌을 받게 하는 곳으로 제주를 선택한 것이다.

그러나 제주는 대한민국에서 다시 탐라국 때처럼 연결의 섬이 되었다. 이러한 변화는 인구 통계를 통해 추적해볼 수 있다. 전 세계 인구는 1400년대부터 500여 년 동안 8.6배 증가했다. 그 기간에 제주는 2.8배 증가하는 데 그쳤다. 1960년 이후부터 제주의 변화가 시작되어서 28만 명이었던 인구가 2022년 기준 69만 명이 되었다. 60년 동안 2.4배 증가한 것이다. 제주도민 외에 제주에 체류하는 인구는 10만 명이 넘는다. 연간 1,500만 명의 관광객과 한 달살이, 일년살이 등 외지인의 체류 시간이 길어지고 있기 때문이다. 이렇게 인구가 증가할 뿐만 아니라 다양성과 연결성이 증가하면서 제주의 커뮤니티 자본도 나날이 풍성해지고 있다.

제주의 변화는 2000년대 들어서 드라마틱하게 진행되었다. 이러한 변화의 조짐은 서울올림픽이 열리던 1988년부터 있었다. 최성원이 「제주도의 푸른 밤」을 작사 작곡해서 부른 것을 시작으로 대도시화되는 서울을 벗어나 대안적인 라이프스타일을 살고자 하는 이주민의 로망이 커졌다. 개인뿐만 아니라 기업도 이주했다. 2004년 다음커뮤니케이션이 펜션을 빌려 20여 명이 먼저 이주한 데 이어 2006년 글로벌미디어센터GMC를 건립하고 200여 명이 이주했다. 2010년경부터는 문화이민자들의 이주 붐이 일어났다.

지난 10여 년 사이에 제주는 커뮤니티 자본에서 다른 지방과 점점 더 다른 상황이 되어갔다. 제주 청년들은 섬을 답답해하며 서울로 떠났지만 서울 등 육지의 청년들은 제주로 들어왔다. 제주 청년들은 다양한 자극과 성장의 기회를 찾아 대도시 서울로 떠났고 서울의 청년들은 대도시에서 잃은 자기 자신을 찾기 위해 제주로 떠났다.

서울은 전국 각지에서 다양한 사람들이 몰려들고 서로 연결되고 친구가 된다. 그러나 제주는 오랜 기간 그렇지 못했다. 원주민들은 원주민들끼리 이주민들은 이주민들끼리 따로따로 어울렸다. 제주에는 '괸당' 문화가 있다. 원래는 '친족'을 뜻하는 제주어로 마을 사람들이 서로를 챙겨주는 커뮤니티 문화를 말한다. 그래서 제주는 매우 가난했던 시절에도 굶어죽는 사람이 없었다고 한다. 인구가 30만 명 이내였던 시대에는 한두 사람만 건너면 친족으로 연결되었고 그러한 커뮤니티 문화가 순기능으로 작동했다. 하지만 인구가 늘어나고 다양성이 증가하는 어느 순간부터 괸당 문화는 외지인을 배척하는 문화의 대명사처럼 여겨졌다.

사실 제주만의 문제는 아니다. 상이한 경험과 네트워크가 있는 커뮤니티들이 처음 마주쳤을 때 관점의 차이로 인해 오해와 갈등이 생기는 것은 당연하다. 그런데 제주의 괸당 문화와 외지인과의 갈등은 유독 두드러지게 나타났다. 다른 지방은 청년들이 수도권으로 유출되기만 하고 수도권에서 지방으로 들어오는 경우는 많지 않다. 그러다 보니 이러한 충돌이 일어나도 크게 이슈화되지 않는다. 2015년을 전후해서 제주가 유독 원주민과 이주민의 갈등 이슈가 크게 드러났던 것은 인구가 유입되고 다양성이 증가하면서 자연스럽게 거치게 된 과정이었다고 볼 수 있다.

제주는 이러한 다양성의 증가와 갈등과 충돌의 단계를 지나서 다음 단계로 나아가는 중이다. 미국의 대표적인 라이프스타일 도시 포틀랜드도 유사한 과정을 겪었다. 미국 서부 오리건주에 있는 포틀랜드시는 18세기 중반 네덜란드 출신 농부들이 정착하면서 치즈, 와인, 베리와 같은 농업이 발달했다. 수목의 생육에 좋은 조건을 가지고 있어서 임업도 함께 발달했다. 1930년대부터는 제철소와 조선소가 생기며 공업이 발달했다가 1970년대에 공해가 극심해지고 도시가 쇠퇴해갔다. 그즈음에 외지에서 들어온 히피들

제주 인구 수 추이

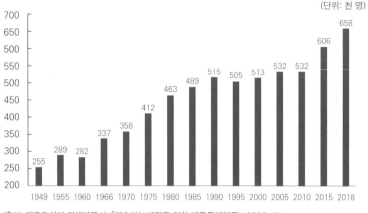

(단위: 천 명)

(출처: 제주도의회 정책연구실, 「지속가능발전을 위한 제주통계연구」, 2020. 1)

의 문화가 지역의 전통문화와 결합하여 현재의 로컬과 혁신의 도시 포틀랜드가 되었다. 이러한 매력적인 지역 문화는 2010년대에 로컬 매거진 『킨포크』를 통해 전 세계에 알려지게 되었다. '킨포크 Kinfolk'는 친족이나 가족을 뜻하는 말로 제주의 '괸당'과 어원이 동일하다. 하지만 킨포크는 폐쇄적인 의미가 아니라 다양성과 창조성이 넘치는 로컬 커뮤니티 문화를 뜻하는 대명사가 됐다. 제주의 '괸당' 역시 그 의미를 다시 써 내려간다면 그렇게 되지 않을까.

제주 인구의 증가 과정을 보면 커뮤니티 자본이 어떻게 변화해 왔는지 알 수 있다. 제주 인구는 1970년에 36만 명이었다. 이때부터 감귤산업과 관광산업이 본격적으로 발달하면서 20년간 호남 이주민이 대거 유입되었다. 1990년에는 45%가 증가하여 52만 명에 이르렀다. 그러나 1990년부터 2010년까지 20년간은 인구가 증감을 반복하며 고작 2%만 증가했다.

1990년부터 20여 년간은 인규 유입이 정체되고 제주 청년들의 유출이 증가했던 시기다. 제주 청년들은 다양한 사람들을 만나고 더 많은 기회를 원해서 육지로 떠났을 것이다. 한편 제주로 이주한 사람들은 자신들이 제주도민 커뮤니티의 일원으로서 좀 더 받아들여지기를 바랐을 것이다. 그때의 제주는 아직 연결의 섬이 아니었던 것이다.

2010년부터 제주의 인구는 다시 많이 증가했다. 지난 12년 동안 제주 인구는 30% 증가해서 69만 명이 되었다. 체류자를 포함한 관계 인구로 보면 40% 이상 증가했을 것으로 예상된다. 이 같은 변화는 1970~1980년대와는 성격이 크게 다르다. 이주민의 이주 목적도 달랐고 지역민과의 관계 방식도 달랐다. 이주민과 지역민이 함께 연결되어 새로운 커뮤니티 자본을 키워나가게 되었다. 과거의 이주민이 경제적인 이유로 제주에 왔다면 현재의 이주민은 제주에서 삶의 의미를 찾기 위해서 왔다. 지역민들도 이러한 이주민들과 새롭게 관계를 형성해나가는 일들이 많아지기 시작했다. 이렇게 서로 다른 커뮤니티들을 연결하고 융합하며 새로운 커뮤니티를 창조하는 지역민과 주체들이 제주의 커뮤니티 자본을 점차 키워나가게 되었다.

제주 청년들이 창의적 생산자로 점차 변화하고 있다

✦ ✦ ✦ ✦ ✦

제주도는 행정구역으로는 북부의 제주시와 남부의 서귀포시로 나뉘지만 동서로 긴 섬의 특징으로 인해 전통적으로 동부와 서부가 서로 다른 문화를 형성해왔다. 예전에는 두 지역 간에 교류도 적었을 뿐만 아니라 서로 결혼도 잘 하지 않았을 정도였다고 한다. 서부는 땅이 상대적으로 비옥하여 산업이 더 먼저 발달했다. 한림공원과 한라산소주 공장 등은 제주 서부인 한림읍에 있다. 공항에서 서쪽으로 차로 30여 분 거리인 애월읍에는 2010년대에 들어서 이주민들이 집중적으로 정착했다. 이주민들이 가장 많이 온 곳인 만큼 갈등도 급속히 일어났다. 이곳은 원주민과 이주민 사이의 갈등이 지금도 가장 많은 곳이다.

반면에 제주 동부는 땅이 척박해 산업의 발달이 서부에 비해 더뎠다. 그러다가 2015년 이후 문화이민자들이 점차 늘어나기 시작했다. 제주의 로컬크리에이터들이 성장하고 커뮤니티 자본이 커지던 시기와 일치한다. 현재 제주 동부에는 구좌읍과 성산읍을 중심으로 젊은 창업가들이 원주민과 이주민의 경계를 넘나들며 커뮤니티를 이루고 협력하는 사례가 많다. 해녀의부엌, 카카오패밀리, 어니스트밀크와 같은 제주 출신의 젊은 여성 창업가들이 원주민과 이주민 사이에서 커뮤니티 간의 매개자 역할을 하고 있다.

제주는 이제 원주민과 이주민의 갈등이 최고조에 이르렀던 시기를 넘어서 다음 단계로 나아가고 있다. 제주 서부와 동부가 시기에 따라 양상이 다르기는 하지만 큰 흐름에서 다양성이 높아지고 개방성도 커진다고 볼 수 있다. 이러한 변화를 만들어가는 주인공들은 주로 X세대와 밀레니얼 세대 이주민들이다. 그들은 1970~1980년대에 생계를 위해 제주로 이주했던 산업화 세대와는 다른 가치관과 라이프스타일을 드러낸다. 적극적으로 원주민들과 교류하면서 새로운 커뮤니티를 만들어간다. 제주 마을 곳곳에 책방과 카페 등을 만들어서 커뮤니티 거점 역할을 한다. 제주의 자연과 문화와 역사 자원을 새로운 방식으로 해석해서 창조적인 일을 해낸다. 예를 들어 서귀포 사계리에서 『제주iiin』 매거진을 만드는 콘텐츠그룹 제주상회는 제주의 문화, 역사, 환경 자원을 새롭게 해석해서 창조적 콘텐츠를 만들고 지역민들이 오랫동안 사용했던 공간을 편집숍과 공유오피스로 탈바꿈했다. 이러한 창조적 인재들과 커뮤니티의 흐름은 제주가 로컬크리에이터들의 발상지가 되는 데 큰 기여를 했다.

이렇게 제주의 커뮤니티 자본이 커지자 성장의 기회를 찾아 육지에 갔다가 다시 돌아오는 청년들이 늘어났고 선순환이 일어나고 있다. 기성세대는 제주에서 10대를 보낸 후 20대에 서울에 가면 다시 제주에 돌아올 일이 없었다. 서울에 가서 성공한 친구들이 돌아오는 것을 제주에서 평생을 살아온 친구들이 반기지도 않았다. 30여 년 이상 다른 커뮤니티에서 살다 온 그들에게 이주민 못지않게 이질감을 느꼈던 것이다. 그러나 이제 제주 청년들은 서울에 가지 않아도 제주에서 다양한 경험과 네트워크를 가진 친구들을 사귈 수 있다.

연결과 융합이 축적되어 커뮤니티 자본이 커지자 제주 청년들에게 이전에는 없었던 성장 기회가 열리고 있다. 제주 청년들은 창의적 생산자가 되어가고 있다. 예를 들어 '일로와'는 제주대학교 출신 청년들이 창업한 기업이다. 이곳 직원이었던 유서영은 제주의 스타트업 생태계 속에서 교류하다가 액셀러레이터 소풍벤처스에 입사해서 서울, 강원, 제주를 오가면서 스타트업을 키우는 역할을 하게 되었다. 그녀의 남편이자 일로와 대표인 이금재는 이효리가 살았던 소길리의 집을 임대하여 로컬크리에이터 공간 소길별하를 오픈했다.

제주도 행정의 노력도 이같은 변화를 가속화했다. 제주도는 2019년에 청년을 성장시키는 혁신적인 기관인 제주더큰내일센터를 만들었다. 그곳에서는 제주 청년과 이주 청년을 3대 1의 비율로 뽑고 월 150만 원 상당의 기본소득을 제공하며 창업가 교육을 한다. 전국의 앞서가는 선배 창업가들이 제주를 찾아와 기꺼이 그들의 멘토가 되어준다. 그러다 보니 제주 청년들은 서울로 가지 않더라도 더 풍부한 커뮤니티 자본을 제공받는다. 이런 환경에서 성장한 제주 청년들은 후배들에게 더 큰 커뮤니티 자본을 물려줄 수 있게 될 것이다.

이미 제주는 곳곳에서 원주민과 이주민 간의 자연스러운 융합이 일어나는 현장이 되었다. 이러한 커뮤니티 자본은 청년세대에서 시작해 기성세대와 아이들에게까지 확장되고 있다. 마을의 책방은 원주민, 이주민, 여행자들이 함께하는 동네 사랑방이 되었다. 마을 고유의 유무형 자원과 이주민의 자원을 결합하는 거점 역할을 하는 것이다. 이제 제주는 그 어떤 지방보다도 원주민과 이주민을 연결할 수 있는 매개자들이 많은 지역이 된 것이다.

제주만의 다른 환경 자본이 커뮤니티 자본을 키웠다

✦ ✦ ✦ ✦ ✦

제주의 커뮤니티 자본이 이렇게 커갈 수 있었던 배경은 무엇일까? 제주는 2002년 국제자유도시로 지정되었고 2006년 특별자치도로 승격되었다. 2005년에 저가 항공 시대가 열렸고 2010년대 들어서 국제학교가 설립되고 첨단과학 기술단지가 조성되는 등 인프라가 확충되었다. 이러한 제도 변화와 인프라 확충은 제주의 다양성을 높이는 물적 기반이 되었다. 그러나 이것만으로는 제주 커뮤니티 자본의 변화를 설명할 수 없다. 많은 지방이 혁신도시와 공공기관 이전 등을 통해서 지역 발전을 도모하고 있지만 제주만큼 커뮤니티 자본이 성장하는 곳을 찾기 어렵기 때문이다

제주가 다른 지방과 다른 점은 무엇이었을까? '한강의 기적'이라 불리는 압축성장 시대에 다른 지방 도시들은 모두 서울을 따라 하기에 바빠서 개성을 잃어갔다. 하지만 한반도의 가장 남단에 있는 제주는 서울과 근본적으로 달랐다. 화산섬이라는 특징 때문에 자연이 달랐고 서울과 가장 먼 장소라는 특징 때문에 역사와 문화가 많이 달랐다. 이렇게 다른 환경 자본은 제주만의 매력이 되었다. 그 덕에 우리나라가 산업화에 성공하고 탈산업사회로 진입하기 시작한 1990년대 들어서 시대를 앞서가는 몇몇 사람들이 먼저 제주를 찾기 시작했다. 그러한 흐름이 수십 년간 계속 이어져서 제주에 다양성이 높아지며 커뮤니티 자본이 커진 것이다.

제주는 매력적이고 차별화된 자연환경을 가지고 있다. 하지만 그것을 지켜내고 키워내서 현재의 경관을 만들어낸 것은 제주도민

개척가들이었다. 그들은 제주의 자원에 새로운 요소를 결합하는 창조적 접근을 했다. 1960년대에 감귤 산업이 성장하며 감귤밭의 풍경이 만들어졌다. 오늘날 제주의 정체성 중 중요한 역할을 하는 야자수 풍경은 1970년 전에는 없었다. 1970년에 송봉규가 오사카의 만국박람회에 갔다가 야자수를 보고는 다음 해 고향 한림에 9만 평 규모의 땅을 사들였다. 1년 뒤에 야자수 씨앗 5만 개를 들여와 심고 키워 곳곳에 보급해서 오늘날 제주의 야자수 풍경이 만들어졌다. 제주의 문화, 역사, 환경 자원에 외지의 자원을 융합하여 새로운 정체성을 창조해낸 것이다. 이렇게 창조된 제주의 정체성은 서울과 결코 같을 수 없는 매력으로 다가왔다. 그러면서 1970년대부터 제주는 신혼여행지 겸 단체여행지로 성장할 수 있었다. 2007년에는 서귀포 출신 서명숙이 제주로 돌아와 올레길을 만들며 자유여행의 트렌드를 주도했다. 제주도민 개척가들이 제주의 정체성을 새롭게 창조해내는 상황에서 저가 항공이 운항되면서 이동이 쉬워지고 국제학교 유치와 기업 이전 등으로 외지인이 유입되면서 다양성이 높아질 수 있었다.

이제 제주는 다양성이 점점 높아질 뿐만 아니라 서로 융합되어 창의성으로 발현되는 사회로 변화하고 있다. 제주의 커뮤니티 자본은 다른 어떤 지방들보다도 풍부해지고 있다. 이는 제주가 창조적 도시로 변화하는 기반이 되었다. 누군가가 기획하고 하향식으로 지시해서 일어난 것이 아니다. 각자가 다양한 동기로 자신의 가치를 실현하는 과정에서 예측 불가능한 방식으로 서로 관계를 맺고 영향을 미치는 등 커뮤니티 자본이 커가면서 일어나고 있는 것이다.

3.
나는 커뮤니티로 이루어져 있다

당신의 커뮤니티를 알면 당신이 누구인지 알 수 있다

✦ ✦ ✦ ✦ ✦

사람은 커뮤니티 안에 존재한다. 우리는 한 사람에 대해서 묘사할 때 그 사람이 속해 있는 커뮤니티에 대해 말할 수밖에 없다. 어떤 국가와 지역에 사는지, 어떤 친족과 가족에 속하는지, 어떤 직업을 가졌는지 등은 사실 어떤 커뮤니티에 속해 있는지를 말하는 것이다. 사람들의 독특한 성격, 개성, 취향을 말할 때도 마찬가지다. 사색을 좋아한다든지, 커피 마시는 것을 좋아한다든지, 산책을 좋아한다는 것은 그 사람이 어떤 취향의 커뮤니티에 속하는지를 나타낸다. 그렇게 커뮤니티는 그 사람의 존재를 말해준다. 다시 말해 '나'는 수많은 커뮤니티로 이루어졌다고 볼 수 있다.

조직은 커뮤니티와 비슷한 점도 많지만 다른 점도 많다. 조직은 '특정한 목적을 달성하기 위해 많은 개인과 여러 집단에 전문화되고 분화된 역할을 부여하고 그 활동을 통합하고 조정하도록 구성한 집단'이다. 반면 커뮤니티는 '특정한 사회적 공간에서 공통의 가치와 유사한 정체성을 가진 사람들의 집단'을 말한다. '커뮤니티'의 우리말 표현은 '공동체'다. 하지만 현재 우리나라에서 둘은 조금 다른 어감으로 쓰인다. 공동체는 조금 더 전통적인 가족, 친족, 마을 등 강한 연결에 쓰고 커뮤니티는 그보다 다양한 목적으로 모인 느슨한 연결을 말할 때 쓰는 경향이 있다.

조직은 경계가 명확하고 속하는 기간이 한시적이다. 그에 반해 커뮤니티는 경계가 모호하고 유연하며 속하는 기간이 더 지속적이다. 내가 특별히 가입을 신청하고 누군가의 승인을 받지 않아도 내 말이나 행동에 의해 자연스레 일원이 되는 경우가 많다. 조직에 속하는 동안 개인은 그 조직의 목표를 위해서 일하고 성과를 달성한다. 그리고 그 기여와 성과에 대해 대체로 경제적 보상을 받는다. 조직은 가입과 탈퇴가 명확한 계약 관계로 이루어져 있다. 대표적인 조직 형태인 회사는 입사하면 직원이 되고 퇴사하면 무관한 사람이 되는 것이다.

나의 지난 8년을 통해 조직과 커뮤니티의 차이를 보면 다음과 같다. 내가 다음커뮤니케이션을 다니고 있던 2014년에 회사가 카카오와 합병됐다. 나는 2015년부터 7년간 제주창조경제혁신센터장으로 파견됐다가 2022년 5월 퇴임했다. 그리고 2022년 11월 카카오에서 퇴사했다. 이렇게 내가 소속된 조직은 계속 변화했다. 하지만 그 기간에 그리고 그다음에도 나의 정체성은 일관되게 이어지고 꾸준히 강화되었다. 내게는 지역의 창업생태계와 관련된 커뮤니티가 남았다. 조직을 떠난 후에도 커뮤니티 속에서 나의 존재 의미는 지속된다. 또 내게는 책『밀레니얼의 반격』을 읽은 독자 커뮤니티가 있다. 그들은 내가 어떤 조직에 있든지 상관없다. 가입과 탈퇴를 승인하는 사람이나 서로의 동의 없이도 누구나 그 책에 관심을 가지면 스스로 커뮤니티의 일원이 될 수 있는 것이다.

어떤 사람이 어떤 마을에 살기로 하고 이주하면 그것만으로도 마을 커뮤니티의 일원이다. 만약 그가 마을 청년회에 가입한다면 조직에 들어갔다고 봐야 옳다. 그가 청년회를 탈퇴하더라도 마을 커뮤니티의 일원이다. 돈을 내거나 받으며 가입과 탈퇴가 명확한 곳인데 커뮤니티라 부르는 경우도 있다. 유료 독서 커뮤니티, 스타트업 협회, 협동조합 등이 그렇다. 나는 그것들을 커뮤니티와 관련된 조직이라고 본다. 누군가에 의해 가입 승인과 해지가 결정되는 시스템인 조직은 커뮤니티를 키울 수도 있지만 언제든 폐쇄적으로 되어 커뮤니티의 적이 될 수도 있다.

협회들은 처음 생겨날 때 커뮤니티에서 시작된다. 그런데 협회들 중에는 해가 지날수록 처음에 가입한 이들의 이권을 위한 조직이 되고 마는 경우도 있다. 그렇게 되면 회원사와 함께 협회는 나이가 들고 시대를 따라갈 수 없게 된다. 협회가 지속가능하려면 스스로 다양한 커뮤니티들에 열려 있으며 변화하고 진화할 수 있어야 한다.

사람들은 커뮤니티 안에서 자신의 존재 의미를 찾는다. 조직에서도 자신의 존재 의미를 느낄 수 있지만 그것은 조직에 속한 시간 동안뿐이다. 조직을 떠나면 그 의미는 사라진다. 조직을 떠나거나 조직이 사라진 후에도 남아 있는 의미가 있다면 그것은 이미 조직 때문이 아닌 것이다. 그곳에서 내가 관계 맺은 커뮤니티가 이어지고 있기 때문이다. 다시 말해 조직을 떠났거나 조직이 사라졌더라도 추구했던 미션이나 업계에 미친 영향 등이 이어지고 있기 때문일 것이다. 다음커뮤니케이션 출신들이 그렇다. '세상을 즐겁게 변화시키자'는 미션을 추구했던 회사는 법인격으로는 카카오로 이어지고 있지만 현재 카카오는 더 이상 그 미션을 이어가지 않는다. 하지만 다음 카페, 아고라, 블로거뉴스 등을 만들고 제주 이전이라는 즐거운 실험을 함께했던 다음커뮤니케이션 출신 중 많은 사람이 사회 곳곳에 진출하여 그 미션을 이어가며 실천하고 있다. 조직은 사라졌지만 커뮤니티로 계속 연결되어 있는 것이다.

조직은 커뮤니티보다 영속성이 떨어진다. 평생직장은 사라진 지 오래다. MZ세대는 조직이 자신을 저버리기 전에 먼저 조직을 떠난다. 그들은 기성세대보다 회사에서 자신의 존재 의미를 덜 찾는다. 기성세대는 은퇴 이후가 문제다. 오랜 기간 잘 다닌 직장을 떠나게 됐을 때 많은 사람이 자신의 존재 의미를 잃고 방황한다. 조직을 떠난 후 그들에게 지속되는 커뮤니티가 남아 있지 않은 경우에 그렇다.

삶의 가장 중요한 기술은 커뮤니티와 관계 맺기다

✦ ✦ ✦ ✦ ✦

시대가 바뀔수록 나의 존재 의미를 찾아 방황하는 사람들이 늘어가고 있다. 하지만 진짜 나를 찾았다는 소식은 좀처럼 듣기 어렵다. 그 대신 고립감과 외로움에 대한 호소만 점점 더 커진다. 삶의 의미를 상실했다고 한탄하는 말들이 들려온다. 그들은 나를 찾으려는 과정에서 스스로를 깊게 파고들기도 하고 타인과의 차별성을 만들기 위해 각고의 노력을 기울이기도 한다. 그럼에도 불구하고 갈수록 삶이 외롭고 무의미하게 느껴진다면 그 진짜 이유를 알고 해결할 수 있는 방향으로 노력할 필요가 있다.

문제는 커뮤니티다. 나의 존재 의미를 찾기 위해 관심과 노력을 기울여야 하는 곳은 외부와 분리된 나 자신이 아니다. 내가 정성을 쏟아야 하는 곳은 '나를 이루는 커뮤니티'다. 나라는 '점'이 다양한 또 다른 '점'들과 연결되어 '선'과 '면'이라는 커뮤니티를 이룰 때 내 삶의 의미망을 이룬다. 그 커뮤니티들이 '나'를 이룬다. 나를 이루는 커뮤니티는 끊임없이 변화하는 속성이 있다. 내가 개발자였다가 작가가 되고, 서울에 살다가 제주에 살고, 40대였다가 50대가 되면서 연결되고 속한 커뮤니티는 변화한다. 내가 의도하지 않아도 나를 둘러싼 커뮤니티는 끊임없이 변화한다. 한국이 개발도상국에서 선진국이 되면서 한국인이라는 나의 의미가 크게 변화한 것처럼 말이다.

변화하는 커뮤니티와 함께 나 스스로 변화하지 못하면 어느덧 고립되고 외로워진다. 더 나아가 자신의 존재 의미를 잃을 수 있다. 내가 살고자 하는 삶과 내가 속한 커뮤니티 사이에 간극이 커지면 분열을 느끼게 된다. 지금 우리 사회는 커뮤니티의 분절과 분열이 심하다. 국가가 단기간에 압축성장을 하자 서로 다른 세대들

간에 혼란을 느끼고 있다. 산업화 세대는 민주화된 사회가 낯설고 청년세대는 기성세대가 낯설다. 농어촌이나 산업도시와 같이 기성세대 문화가 지배적인 지역에서 청년들은 자신들이 원하는 커뮤니티와 지역의 커뮤니티 사이에서 큰 간극을 느낀다. 개인들이 변화하는 커뮤니티와 관계 맺음에 실패할 때 커뮤니티 간의 분절과 갈등이 심해진다. 개인들이 느끼는 고립감과 존재 의미 상실의 문제는 사회의 분열과 갈등 문제와 서로 연결되어 있다.

변화하는 커뮤니티와 지속적으로 관계를 맺는 능력은 이 시대를 살아가는 데 꼭 필요하다. 사람들 간의 교류와 이동이 많지 않았던 농경사회와 달리 지금은 한 사람이 하나의 커뮤니티에서 평생 안정적으로 살아가는 것은 더 이상 불가능하기 때문이다. 사회의 변화 속도는 점점 더 빨라지고 있고 사람의 평균 수명은 점점 더 늘어나고 있기 때문에 한 사람이 평생 접하는 커뮤니티 또한 많아졌다. 평생직장이 사라지고 직업이 소멸하고 변화하는 속도가 빨라짐에 따라 일생을 한 가지 직업에 종사하는 것은 점점 더 불가능해지고 있다. 만족스럽게 회사에 다녔던 사람도 그 회사가 문을 닫거나 퇴사를 하게 되면 방황한다. 그 회사에 있을 때 맺었던 커뮤니티를 떠난 후에 자신의 것으로 능동적으로 이어가지 못하면 단절감을 느낀다.

가족도 마찬가지다. 과거와 같이 지역을 중심으로 가족과 친족 중심의 공동체가 지속되지 않는다. 그런 상황에서 가족은 더 이상 일생에 걸쳐 안정적인 커뮤니티로서의 기반이 되어주지 못한다. 결혼하지 않거나 아이를 낳지 않는 경우, 가족과 지리적이나 심리적으로 멀리 떨어지게 되는 경우, 가족이 노화나 사고로 먼저 세상을 떠나는 경우 등 다양한 이유로 가족이 없는 개인으로 남게 된다. 이제 개인은 끊임없이 변화하는 커뮤니티에 적응할 수 있는 능력을 키우지 않으면 고립과 외로움을 피하기 어렵게 되었다.

나를 찾고 삶의 의미를 찾는 것은 나의 커뮤니티를 찾는 것과 연결되어 있다. 따라서 나의 변화는 나의 커뮤니티의 변화와 같은 것이다. 삶의 의미가 지속되려면 나의 커뮤니티가 끊임없이 변화할 수밖에 없다는 것을 받아들이고 다양한 커뮤니티와 관계를 맺는 방법을 익혀야 한다.

이런 이유로 이 시대에 개인이 살아가는 데 커뮤니티와 관계를 맺고 스스로 커뮤니티를 만들 수 있는 '커뮤니티 기술'은 점점 더 중요한 삶의 기술이 되어가고 있다. 삶의 성공 척도도 달라지고 있다. 기존에는 경제적으로 성공하거나 조직의 위계질서에서 사다리를 빠르게 올라가는 것이 성공한 삶으로 여겨졌다. 하지만 이제는 다양한 커뮤니티들과 유연하고도 창의적으로 관계를 맺으며 자신의 존재를 능동적으로 변화시키는 삶이 성공한 삶으로 여겨진다.

커뮤니티 기술은 새로운 커뮤니티를 발견하고 참여하는 역량이다. 더 나아가 새로운 커뮤니티를 창조하는 능동적 주체가 되는 역량이다. 커뮤니티 기술이 뛰어난 사람들은 한 커뮤니티에 고착되지 않으려고 노력한다. 그래서 일부러 자신이 속한 커뮤니티의 중심부에서 이탈해서 주변인이 되기도 하고 미지의 커뮤니티에 뛰어들기도 한다. 이렇게 해서 풍성한 커뮤니티들과 함께 살아간다면 그 사람이 고립감을 느낄 이유가 없다. 이런 사람의 삶은 끊임없이 의미가 창출되고 생동한다.

그렇다면 커뮤니티를 어떻게 발견하고 창조할 수 있을까? '창의적 경계인'에 그 비결이 있다. 동시에 여러 커뮤니티에 속해 있는 사람은 그 커뮤니티들의 경계에 위치하게 마련이다. 나는 서로 다른 커뮤니티들의 경계에서 두 세계를 융합하고 새로운 커뮤니티를 창출하는 길을 '커뮤니티엑스 웨이'라고 정의하고자 한다. 커뮤니티엑스 웨이는 삶의 태도이자 방식이다. 이렇게 살아가는 개인은 삶의 모든 것들이 커뮤니티로 연결될 수 있음을 알게 된다.

나는 서울에서 IT 개발자로 오랫동안 살다가 40대에 들어서 문화·스타트업으로, 서울에서 제주로, 민간에서 공공으로 경계를 넘으면서 다양한 커뮤니티들에 새롭게 속하게 되었다. 그리고 그 커뮤니티들의 경계에서 그들을 융합하며 제주의 창업생태계를 만들어갔다. 그러면서 나 자신도 그전과는 다른 존재가 되어갔다. 이제는 제주창조경제혁신센터와 카카오를 퇴사했지만 내게는 그 커뮤니티들과 그들을 연결하고 융합할 수 있는 능력이 자산으로 남았다. 50대 초반인 시니어로서 나는 나의 존재 의미와 지속가능한 행복을 추구한다. 그래서 전국 곳곳에서 나를 찾는 민간과 공공의 사람들과 지혜를 나누며 배우고 성장한다. 그리고 청년 창업가들과 그들에게 투자할 수 있는 시니어들을 만나 그들을 서로 연결해서 시너지를 창출할 수 있도록 돕고 있다.

우리 사회 시니어가 경계를 넘어 서로 다른 커뮤니티를 융합하는 커뮤니티엑스 웨이로 살아간다면 청년세대의 문제도 자연스레 해결될 것이라고 믿는다. 지역 문제도 마찬가지다. 내가 관광객으로서 지역을 방문하는 것에 그치지 않고 서로를 환대하며 좋은 대화와 식사를 나눌 수 있는 사람들과 커뮤니티를 이루고 서로에게 기여할 수 있다면 나의 삶뿐만 아니라 그 지역에 있는 사람들의 삶에 새로운 가치와 의미를 창출하는 것이다.

개인과 커뮤니티는 항상 함께한다. 커뮤니티와 커뮤니티가 만나면 개인의 삶은 풍요로워진다. 시대가 변화하면서 커뮤니티는 다양화되고 끊임없이 변화하고 있다. 개인도 마찬가지로 변화하고 성장한다. 이제 개인과 커뮤니티는 새로운 방식으로 관계를 맺고 있다. 개인은 커뮤니티들을 만나고 떠나고 새로 만나면서 연결하고 융합하고 새로운 커뮤니티를 창조하는 방식으로 삶의 의미를 느끼며 살아간다.

4.
경제적 자유보다 커뮤니티 자유다

커뮤니티 자본은 돈으로 살 수 없는 생태계 자본이다

✦ ✦ ✦ ✦ ✦

신발 전문 온라인 쇼핑몰 자포스를 창업하여 큰 성공을 거둔 토니 셰이가 2020년 11월 화재로 46세 나이로 갑작스레 사망했다. 그는 혁신적인 기업 문화를 만들고 라스베이거스 구도심 재생 프로젝트를 주도하는 등 혁신가로서 큰 활약을 해왔다. 그러나 차츰 아산화질소와 알코올에 중독되고 자신에게 조언하는 가족과 지인들과 멀어진 채 고립되었다는 것이 밝혀졌다. 이런 상황은 그의 죽음의 원인이 되었다. 죽기 전에 그의 주변에는 돈을 보고 모여든 사람들만이 남아 있었다. 경제적 부가 엄청나게 커졌을 때 세계적인 사업가이자 혁신가에게도 커뮤니티 자본의 균형을 이루는 것은 무척 어려운 일이었다.

사람이 살아가는 데는 다양한 종류의 자본이 필요하다. 그 자본들은 탄수화물, 단백질, 비타민처럼 우리 몸에 필요한 영양소와도 같다. 하나라도 결핍이 일어나면 문제가 생긴다. 그런데 그 자본들을 골고루 충분히 갖기는 쉽지 않다. 하나를 추구하다 보면 다른 것을 놓치기도 한다. 또 오래 축적했던 자본이 순식간에 사라지기도 한다. 그러니 자본을 축적하는 것도 중요하고 잃지 않는 것도 중요하다.

자본은 크게 경제적 자본과 비경제적 자본으로 구분할 수 있다. 경제적 자본은 화폐를 통한 교환 가치를 지니는 자본이다. 비경제적 자본은 화폐 교환 가치와 직접적으로 관련이 없는 자본이다. 비경제적 자본에는 대표적으로 지적 자본, 사회적 자본, 문화 자본, 환경 자본 등이 있다. 지적 자본은 아이디어, 정보, 기술, 스토리 등을 말한다. 사회적 자본은 연결성, 유대 관계 등이다. 문화 자본은 사고방식, 태도, 역사 등을 말한다. 환경 자본은 자연 풍경, 생태적 다양성 등이다. 이런 비경제적 자본들은 경제적 자본과 상호 영향을 주고받으며 개인과 사회를 풍요롭게 만드는 요소로 작용한다.

우리가 살고 있는 자본주의는 경제적 자본 시스템이 핵심 엔진인 사회다. 즉 사적 소유권과 이윤 추구를 중심으로 움직이는 사회 구성체다. 따라서 우리 사회에 속한 사람들은 모두 자신의 경제적 자본이 얼마큼 있는지 끊임없이 확인하며 그것을 키우기 위해 분주히 노력한다. 그런데 사람은 경제적 자본만으로는 살 수 없다. 현대 사회의 질병인 불안감, 두려움, 외로움, 공허감 등 여러 마음의 질병이나 사회적 갈등과 같은 문제들은 대부분 비경제적 자본의 결핍에서 생긴다. 따라서 문제 해결을 위해서는 비경제적 자본을 키울 수 있어야 한다. 하지만 우리는 비경제적 자본에 대해서 충분히 잘 알지 못한다. 비경제적 자본을 키우기 위한 노력을 소홀히 하거나 잃어도 깨닫지 못하는 경우가 많다.

화폐가 중심인 자본주의 사회에서 나 홀로 완전히 다른 방식으로 살아갈 수는 없다. 내게 필요한 모든 것을 자급자족으로 얻을 수는 없다. 돈으로 살 수 있는 것들이 있기에 내 상품을 팔 수 있고 돈을 벌어 내게 필요한 다양한 것들을 살 수 있다. 돈이 없으면 생계를 유지하기 어렵다. 그러니 나와 가족의 삶을 영위하기 어려울 정도로 돈이 없으면 모든 것을 제쳐두고 돈을 버는 데 집중하는 것이 나을 것이다.

그런데 돈은 얼마나 가져야 충분할까? 비싸게 살 수 있는 상품과 서비스들이 계속 생기고 그것을 사고 싶은 욕망을 다스리지 못한다면 아무리 많은 돈을 가져도 충분하지 않을 것이다. 다른 사람들이 비싼 상품과 서비스를 사는 것을 보면 자제할 수 없다. 그래서 자꾸만 돈을 더 벌어야 한다는 생각에만 사로잡힌다. 왜 이럴까? 돈을 벌어야 한다는 생각과 소비에 몰두하는 것은 근원적으로 공허감, 불안감, 소외감 때문이다. 이러한 감정은 사실 경제적 자본이 아니라 비경제적 자본의 결핍 때문에 생긴다. 돈을 통해 이 결핍을 해결하려 하지만 임시방편일 뿐 근본적으로 해결하지 못한다.

마이클 샌델은 저서 『돈으로 살 수 없는 것들』에서 과거에 돈으로 살 수 없던 비시장 규범이 지배했던 삶의 영역에 돈과 시장의 영향력이 커지고 있음을 지적한다. 그 예로 과거에는 줄을 서서 대기하는 것이 특권, 영향력, 재력과 관계없이 공정하게 될 때가 많았지만 지금은 돈으로 새치기 권리를 살 수 있게 된 것이다. 그는 기존에는 시장에서 거래되지 않았던 영역에 돈과 시장이 개입하며 재화의 가치가 변질되는 것에 주목한다. 예를 들어 과거 야구장 관객석은 블루칼라와 화이트칼라가 함께 어울려 즐기는 장소였는데 스카이박스가 생기면서 부유층들만 그 자리에 가게 되었고 관객들의 영역이 재력으로 구분되었다. 관객석이라는 재화의 가치가 변질된 것이다.

경제적 자본이 사람들에게 안정감을 주기만 하는 것은 아니다. 불안감의 원인이 되기도 한다. 우리는 현금 외에도 유무형의 다양한 자산의 형태로 경제적 자본을 보유하게 된다. 자산가치는 그 속성상 경제 상황에 따라 끊임없이 상승했다가 하락하기를 반복한다. 이러한 출렁거림 때문에 돈을 적지 않게 가지고 있더라도 불안감은 되레 커진다. 경제적 자본을 많이 가진 사람들은 경제 호황으로 자산가치가 전체적으로 상승하게 되면 자신의 자산가치가 상승해서 기쁨을 느낀다. 그러면서도 자신이 갖지 못한 자산가치가 상승하는 것을 보고 아쉬워한다. 경제 침체로 자산가치가 전체적으로 하락하게 되면 자신의 자산가치가 하락하는 것에 우울해하면서도 타인의 자산가치가 하락하는 것을 보며 위안으로 삼는다.

경제적 자본으로 비경제적 자본을 온전히 사는 것은 가능하지 않을 뿐더러 경제적 자본은 늘어나도 비경제적 자본은 손상되는 경우도 많다. 따라서 우리는 비경제적 자본의 원리를 이해하고 축적해야 한다. 앞에서 설명한 대로 지적 자본, 사회적 자본, 문화 자본, 환경 자본 외에도 잘 알려지지 않은 비경제적 자본들이 있다.

나는 그중 하나로서 '커뮤니티 자본'은 빠르게 변화하는 오늘날 우리에게 꼭 필요한 자본이라는 확신을 가지게 되었다.

커뮤니티 자본은 개인과 커뮤니티 그리고 커뮤니티와 커뮤니티가 서로 관계를 맺고 가치를 창출하며 선순환하도록 하는 자본이다. 이 자본은 사람들 사이의 신뢰, 먼저 주기Give First, 지식 공유, 협력, 커뮤니티 리더십 등의 재화를 통해 구성된다. 넓은 의미의 사회적 자본과 유사한 점도 있지만 분명히 다른 점이 있다. 사회적 자본은 네트워크와 관계 그 자체를 말한다. 반면 커뮤니티 자본은 다양한 커뮤니티들이 끊임없이 능동적으로 발견되고 연결과 융합으로 생성되는 역동적인 개념이다. 다시 말해 커뮤니티 자본은 커뮤니티들의 생성, 성장, 융합, 소멸 등을 거치는 커뮤니티 생태계의 자본이다.

비경제적 자본은 신뢰 자본을 근간으로 움직인다

✦ ✦ ✦ ✦ ✦

요즘 '경제적 자유'와 '파이어족Fire'이라는 말을 자주 듣는다. 경제적 자유는 일하지 않아도 평생 즐기며 살 수 있을 만큼 충분히 돈을 번 상태를 말하고 파이어족은 경제적 자유에 이르러 일찍 은퇴하는 사람을 일컫는다. 많은 사람이 파이어족을 선망한다. 그러나 일찍 은퇴한 파이어족은 과연 행복할까? 파이어족은 사실 돈 많은 고령의 은퇴자와 큰 차이가 없다. 그들은 비경제적 자본에 관해서 동일한 문제를 안고 있다. 차이가 있다면 고령의 은퇴자에 비해 파이어족은 신체적으로 젊어서 즐길 수 있는 여생의 시간이 많다는 것인데 긴 여생은 큰 숙제이기도 하다.

돈은 커뮤니티의 문제를 해결해주지 못한다. 오히려 돈이 많아지면 좁은 커뮤니티 속에 갇히기 쉽다. 즉 다른 커뮤니티들과 관계를 형성할 기회가 줄어들 가능성이 커진다. 경제적 자본이 많다고 해서 커뮤니티 자본이 질적으로 좋고 양적으로 풍성한 건 아니다. 오히려 반대인 경우도 많다. 돈이 많을수록 커뮤니티에 속하기 어려워지고 상실감이 들 수도 있다.

미국의 거액 복권 당첨자들 가운데 90% 이상이 불행한 결과를 맞이했다는 조사 결과가 있다. 복권 당첨은 순식간에 부자를 만들어주지만 얼마 되지 않아 모든 재산을 차압당하고 파산선고를 받게 된 사람들이 많다는 것이다. 그들이 몰락한 이유는 갑작스러운 커뮤니티의 변화였다. 가족, 친구, 동료들에게 복권 당첨이 소문나면서 인간관계의 파괴로 이어진 것이다. 가까운 친척들이 돈을 달라고 요구하고 사업에 돈을 대라는 사람들의 방문이 끊이지 않는데 부탁을 들어주지 않으면 공공의 적으로 지목되기까지 한다.

경제적 자유에 이르러 일찍 은퇴한 파이어족은 과연 '커뮤니티의 자유'까지 얻었을까? 시간이 흐르면서 커뮤니티에서 고립되며 외로움을 느끼고 삶의 의미를 잃어가고 있지는 않을까? 사람마다 다를 것이다. 그런데 경제적 자유를 얻은 것으로 파이어족이 삶의 의미를 찾았다고 할 수는 없다. 삶의 의미를 찾는 것은 그가 커뮤니티 기술이 있는지, 커뮤니티 자본을 지속적으로 키우고 있는지에 달린 것이다.

경제적 자유는 돈을 벌기 위해 자신의 자유를 희생하지 않아도 된다는 의미를 담고 있다. 그런데 자유는 그보다 능동적인 뜻이다. 자유는 스스로 세상과의 관계에서 주체적으로 살아가고 의미를 창출해낼 수 있을 때 가능한 것이다. 경제적 자유, 즉 '경제적 자본의 자유'는 돈으로 돈을 창출할 수 있는 자유를 획득한 것뿐이다. 개인이 진짜 자유를 얻으려면 커뮤니티 자본과 같은 비경제적 자본의 자유도 얻어야 한다.

비경제적 자본은 경제적 자본과는 성격이 아주 다르다. 경제적 자본은 모두 돈으로 환산되어 양적으로 셀 수 있으며 질적인 구분이 없다. 비경제적 자본은 하나의 단위로 환원될 수 없고 셀 수도 없다. 모든 지식은 각각 질적 속성이 다르며 서로 대체할 수 없다. 모든 네트워크와 커뮤니티도 각각 다르며 서로 대체할 수 없다. 따라서 지적 자본과 사회적 자본과 같은 비경제적 자본은 무한히 욕심을 내도 좋다.

경제적 자본을 불리는 방법은 상품을 팔고 대가를 받거나 돈을 빌려주고 이자를 쳐서 되돌려받는 것이다. 그때 내 돈은 늘어나지만 동시에 상대의 돈은 줄어든다. 경제적 자본은 화폐의 '교환 가치'의 원리를 따르기 때문이다. 대출과 투자가 일어나면서 사회의 화폐의 총량은 늘어난다. 하지만 개인들은 채권자와 채무자로 명확하게 구분된다.

비경제적 자본은 '커뮤니티 가치'의 원리를 따른다. 나와 타인이 가치를 주고받는 것이 아니라 나와 커뮤니티 사이에 가치를 쌓는 것이다. 내가 타인에게 지식과 네트워크를 나누어준다고 해서 내

지식과 네트워크가 줄어들지 않는다. 사회 전체적으로 볼 때 나눌수록 지식과 네트워크는 커진다. 타인이 나에게 새로운 지식과 네트워크를 돌려주면 내 지식과 네트워크도 커진다. 내가 준 것을 돌려받는 것이 아니라 다른 지식과 네트워크로 돌려받는다. 이렇게 개인과 사회의 가치를 함께 키운다.

와튼 스쿨의 조직심리학 교수인 애덤 그랜트의 저서 『기브 앤 테이크』에 나오는 사례를 살펴보자. 실리콘밸리 기업인 애덤 포레스트 리프킨은 2011년 『포춘』이 선정한 전 세계 유력 인사 640인과 가장 많이 연관된 인물로 밝혀졌다. 그의 좌우명은 '세상이 더 나아지기를 바란다. 그러는 동안 내가 좋은 향기를 냈으면 좋겠다.'이다. 그는 다음과 같이 말했다.

"내 인맥은 천천히 구축되었습니다. '나와 관계가 있는 사람들이 더 나은 인생을 살아가도록 돕고 싶다'는 마음으로 일상생활의 소소한 부분에서 친절한 태도와 행동을 지속하다 보니 시간이 흐르면서 인맥이 구축된 겁니다."

리프킨의 가치관은 경험에서 비롯됐다. 리프킨은 한 번도 만난적이 없는 그레이엄 스펜서라는 인물에게 창업과 관련한 조언을 구하는 메일을 보냈다. 당시 스펜서는 자신의 인터넷 회사인 익사이트닷컴을 어마어마한 금액으로 매각한 직후여서 실리콘밸리에서 성공담의 주인공으로 명성을 크게 얻고 있었다. 놀랍게도 스펜서는 일면식도 없는 리프킨의 메일을 받고 적극적으로 투자자를 소개해줬다. 리프킨은 그 덕분에 창업에 성공할 수 있었다. 스펜서가 리프킨에게 왜 그런 호의를 베풀었을까? 그 이유는 아주 사소한 인연 때문이었다.

그 일이 있기 5년 전에 리프킨은 자신이 좋아하는 신인 펑크록 밴드의 팬 사이트를 만들었는데 그게 아주 유명해졌다. 그즈음에 메일을 하나 받았는데 사람들이 그 밴드보다 더 좋은 펑크록 음악을 들어야 한다는 비판을 담고 있었다. 리프킨은 자신에게 따끔한 일침을 가한 메일을 보고 무시하기는커녕 오히려 그 의견을 존중했다. 팬 사이트 내에 웹페이지를 만들어 메일을 통해 제안한 더 알려진 밴드들을 아무런 대가를 받지 않고 소개했다. 그 메일을 보낸 이가 바로 스펜서였다. 그게 전부였다. 둘 사이에는 이것 말고는 교류가 없었다. 하지만 스펜서는 5년 전의 일을 기억하고 리프킨의 요청에 아무런 대가를 바라지 않고 도움을 줬던 것이다.

물론 비경제적 자본을 남에게 주고 돌려받지 못할 수도 있다. 어떤 사람이 공들여 만든 지식을 나누었는데 다른 사람이 자신의 것인 양 주장하고 원저작자를 소외시키는 경우도 있다. 내가 가진 네트워크를 나누었는데 상대는 내게 네트워크를 나누어주지 않기도 한다. 그래서 많은 사람이 이것을 손해라고 생각하고 비경제적 자본을 나누는 것에 대해서 주저한다.

이 문제는 장기적인 관점에서 비경제적 자본을 바라본다면 해결할 수 있다. 비경제적 자본의 축적과 복리의 원리를 이해하면 일시적인 손익에 일희일비하지 않게 될 것이다. 비경제적 자본은 신뢰 자본을 근간으로 운영되기 때문이다. 내가 나누기만 하고 받지 못하는 상황이 일시적으로 발생할 수는 있다. 하지만 충분히 많은 비경제적 자본을 꾸준히 쌓아가고 있다면 그런 손해는 문제가 되지 않는다.

신뢰 자본은 비경제적 자본의 핵심 기반이 되는 자본이다. 신뢰 자본이 있어야 서로에 대한 믿음 속에 다양한 자본들을 교환할 수 있다. 신뢰 자본을 쌓는 데는 매우 오랜 기간이 걸리지만 무너지는 건 한순간일 수 있다. 기업이 오랜 기간 고객에게 제품의 안정성과 신뢰성을 입증하여 신뢰 자본을 형성했더라도 갑자기 발생한 안정성 문제나 유해 제품 발표 등의 사고로 인해 신뢰 자본이 파괴될 수 있다. 개인 브랜드나 명성이 있는 개인도 마찬가지로 갑작스러운 사고나 부정행위로 인해 신뢰 자본이 파괴될 수 있다.

신뢰 자본을 꾸준히 축적한 사람의 삶은 풍요롭다

✦ ✦ ✦ ✦ ✦

개인의 신뢰 자본은 나이가 들수록 점점 더 중요해진다. 젊었을 때는 특별해 보였는데 나이가 들어서 추해지는 사람이 있는가 하면 그 반대로 젊었을 때는 특별해 보이지 않았는데 나이가 들어서 멋진 사람이 되는 경우가 있다. 장기간에 걸쳐 신뢰 자본을 어떻게 키워나갔느냐에 따라 달라지는 것이다.

청년기에는 쌓아놓은 신뢰 자본이 많지 않다. 그래서 쌓다가 깨지더라도 타격이 크지 않고 시행착오를 거치며 긴 시간에 걸쳐 다시 쌓으면 된다. 중년기 이후는 상황이 달라서 수십 년에 걸친 인생에서 신뢰를 꾸준히 축적한 사람이 점점 더 유리해진다. 그렇다고 결코 자만하거나 방심해서는 안 된다. 한 번 실수하면 잃을 게 많고 다시 회복할 시간이 충분히 주어지지 않을 수도 있기 때문이다.

신뢰 자본과 같은 비경제적 자본은 나와 분리할 수 없다. 돈은 그렇지 않다. 어느 날 갑자기 복권으로 큰돈이 생길 수도 있고 누군가 사기를 쳐서 내 돈을 모두 빼앗아 갈 수도 있다. 그러나 지적 자본, 사회적 자본, 신뢰 자본, 커뮤니티 자본과 같은 비경제적 자본은 들고나는 내 계좌가 아니라 커뮤니티와 나 사이의 연결망 속에 차곡차곡 쌓인다. 그것은 내 것인 동시에 커뮤니티의 것이다. 그 커뮤니티가 내게서 사라지기 전까지는 그 자본을 잃을 일이 없다.

어느 순간 커뮤니티가 나를 소외시킨다고 느낄 때가 있다. 그때는 그 커뮤니티가 진짜 나의 커뮤니티인지 물어볼 필요가 있다. 나의 커뮤니티가 아닐지도 모른다는 판단이 들면 스스로 거리를 두면 그만이다. 내가 회사에서 떠났을 때 그 회사 사람들끼리 모였다는 소식을 듣고 상실감을 느낄 수 있다. 내가 이루었던 것이 있었는데 관련자들이 나를 빼고 모임을 할 때 소외감을 느낄 수 있다. 내가 나눈 지식을 누군가 자신의 지식인 양 알리고 있을 때 배신감을 느낄 수 있다. 그들과 단절된다고 해서 내 커뮤니티 자본이 사라지는 것은 아니다. 본래 커뮤니티는 끊임없이 살아서 변화하는 것이다. 나를 중심으로 볼 때 먼저 주기와 되돌려주기를 하는 커뮤니티는 항상 존재하게 마련이다.

내게 중요한 것은 끊임없이 변화하는 커뮤니티와 지속적으로 관계 맺는 나의 커뮤니티 자본이다. 내가 관심을 두고 가꾸어야 할 것은 나를 소외시킨 사람들이 아니라 나를 중심으로 끊임없이 살아 있는 커뮤니티 자본이다. 어떤 상황에서도 커뮤니티 자본을 키워나가는 사람은 '커뮤니티의 자유'를 얻은 사람이다.

나의 의도와는 달리 커뮤니티가 불가항력으로 단절되는 경우가 있다. 가족과 모든 것을 함께한 사람은 부모가 세상을 떠나거나 부부가 헤어지거나 자녀가 독립하는 상황이 되면 삶의 의미를 잃기 쉽다. 그러나 그런 경우에도 '커뮤니티의 자유'를 얻은 사람은 삶의 의미를 곧 되찾을 수 있다.

다양한 커뮤니티들과 능동적으로 관계 맺음을 하며 그곳에 자신의 커뮤니티 자본을 풍성하게 만들어가는 사람들은 하나의 커뮤니티가 무너지더라도 절대 무너지지 않는다. 그들은 다양한 커뮤니티들과 유연하게 관계를 맺을 뿐만 아니라 새로운 커뮤니티를 스스로 창조하는 방법을 알고 있다. 커뮤니티의 자유, 즉 커뮤니티 자본의 자유는 '커뮤니티 기술'과 '커뮤니티엑스 웨이'를 통해 얻을 수 있다. 이렇게 해서 자기 자신이 주인이 되는 삶을 살아가는 이들은 자신과 커뮤니티를 자유롭고 풍요롭게 만들어간다.

5.

먼저 주는 사람이 성공할 수 있다

먼저 주기 하는 사람이 많아져야 자본이 커진다

✦ ✦ ✦ ✦ ✦

나는 커뮤니티로 이루어져 있다. 커뮤니티 자본이 풍부한 사회는 먼저 주기를 하는 사람이 커뮤니티 안에서 존중받고 되돌려받는 것이 당연하게 여겨지는 사회다. 그럴 때 커뮤니티 자본을 키우는 사람들이 점점 더 많아지면서 나와 커뮤니티의 일원들 모두가 더 풍요롭고 행복한 삶을 사는 선순환으로 갈 수 있다.

그러나 커뮤니티 자본이 아직 충분하지 않은 사회에서는 어떨까? 이런 사회에서 커뮤니티 자본이 커가기 위해서는 남들보다 먼저 선도적으로 먼저 주기를 하는 사람들이 생겨나야 한다. 그러나 먼저 주기를 해도 가져가려는 사람만 많고 되돌려주려는 사람이 소수인 사회에서는 손해 보며 사는 것 같다며 따르는 것을 주저하게 된다.

초기에 먼저 주기를 하는 사람들은 자신이 손해 볼 위험 부담을 안고 장기적인 커뮤니티 자본에 투자하는 안트러프러너entrepreneurs에 가까울 것이다. 그들이 성공해서 먼저 주기를 하는 사회로 성공적으로 변화해간다면 풍부한 커뮤니티 자본의 사회에서 최상위의 커뮤니티 부자로 살아갈 수 있는 것이다

돌이켜보면 나는 그런 커뮤니티 자본에 투자하는 안트러프러너였던 것 같다. 제주창조경제혁신센터장을 하면서 단기적인 실적이나 평가 등에 연연하지 않고 지역 창업생태계와 스타트업 커뮤니티 조성을 위한 미션에 충실했다. 기관으로서 타 기관이나 파트너와 경쟁하지 않고 먼저 주기를 실행하고자 했다. 지역 스타트업 생태계에는 서울에 비해서 인재와 파트너들이 부족했기에 역량 있는 다양한 파트너들을 제주에 끌어들였다. 크립톤, 브릿지스퀘어, 넥스트챌린지와 같은 액셀러레이터가 제주와 인연을 맺도록 했고 메타기획컨설팅과 쿠퍼실리테이션 같은 리서치와 교육 파트너들을 유입했다. 그렇게 협업하면서 검증된 분들이 제주의 다른 기관들의 파트너가 될 수 있도록 도왔다. 그로 인해 제주도 기관들인 도시재생지원센터와 제주관광공사 등의 역량과 성과도 함께 올라갈 수 있었다. 많은 사람이 초기에는 기관의 단기 성과나 이익에 집중하지 않는 내게 우려를 표하기도 했다. 하지만 결과적으로 제주의 커뮤니티 자본이 커졌을 뿐만 아니라 나 자신의 커뮤니티 자본도 커졌다. 센터장 임기를 마친 후에도 내게는 풍부한 커뮤니티 자본이 남았다.

임기 중에는 많은 사람이 찾아오지만 마친 후에는 찾는 이가 거

의 없는 기관장들이 많다. 그런데 나는 임기를 마치고 나니 더 많은 사람이 찾아오고 자신의 지역으로 초대하고 있어서 임기 때 이상으로 바쁜 나날을 보내고 있다. 나의 커뮤니티 자본은 점점 더 커지고 있으며 지역 창업생태계와 관련된 여러 가지 일을 할 기회가 더 많이 생기고 있다.

내게 찾아와 조언을 구한 사람 중에서 유럽에서 유학을 마치고 돌아온 지 몇 년 안 된 젊은 교수가 있었다. 그는 로컬크리에이터 연구를 하다가 찾아왔다. 그런데 정작 우리가 만나서 3시간 동안 얘기한 것은 '어떻게 살아갈 것인가?'에 대한 것이었다. 그는 우리나라가 세계가 주목하는 선진국이 된 것을 느끼지만 학계에서 연구를 할 때 선배들에게서 롤모델을 찾기 어렵다고 호소했다.

그는 시대와 지역의 변화와 커뮤니티 자본에 대해 나와 얘기를 나누니 오랜만에 지적인 해방감을 느꼈다고 했다. 그런데 한편으로는 내가 걱정된다고 말하기도 했다. 내가 '선한 호구'가 되지 않을까 우려한 것이다. 내가 가진 지식과 네트워크를 아낌없이 나누어주는 것은 상대를 이롭게 한다. 하지만 세상에는 이를 편취해서 자신의 성과로 포장해서 이용하려는 사람들이 많다. 나의 선의를 악용해서 자신에게만 유리하게 이기는 협상을 하려는 사람들도 많다. 30대 중반의 그 교수는 자신도 먼저 주기를 기꺼이 하고 싶지만 그랬다가 이 사회에서 손해만 보고 점점 루저의 길을 가게 되지 않을까 걱정이 되었던 것이다. 그는 내가 잘 해내서 부디 자신의 롤모델이 되어달라고 당부했다.

과연 내가 나의 지식과 네트워크를 먼저 주기를 함으로써 손익

계산서가 마이너스가 될까? 센터장 임기를 마치고 나서 몇 달 사이에 내게는 흥미로운 일들이 일어났다. 제주창조경제혁신센터장은 공무수행 역할이다 보니 김영란법의 적용을 받는다. 그래서 누군가 선물을 보내려고 할 때 업무적으로 조금이라도 관련 있으면 보내지 말라고 했다. 사실 창업생태계 조성이라는 게 대부분 업무와 관련될 수도 있다. 그래서 받지 않는 걸 기본으로 했다. 그런데 임기를 마친 후 맞이한 첫 추석에 많은 사람이 선물을 보내주었다. 그들은 왜 굳이 임기를 마친 자유인인 내게 그런 호의를 베푸는 것일까?

우주 스타트업 컨텍CONTEC 이성희 대표는 2018년에 센터의 첫 시드 투자를 받은 후에 후속 투자를 유치하고 제주에 첫 기지국을 만들 수 있었다. 그래서 2022년 초에는 유럽, 알래스카 등 전 세계 곳곳에 기지국을 만들며 세계를 대상으로 사업을 하게 되었다. 이 대표가 추석 전에 제주에 들렀다가 내게 연락을 주고 동네로 찾아왔다. 그는 센터의 투자를 받기 전인 2017년에 40여 개의 투자사를 만났으나 모두 거부당한 상황이었다. 그 시기에 센터가 컨텍을 발굴하고 투자한 덕분에 여기까지 왔다고 무척 고마워했다.

우주산업이 최고의 전략산업 중 하나가 된 지금과 달리 그때는 정부와 기관들도 우주산업의 이해가 없어서 찾아가도 얘기가 통하지 않았다. 나는 다음커뮤니케이션에서 지도 서비스를 총괄했던 경험 덕에 센터의 피칭데이에서 컨텍의 가능성을 발견할 수 있었다. 2018년에 제주도가 센터에 출연한 예산으로 시드 투자를 했다. 2020년에는 컨텍을 주인공으로 우주 스타트업 광고를 만들어도내 방송에 내보냈고 2021년에는 '테크아일랜드 제주'에서 항공우주 밋업을 열어 컨텍이 우주 스타트업 리더로서 개척자 역할을 해내도록 도왔다. 2022년에 610억 원의 투자를 유치했다. 2023년 코스닥 상장을 앞두고 있는 컨텍은 한국의 우주산업을 여는 글로벌 스타 기업이 되었다.

그는 자신과 기업을 알아봐준 내게 정말 감사하다며 그것이 계기가 되어 자신도 세상에 기여하고 돌려주고 싶은 마음이 커졌다고 했다. 그는 몇 년 뒤 우주산업을 키울 인큐베이션 센터와 투자사를 만들 생각이라고 했다. 그때 나와 함께할 수 있으면 좋겠다고 했다. 물론 당장 함께할 결정을 할 일은 아니다. 하지만 나의 미래에는 새로운 운 좋은 선택지가 열릴 가능성이 있다는 것을 확인할 수 있었다.

그 외에도 많은 사람이 나를 찾아오고 있다. 다양한 지역에서 여러 분야의 사람들이 내가 해온 일들과 말과 글을 여러 루트를 통해서 접하고 있었다. 서울에 있으면서 다른 지역으로 진출을 검토 중인 대기업 관련 재단들이나 전국의 광역지자체장들이 조언을 구하고 싶다며 만나자고 했다. 하루는 제주의 방송국 PD가 휴가를 내고 찾아와 스타트업 생태계에 대해서 공부하고 싶다고도 했다. 글로벌을 대상으로 사업을 하는 미디어 스타트업이 찾아와서 제주에 기여하고 싶다고도 했다. 제주 출신으로 40여 년을 서울에서 살아온 분이 은퇴 후 자신의 경험과 제주에서 상속받은 땅을 활용해 기여하고 싶다며 찾아오기도 했다. 나는 그들과 만나서 내가 가진 지식과 네트워크를 아낌없이 나누어주고 있다.

나는 제주창조경제혁신센터라는 조직과 센터장이라는 지위에서 스스로 물러났다. 하지만 그 이후에도 나의 커뮤니티 자본은 스스로 제이커브J-curve를 그리며 성장하고 있다. 나를 찾아오는 분들은 뜻이 통한다면 내가 아낌없이 먼저 주기를 한다는 것을 알고 있었다. 그들은 내가 나누어주는 만큼 나를 신뢰하고 내게 되돌려주고자 했다. 나는 그들과 연결됨으로써 또 그들과 다른 사람들을 연결하여 커뮤니티를 확장하고 새로운 인사이트를 창출할 수 있는 중심 위치에 서게 된 것이다.

센터장 퇴임 후에는 대전, 속초, 공주, 목포, 전주, 밀양 등 전국 각지에 있는 스타트업과 로컬크리에이터들을 찾아다니고 있다. 그들은 내가 센터장을 하는 동안 센터에서 개최한 「제이커넥트데이J-Connect Day」와 같은 행사에 초청해서 서로 지식과 네트워크를 확장하고 하는 일의 의미가 널리 알려질 수 있도록 도운 사람들이다. 퇴임 후 다른 신분으로 그들의 장소에 가게 되었을 때 모두 나를 환대했다. 일부러 시간을 내 자신들이 일구고 있는 동네의 장소와 스토리를 자세히 공유했다. 이러한 나눔의 시간을 통해 우리는 서로 도움을 주고받는 새로운 기회가 생기고 있다.

아마도 나는 '먼저 주기 하는 사람들의 커뮤니티'를 만들어가는 것이 아닐까. 커뮤니티 자본이 아직 적은 사회라 하더라도 먼저 주기를 통해 함께 커뮤니티 자본을 키우고자 하는 사람들은 소수라도 있게 마련이다. 그 소수의 사람이 연결되어 서로 먼저 주기를 실천한다면 서로에게 호구가 되지 않는다. 그러한 사람들이 중심이 되어 먼저 주기의 문화가 확산되면 사회 전체에 커뮤니티 자본이 커질 수 있을 것이다. 선순환 고리를 만들 수 있다면 시간은 우리 편이다. 10년, 20년이 지나며 갈수록 커가는 커뮤니티 자본은 비경제적 자본뿐만 아니라 경제적 자본의 창출 기회를 지속적으로 만들어낼 것이기 때문이다.

성공은 유한게임이 아닌 무한게임이고 장기적이다

✦ ✦ ✦ ✦ ✦

애덤 그랜트는 저서 『기브 앤 테이크』에서 세상에는 세 부류의 사람이 있다고 말한다. 받은 것보다 더 많이 주기를 좋아하는 '기버giver', 준 것보다 더 많이 받기를 바라는 '테이커taker', 받은 만큼 되돌려주는 '매처matcher'가 그것이다. 테이커는 최대한 타인을 착취하려고 하고 매처는 똑같이 주고받기 위해 노력한다. 반면 기버는 보기 드물게 반대급부를 의식하지 않고 이타적 행위를 하는 사람이다. 기버들 중 일부는 이용당하거나 지쳐서 실패하지만 일부는 사회 각계의 분야에서 큰 성과를 낸다는 것이다.

그는 왜 일부는 실패하고 일부는 성공하는지에 대해서 분석하며 기버의 성공이 과소평가되고 있다고 주장한다. 한없이 베풀기만 하다 녹초가 되는 기버selfless giver는 결국 실패하지만 자신의 욕구와 타인의 요구에 적절한 균형을 유지하는 기버otherish giver는 큰 실적을 보인다. 성공한 기버들의 공통된 특징은 다른 사람의 이익뿐만 아니라 자신의 이익에도 관심이 많다는 것이다. 또한 기버가 호구가 되지 않을 실천적 방법을 제시한다. 기버는 누구에게나 처음에 먼저 주기를 실천하지만 그때 상대의 반응을 통해 테이커라고 판단된다면 그에게는 더 이상 기버가 아니라 받은 만큼 되돌려주는 매처가 되어 대응해야 한다는 것이다. 그렇게 함으로써 테이커가 기버를 끊임없이 착취하는 것을 방지하고 스스로 성공한 기버가 될 수 있다.

우리는 에릭 슈미트, 조너선 로젠버그, 앨런 이글이 공저한 『빌 캠벨, 실리콘밸리의 위대한 코치』에서 성공한 기버의 전형을 확인할 수 있다. 빌 캠벨은 39세까지는 무명의 풋볼 코치였다. 그러나 그가 비즈니스 세계에 발을 디딘 후 수십 년을 보내고 2016년 죽었을 때 장례식에는 아마존의 제프 베이조스, 구글의 래리 페이지와 세르게이 브린, 애플의 팀 쿡, 페이스북의 마크 저커버그 등 기라성 같은 실리콘밸리의 리더 수백 명이 추모하기 위해 모여들었다.

그는 실리콘밸리의 위대한 코치였다. 스티브 잡스, 에릭 슈미트, 래리 페이지, 셰릴 샌드버그 등 IT 업계의 거물들이 모두 그의 도움을 받았다. 코치로서 그의 성공 비결은 진심으로 사람을 돕는 진정한 기버의 태도에 있었다. 그는 다른 사람을 어떻게 더 낫게 만들까 항상 생각했다. 그는 모든 사람을 존중했고 갈등이 있는 팀 구성원들을 협력하는 공동체로 만들어냈다.

무엇보다 그는 사람들을 연결해서 시너지를 창출하도록 만드는 데 헌신적이었다. 누군가 빌과 대화를 하다 보면 빌은 "누구누구와 만나보는 것이 좋을 것 같아. 내가 연결해줄게."라고 말하곤 했다. 그러나 그는 아무나 하고 연결시켜주는 법이 없었다. 그는 누군가를 다른 사람에게 소개시켜주기 전에 그 관계가 서로에게 도움이 되는지의 연결고리를 빠르게 계산해냈다. 빌은 상대가 하는 일이 올바른 일인지 자신만의 기준으로 판단했고 모든 사람이 더 나은 결과를 얻을 수 있는 방안을 항상 생각했다.

성공의 기준을 기존과 달리 보아야 먼저 주기를 하는 사람과 기업의 성공에 대한 이해가 가능하다. 세계적인 경영 저술가 사이먼 시넥은 저서 『인피니트 게임』에서 '유한게임'과 '무한게임'의 차이를 얘기한다. 유한게임은 참여자와 규칙이 정해져 있으며 게임의 시작과 끝도 정해져 있다. 단기간에 성공과 실패가 정해진다. 축구는 유한게임이다. 무한게임은 참여자가 전부 공개되지 않고 정해진 규칙도 없어서 어떻게 행동할지는 참여자 각자가 스스로 정한다. 무한게임에서는 명확한 종료 시점이 없어서 사실상 이긴다는 개념이 없다. 무한게임의 주목적은 게임을 지속해나가는 것이므로 장기간의 성공을 추구한다.

무한게임 사고방식을 지닌 리더는 모두의 가슴을 뛰게 할 대의명분을 제시한다. 대의명분은 사람들이 기꺼이 모든 것을 내놓고 희생할 만큼 매력적인 미래다. 반면 유한게임 사고방식을 지닌 리더는 단기적인 수익의 극대화와 같은 목표에만 집착한다. 무한게임을 추구하는 기업은 조직을 넘어서서 사회에 기여하는 가치를 생각하며 미래 세대에까지 이어가는 대의명분을 추구한다. 개인도 자신이 세상을 떠난 이후에까지 열정적으로 참여한 가치가 이어지기를 바란다.

1970년대에 미국의 밀턴 프리드먼이 기업의 목적을 수익의 극대화와 돈의 축적으로 정의하는 주주자본주의를 주창하면서 유한게임 방식으로 운영하는 기업들이 많아졌다. GE의 잭 웰치는 그 시대를 상징하는 경영자였다. 1981년부터 2001년까지 20년 동안 GE의 회장과 최고경영자CEO를 역임하면서 승자독식의 냉혹한 사업 재편과 구조조정을 통해 회사의 시가총액을 140억 달러에서 3,700억 달러로 상승시켰다. 1999년 잡지 『포춘』에서 '20세기 최고 경영자'로 선정되었다. 그러나 2010년대에 와서 그의 단기 업적주의의 유산들이 GE의 발목을 잡아 전체가 휘청이게 되었다.

　2000년대에 들어서 밀턴 프리드먼식 자본주의에 의문을 제기하는 움직임이 점점 커지고 있다. 이제는 라젠드라 시소디아 교수가 주창한 '깨어 있는 자본주의conscious capitalism'라든가 비콥B Corp 등에서 말하는 '이해관계자 자본주의stakeholder capitalism'와 같은 개념이 생기면서 무한게임 사고방식을 하는 기업에 관심이 커지고 있다. 기후변화와 탄소중립과 같이 전 세계적으로 함께 풀어야 하는 문제들에 대한 대응의 필요성도 한몫하고 있다. 항상 직원을 최우선으로 여겨온 수납정리용품 체인점 컨테이너스토어는 2008년 금융위기에도 정리해고 대신에 임금과 퇴직연금 무기한 동결로 직원들을 설득했다. 그 결과 직원들이 자발적으로 비용을 절감하고 거래처들도 도와주면서 위기를 극복할 수 있었다. 아웃도어 의류업체 파타고니아는 '고품질의 제품을 생산하는 동시에 환경 피해를 최소화하며 환경 파괴를 막을 대책을 세우고 시행하는 수단으로서 기업을 경영한다'는 비전을 가지고 있다. 이 기업은 단기적인 매출 대신에 자사의 제품 생산과 유통 과정에서 드는 환경 비용과 그것의 지속적인 개선 활동을 투명하게 공개함으로써 오래도록 사랑받게 되었다.

커뮤니티 자본과 관련해서도 무한게임 원리가 적용된다. 조직이 사라지더라도 그 조직이 형성한 커뮤니티는 사라지지 않고 무한게임이 이어지는 경우도 있다. '세상을 즐겁게 변화시키자'는 미션을 추구했던 다음커뮤니케이션은 지금은 사라졌지만 무한게임을 추구한 기업이었다. 카페, 아고라, 블로거뉴스 등 서비스를 만들 때마다 그것이 '세상을 즐겁게 변화시키는지'의 여부에 대해서 다음인들이 서로 열띤 토론을 하는 것이 자연스러웠다. 제주로 이주하는 즐거운 실험을 했던 것도 서울로 집중되는 문제를 해결해보자는 문제의식 때문이었다. 다음커뮤니케이션은 2014년 카카오와의 합병으로 사라졌고 그 미션은 더 이상 남아 있지 않다. 하지만 그 미션을 추구했던 다음인들과 사용자들은 세상 곳곳의 다양한 자리에서 그 미션을 이어가고 있다.

창업자인 이재웅은 차량 공유 서비스 쏘카와 대안 미디어 얼룩소에 투자하며 그 대의명분을 이어가고 있고 검색비즈니스팀장이었던 김종현은 제주더큰내일센터장으로서 제주의 인재 양성에 기여했다. 검색개발팀장이었던 노희섭은 제주도 미래전략국장을 지내면서 지역의 행정 혁신에 헌신했고 코리아스타트업포럼의 최성진 대표도 다음커뮤니케이션 출신으로서 스타트업 생태계를 만드는 역할을 맡고 있다. 나 역시 제주창조경제혁신센터에서 제주 창업생태계를 조성하고 센터장을 그만둔 이후에도 더 좋은 세상을 만들겠다고 마음먹고 어느 조직에 속하든 그 일을 이어가고 있다. 기업으로서 다음커뮤니케이션과 개인으로서 다음 출신의 많은 사람이 무한게임을 하고 있는 것이다.

이제 비즈니스 환경이 변화하며 성공의 기준과 방법이 바뀌고 있다. 세계적인 미래학자 다니엘 핑크는 저서 『파는 것이 인간이다』에서 세일즈의 변화를 통해 새로운 성공 원리를 설명한다. 과거에는 세일즈맨이 정보의 비대칭 속에서 고객을 속여서라도 파는 것이 능력이었다면 현재는 고객이 다양한 정보를 충분히 접할 수 있는 시대이기 때문에 세일즈 방법이 변화했다고 말한다. 과거에는 테이커 유형의 사람이 잘했다면 지금은 고객에게 정확하고 풍성한 정보를 아낌없이 먼저 주며 진짜 도움이 되는 최선의 선택을 할 수 있도록 돕는 유형의 사람이 잘할 수 있다는 것이다. 그는 상대를 진정성 있게 돕는 세일즈 활동을 '비판매 세일즈'라고 부른다. 비판매 세일즈는 점차 늘어나고 있고 그 효과도 검증되어 주목받고 있다.

세상은 정보 비대칭 사회에서 점차 정보의 접근성이 좋아지고 평판이 투명해지는 사회가 되어가고 있다. 어떤 사람이 신뢰를 잃는 행동을 한다면 소문이 급속히 퍼져나가 순식간에 평판을 잃을 수 있다. 한편으로는 긴 안목을 가지고 먼저 주기를 꾸준히 실천하는 사람에게는 과거보다 더 높은 경쟁력이 생기기도 하다. 그런 사람에게는 자신도 모르는 사이에 운 좋은 기회가 점점 더 많이 생길 수 있게 되는 것이다.

커뮤니티에 기여해야 장기적으로 성공할 수 있다

✦ ✦ ✦ ✦ ✦

사람들은 요즘 청년세대가 기성세대처럼 회사에 헌신적으로 일하지 않는다고 말한다. 그러나 모두가 그런 것은 아니다. 같은 청년세대라 하더라도 일부는 기성세대보다 더 열심히 열정적으로 일하고 더 큰 성취를 해낸다. 왜 이런 차이가 존재하는 것일까?

청년세대는 회사나 조직에 충성하지 않고 자신과 커뮤니티에 더 관심을 가진다. 직원들도 회사가 단지 이익을 창출하기 위해서만 존재한다고 느껴지면 그에 맞춰 급여를 위해 일하는 정도에 머문다. 그런 회사에서는 필요한 만큼만 일하고 자신의 이익을 최대한 챙기는 행동을 하는 것이 합당하지 않을까. 하지만 그 회사에서 일하는 것이 자신이 성장하는 과정이면서 이 사회의 커뮤니티와 좋은 관계를 맺는 과정이라고 느낀다면 상황은 달라진다. 그는 그 회사에 다니는 동안 급여를 받으면서 커뮤니티 속에서 스스로 성장하고 동시에 기여할 수 있게 되는 것이다. 이렇게 조직 안에서 경제적 자본과 커뮤니티 자본을 함께 키울 수 있을 때 열심히 일할 동기가 부여된다.

훌륭한 회사는 현시대 인재들의 그러한 욕구를 잘 안다. 그래서 회사의 미션, 비전, 핵심 가치를 잘 정립해서 직원들에게 이해시키고 그러한 상위의 목적을 위해 일하도록 독려한다. 또한 직원들 개개인이 회사라는 조직의 한계를 뛰어넘는 큰 커뮤니티에 기여하고 함께 성장할 수 있도록 돕는다. 이런 회사에는 인재들이 몰려들고 직원들이 더 큰 인재로 성장하며 회사도 번영할 수 있는 기반이 된다. 파타고니아의 임직원들은 회사라는 조직에 속하는 동시에 환경을 지키는 가치를 실현하는 커뮤니티에 동참하는 것이다.

　나 역시 제주창조경제혁신센터장을 하면서 직원들 개개인의 미션을 센터의 미션과 연결할 수 있도록 노력했다. 개인이 살아오면서 추구한 가치와 제주 창업생태계 조성 사이에서 시너지를 창출하고 함께 성장할 접점을 찾을 수 있도록 격려한 것이다. 센터 임직원들은 문화 기획을 오랫동안 한 사람, 지역 기관에서 기업 지원을 한 사람, 공무원으로서 파견 나온 사람 등 경력이 다양했다. 제주에서 태어나 한 번도 지역을 떠나지 않은 사람, 제주로 다시 돌아온 사람, 제주로 이주한 사람 등 거주민도 다양했다. 제주에서 태어나 제주의 기관에서만 평생 다닌 직원은 자신이 지역에서 느낀 한계를 넘어서 후배들에게 길을 열어주고 싶어했다.

　부동산 박사 학위가 있는 직원은 그동안 다른 기관에서 일하면서 공부한 것을 활용하지 못하다가 도시재생과 스타트업의 시너지가 창출되는 사업을 맡게 되자 자신의 업무에 완전히 몰입해서 일했다. 예술가 출신이자 문화기획자였던 직원은 창업가를 위한 커뮤니티 프로그램과 아카이브 프로그램을 멋지게 만들어냈다. 다큐멘터리 감독 출신인 직원은 장인과 크리에이터들을 연결하는 로컬 브랜딩스쿨 프로그램을 훌륭하게 운영했다. 이렇게 직원 개개인이 추구해온 가치 중심의 커뮤니티가 조직의 목적과 사업과 어우러지며 시너지가 났기 때문에 각 사업은 진정성 있게 추진되었고 센터 전체의 미션도 달성할 수 있었다.

　하지만 내가 속한 회사와 내게 주어진 업무가 항상 나의 미션과 커뮤니티와 시너지를 창출할 수는 없을 것이다. 그러면 어떻게 해야 할까? 거기에 맞는 회사와 역할을 찾아서 이직하는 것도 방법이다. 하지만 지금 당장 회사를 나간다 해도 그런 조건의 회사를 찾는 것이 불가능한 상황이라면 여기저기 전전하는 것은 바람직하지 않다. 그때는 지금의 회사에 다니면서 내 일과 관련해서 더 상위의 목적을 스스로 만들고 제한된 범위에서나마 커뮤니티 자본을 키울 수 있는 계기로 만드는 것도 좋을 것이다.

더 나아가 자신의 가치를 추구하되 다양한 조직과 커뮤니티에 속하는 N잡러가 되는 것도 방법이다. 현재 내가 그러하다. 센터장은 퇴임했지만 지역 창업생태계와 지역혁신 커뮤니티와 관련된 일을 지속적으로 하고 있다. 일주일의 절반은 액셀러레이터 크립톤에서 일한다. 나머지 시간은 개인사업자로서 커뮤니티엑스를 통해 지자체나 스타트업의 자문에 응하거나 강연을 하고 저술 활동을 하며 스타트업에 엔젤투자를 하고 있다. 디캠프의 지역 어드바이저, 희망제작소 사외이사, 문화체육관광부, 행정안전부, 그리고 전북과 대전 등 지방정부에 지역혁신을 위한 자문에도 틈틈이 응하고 있다. 이렇게 조직을 떠났지만 나의 일과 커뮤니티는 더욱 확장되고 있다.

회사는 더 이상 평생직장이 아니다. 직장뿐만 아니라 직업도 여러 번 바뀔 수밖에 없는 시대다. 따라서 어떤 회사에서 일하든 간에 그 회사에서 추구하는 비전과 사업, 나에게 준 역할과 내가 만들어갈 지속적인 경제적 자본, 비경제적 자본을 키워나가는 사이에서 교집합을 찾아 시너지를 창출하는 것이 필요하다. 이제는 회사에서 열심히 일하는 것은 조직에 충성하기 때문이 아니다. 그 조직에 있으면서 내가 키울 경제적 자본과 비경제적 자본이 있기 때문이다. 그래서 이런 사람들은 조직이 시키는 일만 하는 게 아니라 회사 내뿐만 아니라 회사 밖 커뮤니티에 기여하기 위해서 일을 찾아내고 만들어서 하게 된다.

이런 자세를 가진 사람들은 조직에서 떠나게 되는 것을 두려워하지 않는다. 조직에만 의존하지 않고 자신의 커뮤니티 자본을 키워왔기 때문에 조직을 떠나서 불안한 상태에 처하더라도 일시적일 가능성이 크다. 자신을 둘러싼 커뮤니티 자본이 자신에게 지속가능한 새로운 기회를 주는 계기가 될 것이기 때문이다. 커뮤니티 자본을 충분히 키우지 못하고 조직에만 충성하고 의존하는 사람들은 오히려 해가 되는 경우도 있다. 조직에서 자신이 생존하기 위해서 경쟁자를 적으로 만드는 행동을 늘 하게 되기 때문이다. 먼저 주기를 하는 사람이 성공하는 세상에서는 성공하는 기업의 조직문화도 변화한다. 개인도 기업도 커뮤니티에 기여해야 장기적으로 성공할 가능성이 커지고 있다.

6.
관계인구가 커뮤니티를 살린다

커뮤니티와 새로운 라이프스타일이 만나다

✦ ✦ ✦ ✦ ✦

워케이션workation 열풍이 거세게 불고 있다. 기업과 지방정부가 너도나도 동시에 뛰어들고 있으며 일부는 과열 경쟁의 양상도 보인다. 잠시 멈춰서 호흡을 가다듬고 질문을 던져보자. 왜 워케이션 트렌드가 시작됐을까? 이와 관련해서 우리 사회에 일어나는 변화는 무엇일까? 기업과 지역에는 어떤 긍정적인 기대효과가 있고 또 어떤 한계가 있을까? 잘 활용한다면 워케이션은 우리 사회의 많은 문제를 해결할 수 있는 마중물 역할을 톡톡히 해낼 수 있을 것이다. 그러나 맹목적으로 흐름에 동참해서 경쟁한다면 부작용만 남길 수도 있다.

워케이션은 갑자기 등장한 개념은 아니다. 그보다 먼저 원격근무remote work와 디지털 노마드digital nomad의 흐름이 있었다. 원격근무는 1990년대 후반 IT와 인터넷의 발달로 출퇴근 없이도 일할 수 있는 환경이 되자 가능해졌다. 주로 작가나 프리랜서가 하던 원격근무를 기업 직원의 근무 형태로서 본격 적용한 것은 2010년대부터였다. 실리콘밸리의 주거비가 비싸져서 IT 분야 인재 채용이 어려워지자 전 세계에서 인재를 채용하고 원격으로 일하는 기업들이 나타나기 시작한 것이다. 이런 기업들이 많아지자 전 세계 각지에 코워킹스페이스coworking space가 생기고 디지털 노마드가 등장했다. 개인이 일하고 살아가는 장소를 선택할 수 있다고 보고 여행하면서 일을 하는 새로운 라이프스타일이 출현했다.

워케이션은 2017년경부터 일본 정부가 주도해서 확산된 용어다. 일본은 인구절벽과 지방소멸을 맞닥뜨리자 극복 방법으로서 워케이션에 주목했다. 일본의 대기업들이 먼저 이에 호응하고 지자체 간에 경쟁적으로 워케이션 유치 움직임이 커지면서 현재의 흐름이 만들어졌다. 그러다가 코로나 팬데믹으로 인해 전 세계적으로 기업들이 원격근무를 도입하고 많은 사람이 밀집된 대도시 밖에서 일하게 되면서 워케이션은 전 세계적으로 중요한 용어가 되었다.

우리나라의 워케이션 열풍은 미국이나 일본과 비슷하면서도 다르다. 2020년 이전까지 우리나라에서 원격근무는 극소수가 일하는 방식이었다. 제주창조경제혁신센터는 제주 창업생태계를 조성하기 위해서 원격근무 문화를 확산하고자 했다. 2015년 설립 때부터 2019년까지 진행했던 스타트업의 제주 한달살이 프로그램 '제주다움'은 한국의 워케이션의 원조 격이다. 또한 센터는 2016년부터 '디지털노마드 밋업' '리모트워크 밋업'을 꾸준히 열면서 원격근무 문화를 확산하기 위해 노력했다. 2018년에는 책『리모트워크로 스타트업』을 출간하고 퍼블리에「리모트워크, 새로운 시대의 일하는 방식」을 연재하기도 했다.

그러다가 2020년 초 코로나 팬데믹 시기에 원격근무와 워케이션이 급격히 확산되었다. 먼저 변화를 시작한 것은 기업들이었다. 부득이하게 거의 모든 기업이 재택근무를 선언한 후 시간이 지나면서 사람들은 서울에 머물지 않고도 일할 수 있다는 것을 알게 되었다. 그들은 점차 제주, 강릉 등 원하는 곳에서 일하기 시작했다. 팬데믹이 장기화되자 입사 때부터 원격근무를 한 2년 차 직원이 있을 정도가 되었다. 그러다 위드 코로나로 바뀌면서 일부 회사가 출근을 지시하자 직원들이 반발해서 퇴사하는 일들이 생겼다. 퇴사와 이직을 자유롭게 하는 MZ세대의 특징도 한몫했다. 기업들은 인재 확보를 위해서 너도나도 원격근무제와 워케이션을 도입하게 된 것이다.

기업들의 워케이션 수요가 급격히 늘어나자 휴양지를 중심으로 워케이션 사업의 기회가 열리기 시작했다. 마이리얼트립과 같은 여행 플랫폼 스타트업에 기업들의 워케이션 패키지 문의가 폭주하고 많은 사람이 지역에 워케이션 공간 사업을 시작했다. 지역의 관광산업 활성화와 인구감소 문제를 해결하기 위해 고심하던 지자체들은 이 기회를 살리기 위해 나섰다. 일본 사례를 벤치마킹하며 너도나도 워케이션 활성화 정책을 수립한 것이다. 정리하면 다음과 같다. 조금씩 알려지던 원격근무와 워케이션이 코로나 팬데믹으로 급속하게 확산했다. 그리고 MZ세대의 사회문화적 특성과 맞물려 새로운 라이프스타일로 정착되었다. 이러한 환경 변화가 인재 확보를 위한 기업의 경제적 요소, 지역 부흥이라는 지자체의 정치적 의지와 만난 것이다.

워케이션은 커뮤니티 생태계를 만드는 마중물이다

◆ ◆ ◆ ◆ ◆

그런데 여기에서 잠깐 멈춰 서서 던져야 할 질문이 있다. 기업들은 워케이션을 도입해서 인재를 채용하고 업무 경쟁력을 높이고 있을까? 지역은 워케이션을 도입하는 것만으로 부흥할 수 있을까?

똑같이 워케이션이라고 불러도 기업에는 경우에 따라 서로 다른 니즈가 있다. 첫째, 팀이 함께 내려와 휴양지에서 일주일 이내로 워크숍을 하듯 일하는 경우다. 이러한 유형은 기존에도 있었지만 워케이션 흐름에 맞춰 고도화되고 있다. 둘째, 팀 단위가 아니리 직원 각자가 워케이션을 하러 가는 것이다. 그들은 자신의 팀과 떨어져서 일하므로 원격으로 협업하는 방법이 중요하다. 셋째, 회사가 체류 비용을 전액 대지 않고 직원 개개인이 다양한 장소에서 워케이션을 할 수 있도록 장려하며 부분 지원하는 것이다. 직원 모두 원격근무를 할 때 그렇게 하는 경우가 많다.

첫째 유형인 워크숍 형태의 워케이션은 큰 어려움 없이 진행될 것이다. 그러나 둘째와 셋째 유형은 다르다. 팀과 홀로 떨어져 있는 구성원은 업무 효율성이 떨어질 가능성이 크다. 따라서 원격으로 협업하는 방식과 조직문화가 기업 내에 체화되는 것이 중요하다.

워케이션을 도입하는 지역은 어떠할까? 휴양지에 워케이션을 오는 경우는 관광산업의 또 다른 형태로 볼 수 있다. 관광 활성화 차원에서 유의미할 수는 있다. 그러나 변화하는 관광 트렌드 그 이상도 이하도 아니다. 휴양지에 일주일 이상 머물게 되면 고립감을 느끼게 마련이다. 먹거리나 즐길 거리가 지겨워지고 다양한 사람들과 만나는 기회가 아쉬워진다. 그래서 장기 체류를 하는 경우는 외곽 휴양지보다 동네에 머무르는 것이 좋다. 동네에는 사람들과 먹거리와 즐길 거리가 있기 때문이다. 동네에 머무는 원격근무자들은 그곳의 관계 인구가 될 가능성이 생긴다. 이것은 다양한 커뮤니티가 있고 걸어서 다니며 일과 삶을 즐길 수 있는 '15분 도시'들을 곳곳에 만드는 것과도 통한다.

동네에 머무는 원격근무자들은 그 동네에 대한 정보와 네트워크가 없다. 이것을 제공하는 사람들이 동네 커뮤니티와 원격근무자 커뮤니티를 연결하는 매개자다. 동네에 이런 커뮤니티 조성자가 있느냐 없느냐에 따라 워케이션은 그 지역의 다양성과 창의성을 높이는 커뮤니티와 생태계를 만드는 마중물이 될지 아니면 그냥 마을 관광 사업에 머물지가 결정된다.

이러한 새로운 커뮤니티는 단기간에 만들어지지 않는다. 수십 년에 걸치는 장기간 커뮤니티 조성자들의 역할이 있어서 가능한 것이다. 일본 워케이션의 성지라고 말하는 카미야마의 경우를 보자. 정부가 워케이션의 성지라 부르지만 카미야마는 워케이션을 목표로 만든 마을이 아니다. 그곳에는 20여 년 전부터 마을의 지역민과 이주민이 어우러진 커뮤니티를 키워가는 커뮤니티 리더들이 존재했다. 수십 년에 걸쳐 다양한 사람들이 노력하여 마을에 다양한 커뮤니티가 생기고 커졌으며 10여 년 뒤에 한 스타트업이 위성 오피스를 이곳에 두게 되었다. 그렇게 장기적인 과정을 통해서 현재의 카미야마가 되었고 이제는 혁신 학교도 들어섰다. 정부가 대규모 자금을 투입하거나 기업이 단기간에 워케이션을 추진해서 현재의 마을이 된 것이 아니다.

워케이션은 마중물일 뿐 목적이 아니다. 워케이션을 통해서 우리가 만들어야 할 것은 기업과 지역의 더 나은 방향으로의 변화다. 일하는 방식의 변화를 통해 장기적으로 기업의 경쟁력이 향상하는 계기가 될 수 있어야 한다. 또한 지역을 체험하고 그 지역에 관계인구가 되어가는 인재와 기업이 늘어나면서 지역의 다양성과 창의성이 높아져서 일하며 살기 좋은 지역이 되어야 한다. 그렇다면 워케이션으로 시작된 변화의 성공 여부는 대규모 자본의 투입과 측정이 쉬운 단기적 사업 성과가 아닐 것이다. 워케이션이 지속가능한 생태계가 되려면 서로 다른 커뮤니티를 연결하는 연결자이자 매개자로서 커뮤니티 리더의 존재, 그 리더를 지지하는 기반이 있는지에 달렸다.

창의적 외지인과 지역민이 서로 이웃이 되어야 한다
✦ ✦ ✦ ✦ ✦

창조적인 일을 하는 사람들의 바쁜 시간은 일주일 내내 멈추지 않는다. 많은 사람과 교류하지만 집으로 돌아오면 고립감을 느낀다. 일과 관계에 자신의 한계까지 밀어붙이다가 번아웃이 오고 창조성은 바닥을 드러낸다. 그들은 '일' '삶' '관계'에서 불만족이 있다.

힐링 여행은 창조성의 회복을 위한 진정한 해결 방안이 되지 못한다. 며칠간 시간을 내 힐링 여행을 하는 것 자체가 불가능하다. 번아웃이 오면 퇴사하고 모든 것을 내려놓고 지방으로 이주하기도 하지만 시간이 지나면 네트워크의 부족으로 창조성이 떨어지고 만다. 다시 서울로 이주하면 긴장과 고립의 시간을 살아가며 바닥을 향해 가게 된다. 서울에서 지방으로, 다시 지방에서 서울로 이동하지만 개인과 사회의 창조성은 지속적으로 감소하게 되는 것이다.

내 일에 온전히 집중할 수 있고 창조적인 일을 하는 좋은 이웃들과 함께 살 수 있는 나의 세컨하우스가 지역의 매력적인 원도심에 있다면 어떨까? 나는 제주공항에서 차로 15분 거리에 있는 제주시 탑동에 이러한 공간인 리플로우 제주RE:FLOW JEJU를 만드는 데 참여하고 있다.

지역의 시간은 서울보다 느리게 흘러간다. 그만큼 서로에게 더 관심을 기울일 여유가 생긴다. 하루이틀이 지나면 함께 숙소에 머무는 사람들과 공유오피스로 출근하는 지역민들이 커뮤니티가 되어간다. 함께 밥도 먹고 차도 마시고 걷기도 하면서 말이다. 서로 경험과 지식도 나누고 차를 태워주고 화상회의를 위해 방을 빌려주기도 하면서 가까워진다. 이곳에서 대부분의 시간을 일하지만 수요일에는 바다 또는 숲이 있는 카페로 함께 가서 일하기도 하는 시간이 마련되어 있다.

운동을 좋아하는 사람들은 아침 일찍 탑동 러닝크루에 참여하거나 광장에서 농구를 할 수도 있다. 땀흘려 뛰고 돌아와 샤워를 하고 나면 일의 생산성이 올라간다. 봄에는 삼도동에서 맛있는 커피를 테이크아웃해서 벚꽃거리를 걷고 여름에는 제주도민들처럼 오후 5시에 바다에 가서 한 시간 수영을 즐기고 아름다운 일몰을 본다. 가을에는 사라봉과 올레길을 걷고 겨울에는 리플로우 공간에서 영화를 틀어놓고 함께 와인을 마신다. 이렇게 일에 몰입하고 자연이 있고 좋은 친구를 사귈 수 있을 때 우리의 행복은 급속 충전될 것이다.

창의적인 일을 하는 외지인과 지역민이 지역의 도심에서 서로 이웃이 되어 일하고 살아갈 수 있어야 한다. 그래야 우리 사회 개인의 고립의 문제, 지역간 불균형 문제와 같은 커뮤니티 자본 문제가 해결될 수 있지 않을까?

7.
새로운 시대의 지방 도시를 만들자

'우연히 운 좋은 기회'를 얻을 수 있는 도시를 만들자

✦ ✦ ✦ ✦ ✦

도시는 다양한 사람들이 모여들고 만나서 서로가 가진 자원을 나누고 새로운 가치를 창출하는 장소다. 도시 경제학자 에드워드 글레이저는 "인류의 최고의 발명품은 도시"라고 말한다. 또한 도시의 인접성, 친밀성, 혼잡성은 인재와 기술과 아이디어와 같은 인적 자원을 한곳에 끌어들임으로써 도시는 혁신의 중심지로 부상한다고 주장한다. 실제로 디트로이트에서 자동차 산업이 시작되고 실리콘밸리가 IT 스타트업의 성지가 되는 등 도시와 창조적 혁신은 항상 함께했다.

우리나라는 어떠한가? 서울을 제외하고 지방 도시들은 도시성을 점차 상실하고 있다. 처음부터 그랬던 것은 아니다. 대기업 중 상당수는 지방 도시에서 작은 기업으로 설립되었다. 삼성그룹의 모태가 되었던 삼성상회와 제일모직공업주식회사는 1938년과 1954년에 대구에서 설립되었다. CJ그룹의 모태가 된 제일제당공업은 1953년 부산에서 설립되었다. LG그룹은 1931년 경남 진주의 구인회 상점에서 시작되었다. 그러나 '한강의 기적'이라는 말에서 알 수 있듯이 이후에 모든 자원이 서울로 집중되면서 고도성장을 하게 되었다.

기업과 인재들이 서울로 계속 몰려드는 이유는 그곳에 가야 '우연히 운 좋은 기회'를 얻을 수 있기 때문이다. 지식과 네트워크가 서울을 중심으로 몰려 있는 한 서울 밖에서는 이러한 우연히 운 좋은 기회들로부터 소외될 수밖에 없다. 그러나 청년들에게는 이것이 딜레마다. 서울에서 운 좋은 기회를 얻는다고 해도 높은 임대료 등 비용을 생각하면 결코 운이 좋은 것이 아니다. 그래서 서울에 사는 청년들은 이를 '헬조선'이라고 부르는 것이다.

지방은 오랜 기간 수도권으로 청년 인재들을 공급하는 역할을 해왔다. 하지만 이제는 지방에 거주하는 청년 인구마저 급격히 줄어들면서 수용은 없이 공급만 해오던 지방이 한계에 봉착하게 되었다. 그리고 지방은 청년이 살고 싶지 않은 도시로 전락하고 말았다. 일과 관련한 새로운 가치 추구로 청년들은 자꾸만 지방을 떠나려 한다. 청년들에게 이제 안정적인 직장이나 높은 연봉이 우선순위가 아니다. 개발도상국 시기나 산업화 시기와는 달리 청년들이 원하는 좋은 직장은 단순히 급여가 높은 곳이 아니라 자신에게 성장의 기회를 주는 곳이다. 끊임없이 배우고 성장할 수 있는 훌륭한 선배와 동료들이 있어야 한다. 또한 과거와 달리 평생직장이 사라졌고 청년들은 이직을 통해 자신의 커리어를 쌓아간다. 그러나 지방에는 이직을 통해 성장할 수 있는 다양한 좋은 기업들이 매우 부족하다. 자연스럽게 청년들은 지방 도시에 머무르지 않는다.

지방균형발전을 위해서는 지방거점도시들이 운 좋은 기회가 생기는 도시성을 되찾아야 한다. 지방거점도시가 도시 내의 다양성을 연결하고 도시와 인근 주변 지역을 연결함으로써 그 지역만의 운 좋은 도시를 만들어낸다면 변화가 시작될 것이다.

여성이 일하며 살고 싶은 매력적인 도시가 돼야 한다

◆ ◆ ◆ ◆ ◆

우리나라는 갈수록 인구가 감소하고 있지만 도시 간의 편차가 크기 때문에 체감하는 정도가 크게 다르다. 서울에서는 젊은 세대가 넘쳐나고 매일 일상에서 엄청난 인구 밀도를 경험하고 있다. 이런 과밀이 일상화된 사람들은 현재 우리 사회가 인구절벽이 임박했으며 지역소멸을 앞두고 있다는 것을 체감하기는 어렵다.

인구감소 문제를 가장 먼저 체감하는 지방 도시들이 가장 먼저 대응책을 내놓았다. 그들은 가임기의 젊은 여성들이 줄어드는 것에 위기감을 느끼고 자신의 지역에서 아이를 낳고 키울 수 있도록 여러 장려책을 내놓고 있다. 하지만 이러한 정책은 여성을 출산과 육아의 도구로 여긴다는 비판에 직면해 있으며 실효성에도 의구심이 생긴다.

지방 도시에 대한 해결책을 찾기 위해서는 먼저 지금 시대의 여성이 원하는 도시가 무엇인지를 이해해야 한다. 여성의 사회적 역할의 변화는 과거에도 도시의 성격과 흥망성쇠에 큰 영향을 미쳐왔다. 남성의 일자리가 많지 않았던 1960년대 경공업 시대에는 여성이 산업의 역군이었다. 방직 산업을 중심으로 대구와 서울 구로 등에 여성 근로자들이 모여들었다. 1970년대를 지난 1980년대가 되면서는 달라졌다. 서울이 고도성장하고 중화학공업 도시가 발전하면서 남성의 일자리가 많아졌다. 이 시기에 여성들에게는 일보다는 결혼해서 아이를 낳아 키우는 사회적 역할이 요구되었다. 그러다가 1990년대부터는 사회가 고도화되면서 여성의 사회진출이 점점 더 커져갔다. 이제는 도시에도 여기에 맞는 새로운 정책이 필요하다.

전국적으로 볼 때 서울은 여성의 비율이 꾸준히 높아진 반면에 지방 도시들은 여성의 비율이 낮아지고 있다. 서울에 모든 자원과 기회가 점점 더 집중되면서 대다수 사람들이 살고 싶어하는데 젊은 여성들은 더욱 그러하다. 이것은 여성의 사회진출과 무관하지 않을 것이다. 이제 여성에게 좋은 일자리가 있는 곳이 살고 싶은 도시다. 여성은 좋은 일자리가 부족한 지방에서 떠나서 서울로 가는 것이다.

1970년대와 1980년대 중화학공업 도시들이 탄생하고 성장할 때는 달랐다. 남성들이 먼저 울산, 포항, 창원, 거제, 광양 등에 가서 높은 급여의 일자리를 얻어 자리를 잡았고 후에 여성들이 와서 결혼하고 정착했다. 그들은 아이를 낳아 키워서 서울 등에 유학을 보내는 등 풍요로운 삶을 살았다. 하지만 우리나라가 경제 선진국이 되고 2000년대 들어서서 상황은 완전히 달라졌다. 경남대학교 양승훈 교수는 저서 『중공업 가족의 유토피아』에서 다음과 같이 말한다.

"딸들은 거제를 떠나 돌아오지 않음으로써 아빠의 믿음을 저버렸다. 노동자들의 '단순한 삶'은 나름대로 예찬받을 만한 가치가 있는 것이었으나, 가족 안에 머무르기를 꺼리는 이들에게 그것은 한낱 보수적인 삶의 형태에 지나지 않았다. 그렇게 중공업 가족은 빈축을 샀다."

중공업 도시에는 여전히 남성들의 일자리가 많다. 그런데 중공업 도시에서 청년들을 채용해도 얼마 안 돼 직장을 그만두고 떠난다. 청년 남성들이 견디지 못하고 떠나는 것은 경제적 소득 수준 때문이 아니다. 높은 임금을 받더라도 과거의 위계적이고 수직적인 조직문화가 힘들게 한다. 그러나 그것보다 더 큰 현실적인 문제가 있다. 도시의 획일적인 문화와 다양한 기회의 부족이다. 그런 도시에서는 청년 여성들이 떠나고 돌아오지 않는다. 청년 남성들은 연애도 결혼도 하기 어려울 것이다. 현실적으로 어떤 청년 남성들이 그 도시에 가고 싶어하겠는가?

문제가 달라졌으면 해결책도 달라져야 한다. 이제 과거의 성공 방정식은 잊어야 한다. 여성들은 돈 잘 버는 남편이 있고 아이 낳기 좋은 도시가 아니라 일하며 살고 싶은 매력적인 도시에 모여든다. 그런 여성들이 있어야 남성들도 모여든다. 그들은 그 도시에서 연애하고 결혼하고 자녀를 낳고 키우게 될 것이다. 서울과 같이 과밀한 도시, 경쟁이 심한 도시에서는 결혼하더라도 아이 낳기를 포기하는 사람들이 많다. 하지만 커뮤니티 자본이 발달하고 젊은 부부가 일과 육아를 병립할 수 있는 도시에서는 다르다. 과밀하지 않고 경제적으로 사회적으로 만족스러운 삶을 살고 출산과 육아로 인한 경력단절의 문제를 해결할 수 있는 도시라면 자연스럽게 출생률은 올라가게 될 것이다.

도시 간의 연결과 시너지를 통해 연대의 장을 만들자

✦ ✦ ✦ ✦ ✦

우리나라의 중공업 도시의 부상은 미국과 유럽의 중공업 도시의 본격적인 쇠퇴 시기와 맞물린다. 미국과 유럽에서 중공업 도시들이 새로운 활력을 찾기 위해 몸부림을 칠 때 우리의 중공업 도시들은 호황을 맞이했다. 21세기 경제 선진국이 된 우리나라에서 이제 중공업 도시들은 도전의 시기에 들어섰다. 만일 새로운 계기를 찾아내지 못한다면 한국인의 라이프스타일의 변화와 후발 국가들의 추격과 함께 중공업 도시들은 쇠퇴를 맞이하게 될 것이다.

변화의 출발점을 어디서 찾아야 할까? 도시 간의 연결성 속에서 찾을 수 있을 것이다. 서울은 다른 지역과의 연결성 속에서 성장해왔다. 일산과 분당은 서울에 출퇴근하는 사람들을 위한 베드타운으로 설계되었으며 판교는 서울에서 성장하던 IT 기업들이 자리 잡으며 완성되었다.

이미 수도권에서는 사람들이 도시와 도시를 넘나들며 살고 있는데 지방은 기초지방자치단체를 중심으로 정책을 설계하다 보니 이러한 연결성을 간과하기 쉽다. 광양의 예를 들어보자. 광양은 조선 시대에 전 세계에서 처음으로 김을 양식한 곳이며 매화로 유명한 곳이었다. 현대에 들어서는 중공업 도시의 성격이 워낙 강해진 이 곳에 로컬 크리에이터들이 지금 당장 모여들고 성장하기는 쉽지 않다. 여성들이 선호하는 창의적인 라이프스타일 산업도 지금 당 장 커나가기가 쉽지 않다. 하지만 20년의 장기간의 시간을 두고 중 공업과 라이프스타일 산업이 함께하는 창의적인 도시가 되기를 목 표로 한다면 불가능한 것은 아니다. 그 중장기 과정의 설계는 도시 와 도시 간의 연결과 시너지를 통해서 가능할 것이다.

순천역에서 광양제철소까지는 27.7킬로미터로 차로 40분 이내 소요 거리다. 순천의 전라남도 동부권 통합청사와 광양시청 사이 는 18.1킬로미터로 차로 21분 소요 거리다. 광양과 여수는 이순신 대교가 놓이면서 출퇴근이 가능한 거리가 되었다. 실제로 여수의 아파트 가격이 오르자 광양의 아파트에 거주하면서 여수로 출퇴근 하는 사람들이 늘어났다. 경상남도 남해는 33.9킬로미터로 40분 이내의 소요 거리다. 일산 대화역에서 서울 광화문까지 30.5킬로 미터인 것을 생각할 때 충분히 출퇴근이 가능한 거리다.

도시와 도시를 연결하는 일과 장기간에 걸친 삶의 변화에 대한 상상력과 실천이 필요하다. 예를 들어 이런 상상을 해보자. 순천 의 로컬크리에이터 여성과 광양의 제철소를 다니는 남성이 결혼해 서 순천에 신혼집을 차리고 광양으로 남편이 출퇴근한다. 남해에 서 독립서점을 운영하는 여성과 광양의 제철소에서 일하는 남성이 연애하고 결혼해서 주말부부로 지낸다. 그들이 아이를 낳아 광양시 서부의 베드타운으로 이주하여 아이를 키운다. 아이가 커서 고등학교에 갈 때는 순천으로 이사해서 순천고등학교를 보낸다. 이렇게 사람들이 더 원활하게 만족스러운 삶을 살아갈 수 있도록 기초지자체들이 서로 협력하여 대중교통 등 인프라를 늘리고 정책을 조율한다면 어떨까. 도시 간의 연계를 통해 더 일하며 살기 좋은 도시가 되어간다면 시간이 지날수록 이들 도시의 커뮤니티 자본은 풍성해질 것이다. 그렇게 되면 10년, 20년이 지나면서 광양시도 로컬크리에이터들이 자리잡고 라이프스타일 산업이 중공업과 함께 공존하는 도시가 될 수 있을 것이다.

다른 지방 도시들도 마찬가지다. 도시 내, 도시 간의 커뮤니티 자본을 통해서 변화를 만들어갈 수 있다. 서울과 경기를 제외한 다른 도시들은 4가지 유형으로 분류해볼 수 있다. 첫째, 광역지자체의 거점이자 허브 역할을 해왔던 부산, 대전, 대구, 광주와 같은 광역시다. 둘째, 산업화 시대에 커진 울산, 창원, 포항, 광양과 같은 중공업 도시다. 셋째, 제주, 강원, 남해와 같은 라이프스타일 도시다. 넷째, 전주, 경주, 공주와 같은 문화역사 도시다.

도시 유형별로 문제와 강점이 다르다. 광역시는 서울로 인재와 기업들이 가기 위한 관문의 기능에서 벗어나 인근 지역의 거점이자 허브로서 연결과 창조의 도시성을 되찾아야 한다. 중공업 도시는 새로운 세대의 라이프스타일에 맞는 다양성을 키워나가야 한다. 라이프스타일 도시는 관광에 머물지 않고 지역에 로컬크리에이티브와 같은 창조산업이 싹틀 수 있도록 해야 한다. 문화역사 도시는 문화역사 자원을 과거의 전통으로 박제화하지 않고 현재성과 대중성을 가진 새로운 가치로 재탄생시킬 수 있어야 한다.

이러한 도시의 변화는 도시의 정주 인구만을 중심으로 보면 가능하지 않다. 도시와 도시의 경계를 넘어서 다니는 관계 인구가 도시의 다양성을 높이고 커뮤니티 자본을 키우는 것에 주목해야 한다. 도시 내의 다양한 창조성의 주체들을 발견하고 서로 연결하고 또한 도시 간의 연결성을 통해서 서로 시너지를 창출하며 변화를 끌어낼 수 있도록 해야 한다.

그러기 위해서는 민간과 공공의 협력도 필요하다. 광역지자체는 기초지자체들을 서로 연결하고 시너지를 창출할 수 있도록 촉진하고 장기간의 변화를 만들어낼 수 있도록 하는 변화관리자 역할을 해야 한다. 그러기 위해서 광역지자체는 예산 투입을 하고 관리 감독을 하던 기존의 역할에서 변화해서 지식경영을 할 수 있도록 경영을 혁신해야 할 것이다.

영국의 도시 컨설턴트 찰스 랜드리는 "세계에서 가장 창조적인 도시를 추구하지 말고 세계에 이바지하는 가장 창의적인 도시를 만들고자 노력하라."라고 말했다. 그렇게 하면 "개인, 집단, 외지인을 그 도시뿐만 아니라 더 나아가 지구 전체와 더욱 긴밀하게 이어주는 '연대의 장'을 만들 수 있다."라는 것이다. 도시들이 경계를 넘어 서로 도우며 성장해가는 길로 가야 변화를 만들 수 있다.

2장

어떻게 커뮤니티 자본을
만들 것인가

1.
새로운 연결이 새로운 가치를 만든다

서로 다른 커뮤니티를 연결해 새로운 가치를 창출한다

＊ ✦ ✦ ✦ ✦

2015년에 제주창조경제혁신센터 초대 센터장으로 부임했을 때 제주는 이주자들의 증가로 다양성이 높아지고 있었다. 하지만 다양성을 존중하고 시너지를 창출하는 개방성은 아직 많이 부족한 상태였다. 지역민과 이주민 커뮤니티는 분리되어 있었다. 청년들은 그들 세대에게 성장 기회를 열어주는 다양성과 개방성의 문화가 있는 서울로 떠났다.

나는 제주의 다양성을 더욱 높이고 개방적인 커뮤니티를 만드는 것이 지역 창업생태계 조성을 위해 가장 먼저 해야 할 일이라고 생각했다. 그래서 '새로운 연결을 통한 창조의 섬, 제주'라는 비전을 세우고 '연결Connect, 커뮤니티Community, 공동창조Co-creation'라는 3C 방법론으로 근본적인 변화가 일어날 수 있는 기반을 마련하겠

제주창조경제혁신센터 - 체류를 통한 창조계급, 창조도시 전략

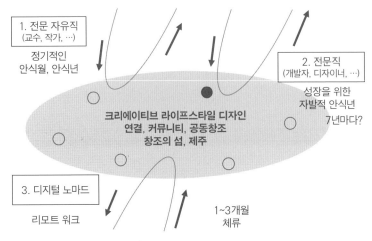

1. 전문 자유직
(교수, 작가, …)

정기적인
안식월, 안식년

2. 전문직
(개발자, 디자이너, …)

성장을 위한
자발적 안식년
7년마다?

크리에이티브 라이프스타일 디자인
연결, 커뮤니티, 공동창조
창조의 섬, 제주

3. 디지털 노마드

리모트 워크

1~3개월
체류

(출처: 테크플러스 제주 발표 자료, 2015. 8)

다는 전략을 세웠다. 이것은 서로 다른 주체들을 연결하고, 커뮤니티로 엮고, 시너지를 통해 새로운 가치를 창출할 수 있도록 만드는 것이다.

제주는 자연환경이 가장 중요한 자원인데다가 섬이라는 제약 때문에 산업화 시기에 중공업 도시로 조성하는 것에서 배제되었다. 주로 1차 산업과 관광산업이 중심이었기 때문에 경쟁력이 약했다. 당시 정부 고위관계자나 다른 지역 센터장들 중에는 제주에 무슨 산업이 있겠냐, 창업생태계 조성을 할 수 있겠냐며 나를 안쓰럽게 여기는 분들이 많았다.

하지만 IT 기업을 다녔던 나는 세상이 온라인으로 어디든 연결될 수 있다는 것을 알았다. 2000년대 들어서 제주에 저가 항공이 들어오면서 전국 공항들과 연결되어 어디든 쉽게 오갈 수 있었다.

제주는 전 국민이 한 번쯤 살고 싶어하는 매력적인 지역이 되어가고 있었다. 1988년에 록그룹 들국화의 멤버 최성원이 「제주도의 푸른 밤」을 발표한 이래 제주 이주에 대한 로망은 점점 더 커졌다. 그래서 나는 그 어느 지역보다도 제주가 서로 다른 커뮤니티에 속해 있는 사람들을 연결해서 새로운 창조적 커뮤니티를 만들기에 유리한 지역이라고 생각했다.

새로운 연결은 두 가지 방향으로 해야 했다. 첫째, 제주 안에 있는 서로 분절된 주체들을 발굴하여 연결하는 것이었다. 둘째, 제주에 없는 자원을 가지고 있는 주체를 제주로 초대하여 연결하는 것이었다. 이 두 가지 방향으로 연결의 바람이 불어 회오리가 되고 그 회오리가 지속적으로 불고 시너지를 창출하여 거대한 변화의 바람을 이룰 것이라 기대했다.

2015년에도 제주에는 다양한 창조적 주체들이 이미 있었다. 당시 그들은 서로 거의 연결되어 있지 않았다. 각자 자신의 일을 하기에 바빴고 끼리끼리 모였기 때문이다. 제주창조경제혁신센터의 사업들은 이러한 다양한 지역의 창조적 주체들을 발굴해 초대하고 연결하는 프로그램들로 구성되었다. 보통 기관들은 지원 대상을 심사로 선발해서 자금을 지원하고 관리하는 방식으로 일한다. 그러나 제주창조경제혁신센터가 초기에 집중했던 것은 서로 다른 주체들이 만나고 커뮤니티를 이루도록 하는 것이었다.

다른 지역에 비해서 이주민이 많은 제주는 다양성이 높은 편이었지만 충분하지는 않았다. 제주에 없는 자원과 역량을 끌어들이기 위해서 다양성을 더욱 높여야 했다. 다행히 제주는 그 매력 때문에 많은 사람이 찾는 곳이었다. 다만 그들이 제주에 오는 것은 단순히 여행이 목적이었으므로 지역 커뮤니티와 연결될 기회가 부족했다. 나는 제주에 없는 다양성은 제주 밖에서 찾아서 들여왔다. 그리고 그들이 제주의 커뮤니티 자본의 일원이 되도록 연결했다.

지역에 다양성과 개방성의 커뮤니티 자본을 만드는 것은 오랜 시간이 걸리는 일이다. 기관은 1년 이내에 성과평가를 받다 보니 그러한 노력에 대해 정당한 평가를 받기 어렵다. 제주창조경제혁신센터의 커뮤니티 자본을 키우기 위한 노력은 3년이 지난 2018년부터 조금씩 가시적인 성과가 보이기 시작했다. 그러나 그때까지도 소수의 창업가와 파트너들만이 느끼는 변화였다. 5년이 지난 2020년에는 변화의 회오리가 커져서 많은 사람의 눈에 보이기 시작했다. 7년이 된 2022년에는 제주의 창업생태계와 스타트업 커뮤니티를 전국에서 부러워하고 벤치마킹하는 상황이 되었다. 2015년에 전국 최하위로 시작한 제주창조경제혁신센터는 2022년에 중소벤처기업부로부터 전국에서 가장 우수한 공공 액셀러레이터로 표창을 받는 데 이르렀다.

센터장을 퇴임하고 전국의 여러 지역을 다니면서 살펴보니 2015년의 제주와 비슷한 상황임을 보게 된다. 지역에는 이미 고군분투하는 창조적 주체들이 있다. 그러나 그들은 서로 연결되어 있지 않다. 그리고 지역에 없는 역량은 외부에서 끌어들여 지역과 연결해야 하는데 기존 커뮤니티들의 배타적 문화가 장애가 되는 것을 확인할 수 있었다.

나는 이 책에서 지난 7년간 제주에서 해온 '새로운 연결을 통한 창조의 섬, 제주'와 '연결Connect, 커뮤니티Community, 공동창조Co-Creation'의 3C 방법론을 '커뮤니티엑스 웨이'라고 새롭게 정립하고자 한다. 커뮤니티엑스 웨이는 '서로 다른 커뮤니티들을 연결하여 새로운 가치를 창출하도록 하는 실천 방법론'이다. 나는 이 실천 방법론을 더욱 확산하고자 한다. 확산의 가능성은 밝다. 이러한 실천 방법론과 비슷한 일을 하는 주체들이 존재한다. 이미 사회 곳곳에는 다양하고 개방적인 커뮤니티 자본을 키우는 훌륭한 주제들이 많다.

그들은 서로 다른 영역과 지역에서 일하고 있지만 몇 가지 공통점이 있다. 그들은 장기간의 변화를 만들되 누구나 참여해서 서서히 변화의 중심에 설 수 있게 운영한다. 창조성의 커뮤니티를 점, 선, 면으로 키워간다. 또한 그런 과정을 스토리텔링을 통해 사람들이 함께 미래를 상상하고 변화에 동참할 수 있도록 이끈다. 성공적인 변화는 어떤 한 사람의 설계에 의해서 인과적으로 진행되는 것이 아니다. 많은 사람의 다양한 노력과 우연한 인연에 의해서 함께 이루어가는 것이다. 그들은 그러한 거대한 인연 속의 일원일 뿐임을 자각하고 겸허한 자세를 갖는다. 커뮤니티엑스 웨이는 우리 사회의 다양한 영역과 지역을 변화시키는 공통의 핵심 원리가 되어가고 있다.

창조적 파괴로 기존 커뮤니티를 끊임없이 재탄생시킨다

✦ ✦ ✦ ✦ ✦

우리 사회 곳곳에는 이미 많은 커뮤니티가 존재한다. 오래전 농경사회와 같이 변화가 빠르지 않던 시대에는 한번 만들어진 커뮤니티가 비교적 오래 유지되었다. 한 사람이 평생 살아가면서 접하는 커뮤니티들도 지금처럼 많지 않았다. 하지만 지금처럼 변화가 빠른 시대에는 다르다. 커뮤니티는 빠르게 생겨나고 성장하고 소멸한다. 한 사람이 사는 동안 수많은 커뮤니티를 접하게 되고 그 커뮤니티의 생성, 성장, 쇠퇴, 소멸에 참여하게 된다.

한번 생긴 커뮤니티는 모두 좋은 것일까? 항상 그것을 유지하고 보존해야만 하는 것일까? 상황에 따라 다를 것이다. 생태계에서 영원한 존재는 없다. 탄생한 모든 것은 언젠가는 소멸한다. 생성 초기에는 다양성을 융합하고 사회에 좋은 가치를 주었던 커뮤니티가 시간이 지날수록 폐쇄적인 이익집단으로 변화하기도 한다. 커뮤니티 간에 대립과 갈등으로 치닫는 경우도 많이 볼 수 있다. 이제는 새로운 커뮤니티가 탄생해서 기존 커뮤니티까지 변화를 이루어낼 때다.

빠르게 변화하는 현대 사회지만 상대적으로 청년 인구가 유출되어온 지역은 기존 커뮤니티가 유지된 채 고령화 사회로 가는 경우가 많다. 이럴 때 기존 커뮤니티를 보존하기만 한다면 지역의 커뮤니티 생태계는 멈춘 것이나 다름없다. 전문 영역도 마찬가지다. 다른 영역들과의 교류가 부족해지면서 점점 더 폐쇄적인 커뮤니티가 되는 경우가 많다.

커뮤니티들의 변화에 대한 실천 방법론으로서 커뮤니티엑스 웨이는 지역과 전문 영역들이 고인 물이 되지 않도록 서로 다른 커뮤니티들이 만나서 융합함으로써 새로운 커뮤니티가 탄생하며 역동적으로 변화해갈 수 있도록 하는 것이다. 기존 커뮤니티를 그대로 보존하는 것이 아니라 창조적 파괴를 통해서 끊임없이 새롭게 재탄생할 수 있도록 하는 것이다.

커뮤니티엑스 웨이는 시간을 통해 커뮤니티가 변화하는 과정이다. 과거 세대의 커뮤니티 자본을 미래 세대의 커뮤니티 자본으로 전환하는 것이기도 하다. 윗세대의 것을 빼앗아 아랫세대에게 주는 것이 아니다. 그들 사이에서 기존 커뮤니티의 경계를 허물고 새로운 커뮤니티를 창조해냄으로써 모두가 변화의 주체가 될 기회를 열어가는 것이다.

2.
10년 이상의 장기적 안목이 필요하다

변화는 장기 복리의 법칙에 따라 만들어진다

✦ ✦ ✦ ✦ ✦

엑시트한 창업가이자 초기 스타트업 투자자로 활동하던 브래드 펠드Brad Feld는 1995년에 콜로라도주에 있는 도시 볼더에 체류했다가 아름다운 자연환경에 반해 이주했다. 볼더는 그 당시 인구 10만의 중소도시였고 창업가도 투자자도 많지 않았다.

그는 자신이 투자한 기업이 아니더라도 도시에 새로 유입되는 인재들에게 네트워크를 제공했다. 기업가정신을 가진 사람들이 대가 없이 서로 먼저 주기를 하는 문화를 지역에 정착시켰다. 그의 노력은 장기간에 걸쳐 지속되었고 동참하는 사람들이 늘어났다. 2006년에 그는 연쇄창업가 데이비드 코헨David Cohen과 함께 액셀러레이터 테크스타즈Techstars를 설립했다. 테크스타즈는 볼더 스타트업들의 성장 엔진이 되었고 볼더는 최고의 스타트업 도시가 되었다.

2020년 그는 이언 해서웨이Ian Hathaway와 함께 『스타트업 커뮤니티 웨이-지역 창업생태계의 진화』를 썼다. 이 책에는 볼더를 포함해 미국의 다양한 도시 사례가 등장한다. 저자는 어느 지역이든 창업생태계를 만들고 성장할 수 있으며 그 핵심 비결은 항상 지금부터 20년 앞을 장기적으로 보고 스타트업 커뮤니티를 만드는 것이라고 말한다.

그들이 말한 커뮤니티 웨이의 특징은 초기에는 변화가 크게 보이지 않지만 시간이 지속될수록 네트워크 승수효과에 의해 제이커브를 그리며 변화가 가속화된다는 특징이 있다. 이것은 마치 예금 금리가 복리로 적용될 때 장기간에 걸쳐 몇 배 이상의 가치로 커지는 것과 원리가 비슷하다. 기존에 없던 연결이 일어나면 그 길을 통해 지식이 교류되고 시너지가 창출될 뿐만 아니라 네트워크의 지속적 확장도 기대할 수 있다. 연결을 통해 혁신 네트워크가 형성되는 방향으로 장기간 여럿이 함께 노력하면 확실한 승수효과를 누릴 수 있다.

인구소멸 지역에 IT 기업들이 모여들고 인재들이 성장하는 마을로 변화한 일본의 카미야마는 30여 년에 걸친 커뮤니티 웨이가 만들어낸 결과다. 2010년 일본의 유명 IT 기업 산산SanSan이 카미야마의 70년 된 옛집을 위성 오피스 '카미야마랩'으로 개조했다. 그 후 2022년 기준 40개 기업의 위성 오피스가 들어서면서 웹디자이너, 컴퓨터 그래픽 디자이너, 예술가, 요리가, 수제구두 장인 등 창조적인 일을 하는 사람들이 꾸준히 유입되고 있다.

더 나아가 카미야마의 30여 개 기업과 20여 명의 자산가가 기부금을 내서 혁신 인재 양성을 위한 학교인 마루고토기술전문학교 설립을 추진하고 있다. 이 학교는 2023년 4월에 개교 예정인데 한 학년이 40명이고 5년제로 운영되며 전교생이 학비는 물론 기숙사비와 식비 등 모든 비용을 면제받는다. IT, 디자인, 건축, 리더십, 기업가정신 등을 현장에서 일하는 벤처기업가, PD, 건축가, 요리사 등이 직접 가르친다.

이렇게 놀라운 변화를 보고 많은 지역에서 벤치마킹을 하고 있다. 하지만 실제 카미야마의 변화는 1990년대부터 수십 년에 걸쳐서 커진 커뮤니티 자본이 있었기에 가능했다는 점을 간과하기 쉽다. 1991년 카미야마가 인연이 있는 미국의 도시에 인형을 보내 교류한 것이 계기가 되어 민간 조직인 카미야마국제교류협의회가 조직되었고 외국인 지도교사 연수와 국내외 예술가들의 레지던시 프로그램 등이 차례로 만들어지면서 지역의 다양성이 높아졌고 외부 커뮤니티와의 교류 경험이 오랜 시간에 걸쳐 축적되며 지역민의 개방성이 높아졌다. 그리고 2004년 NPO 그린밸리가 구성되며 민간 중심의 변화 주체가 되었고, 2007년에 '일을 줄 순 없으나 일을 가진 사람이 와라'를 슬로건으로 '워크 인 레지던스(오피스 인 카미야마)' 프로그램이 시작되었다.

카미야마의 변화를 만들어낸 커뮤니티 웨이는 사람과 사람의 연결을 넘어서서 서로 다른 커뮤니티들을 연결하고 융합하여 다양한 커뮤니티를 창조해내는 과정이었다는 점에서 커뮤니티엑스 웨이라고 부를 수 있을 것이다. 이런 장기간의 커뮤니티엑스 웨이 과정의 연장선상에서 2010년 산산의 위성오피스가 성공할 수 있었고, 지역 커뮤니티가 축적해온 가치와 연결되어 지속적인 변화가 이루어질 수 있었던 것이다. 30년이면 1990년대에 10대였던 청년이 40대가 될 나이다. 그 사이 마을에서는 세대교체가 일어났을 시간이다. 이렇게 축적의 시간을 통해서만 일어나는 변화는 초기에는 대단하지 않은 듯 보이더라도 시간이 지날수록 장기 복리의 법칙을 따른다.

장기적으로 하면 네트워크 승수효과가 나타난다
◆ ◆ ◆ ◆

장기 복리의 법칙으로만 가능한 변화에 대해 이해관계자들을 설득하기란 쉬운 일이 아니다. 대부분 자신과 관련된 좁고 즉각적인 이해관계에만 관심이 많기 때문이다. 내가 2015년 제주창조경제혁신센터를 설립할 때 처음 경험했던 행정, 언론, 정치 분야 등의 이해관계자들은 각자 자신의 시각에서 단기적 성과를 바랐다. 나는 중장기적 비전과 실행을 통해서만이 진정한 변화가 가능하다고 믿었다. 내 임기였던 2년 사이에는 실현이 불가능했다.

박근혜 정부의 중점 사업이라는 이유로 지방의회의 민주당 의원들 대다수는 센터를 비판하기 바빴다. 정부가 대기업의 목을 비틀어 만들었기 때문에 창조경제혁신센터는 없어져야 한다는 것이 논리였다. 그런데 유일하게 센터에 큰 관심을 보인 민주당 의원이 있었다. 서귀포시 동홍동이 지역구인 3선의 제주도의회 의원으로 센터 예산을 심의하는 위원회에 속한 위성곤 의원이었다.

그는 제주대학교 출신으로 학생운동을 열심히 했던 정통 민주당 의원이다. 그의 관심사는 서귀포시가 청년들이 일하고 살기 좋은 곳이 되는 것이었다. 내가 센터를 개소한 지 한 달이 안 됐을 때 그가 찾아와서 편견 없이 여러 가지를 물어보았다. 그리고 도의회 상임위 때 질의를 했는데 정치적 이유로 센터를 공격한 다른 민주당 의원과는 달리 "서귀포에도 창조경제혁신센터가 설립되기를 바란다."라고 말했다. 지역 청년들에게 성장의 기회를 주는 목표에 뜻을 둔다면 여야 진영 구분이 없다는 것을 보인 몇 안 되는 정치인이었다.

위성곤 의원과의 인연은 그 이후에도 이어졌다. 다음 해 그는 국회의원이 되었는데 공약에는 서귀포시에 창업 거점을 만드는 것이 있었다. 그는 국회의원이 되어 서울의 창업 기관들을 둘러보고는 그 규모를 보고 서귀포를 어떻게 창업의 도시로 만들 수 있을지에 대해 막막해하며 내게 자문을 해왔다.

나는 단기적으로는 어렵지만 10년 이상을 보고 바른 방향으로 꾸준히 키워나가면 분명히 가능할 거라고 말했다. 그는 다소 놀란 듯 "10년씩이나 걸려요?"라고 했다. 나는 창업생태계는 10년 이상은 보아야 만들 수 있고, 제주창조경제혁신센터도 3년이 지나서야 비로소 성과가 나기 시작했다고 답했다. 그는 이해했다.

나는 센터의 사업 파트너였던 김영록 센터장을 국회 회관에 함께 가서 위 의원에게 소개했다. 나는 2017년에 김영록 센터장에게 지역청년혁신가 사업 총괄을 맡겼다. 그는 서울과 제주를 오가며 헌신적으로 일했다. 건축가 출신으로 창업보육 전문가였기에 서귀포 창업 공간 조성 사업에 적임자라고 판단했다. 이후 그는 서귀포에 넥스트챌린지재단을 만들고 서귀포시의 창업 공간 조성 사업을 수행했고 2019년 서귀포시에 첫 창업허브인 서귀포시 스타트업베이가 만들어졌다.

스타트업베이는 초기에 제주창조경제혁신센터의 사업을 연계하고 이후 초기 창업 패키지 사업과 디지털노마드 사업을 운영하며 자리를 잡아갔다. 이러한 성과를 바탕으로 서귀포시는 2021년 서귀포시 스타트업타운 설립 계획을 수립했다. 2025년에 완공될 이곳은 지하 2층에 지상 8층의 건물로 지상 2~4층에 창업 지원 시설과 지상 5~8층에 행복주택 72호(창업 지원 분야 42호, 행복주택 분야 30호)를 만들어 주거와 창업이 어우러지도록 할 예정이다.

위성곤 의원이 "10년씩이나 걸려요?"라고 물었던 때는 2018년이었다. 그리고 5년이 지났다. 그 사이 서귀포의 창업생태계는 많은 진전이 있었다. 10년이 된 2028년에 서귀포의 창업생태계는 어떤 모습일까? 아직 진행형이다. 네트워크 승수효과로 복리가 가능할까? 바른 방향으로 꾸준히 실천한다면 불가능해 보였던 일들도 하나씩 현실로 바뀔 것이다.

10년 이상 중장기 전략을 잡고 3년 이상 꾸준히 한다
✦ ✦ ✦ ✦ ✦

"어떻게 이런 변화를 만들어낼 수 있었나요?"

5년 전 상명대학교 시각디자인과 이원제 교수가 「우분투 국제 디자인융합 심포지엄 2018」에 '제주의 지역혁신과 도시재생'을 주제로 발표를 요청했다. 그때 나의 발표를 듣고 그가 내게 던진 질문이다. 나는 답했다.

　"비결은 간단합니다. 10년 이상의 중장기 방향을 잘 잡고 3년 이상 꾸준히 하면 아직은 작더라도 그동안 불가능해 보였던 일들이 일어나기 시작합니다. 10년이 지나면 그것은 누구나 인정할 수 있는 변화가 될 것입니다."

　1970년대에 저개발국이었던 우리나라가 산업화와 고도성장을 이루고 중화학공업 도시들이 형성될 수 있었던 비결은 10년 이상을 보고 장기적인 계획을 세워 추진했던 데 있다. 정부가 국가발전 전략을 수립할 때 모든 영역을 아우르면서 전국 지도를 펼쳐놓고 도시 전략과 지역 간 연계 전략을 통합적으로 보며 수립했다. 오원철 경제수석은 민간 출신 기술관료로서 10여 년 동안 핵심 전략을 담당했다. 중장기적 계획과 1년 단위의 성과 측정과 불도저식 달성이 통했던 시대였다.

　그러나 그때 성공한 그 방법을 지금 그대로 따라 한다고 성공하는 것은 아니다. 그때와 지금은 상황이 상당히 달라졌기 때문이다. 10년의 중장기적 계획과 실행은 선진국을 따라잡는 것을 목표로 한 군부 독재 정부에서 하향식으로 밀어붙였기에 가능했다. 경제성장의 공도 있지만 다양한 목소리를 억압한 과도 있다. 창조성으로 세계를 선도해야 하는 선진국 사회에서 그 방법은 더 이상 유효하지 않다. 과거의 방식을 그대로 했다가는 부작용과 퇴보만 초래

할 것이다.

현재 우리 정부는 10년 이상의 중장기적 변화를 만들어낼 비전과 방법론을 찾지 못해 방황하고 있다. 그러다 보니 단기적이고 분절적인 전략과 실행이 만연하다. 예전보다 많은 자원을 아낌없이 투입하는데도 불구하고 진짜 중요한 문제는 계속 보류되거나 해결되지 못한 경우가 많다.

장기적 변화로만 가능한 영역은 처음부터 길게 보고 전략을 수립하고 실행해야 한다. 다만 독재 정부의 하향식 국가 주도 산업화 방식이 되어서는 안 된다. 민간과 공공의 다양한 주체들이 수평적이고 창의적으로 협력하여 중장기적 변화를 일으킬 수 있는 방법을 찾아야만 한다. 이제는 경제적 자본만이 아니라 커뮤니티 자본을 키울 수 있는 커뮤니티엑스 웨이를 장기적으로 실천하는 것이 성공의 원리가 될 것이다.

3.
누구나 커뮤니티의 창조적 주체가 될 수 있다

누구나 '주변적 참여'에서 '완전한 참여'로 나아간다

✦ ✦ ✦ ✦ ✦

커뮤니티엑스 웨이는 누구나 창조적 주체로서 스스로 판단하여 행동하는 다양성의 사회에서 작동한다. 이들 주체는 자기만의 상황과 동기를 가지고 행동하기 때문에 일률적으로 지시해서 원하는 대로 행동하게 할 수가 없다. 일방적 지시는 수직적 위계질서에는 맞겠지만 다양성과 창조성이 작용하는 수평적 질서에는 맞지 않는다. 대신 주체들이 자신의 맥락에서 기회를 하나씩 발견하고 참여하고 실천할 수 있는 방식으로 디자인할 필요가 있다.

한국예술종합학교 예술경영 수업에서 배운 상황학습이론Situated Learning Theory은 내가 커뮤니티엑스 웨이 디자인을 하는 데 영감을 주었다.* 상황학습이론은 학습을 개인적인 것으로 보지 않고 공동체적인 것으로 본다. 학습자가 '주변적 참여'로부터 '완전한 참여'로 나아가는 과정은 공동체가 발전하는 과정이기도 하다. 개인은 초기에는 공동체의 주변부에 접근할 수 있는 합법성을 부여받는다. 그 주변에서 작은 실천을 하게 되고 그 과정을 통해 점점 중심에 다가가며 완전한 참여를 할 수 있게 된다.

나는 상황학습이론을 센터의 코워킹스페이스 프로그램에 적용했다. 다양한 주체들이 스타트업 커뮤니티의 주변부에서 가볍게 참여하다가 점차 중심으로 다가갈 수 있도록 공간과 프로그램을 디자인한 것이다. 제주창조경제혁신센터는 제주도가 소유한 제주벤처마루 건물 3, 4층에 자리잡았다. 이 건물은 제주테크노파크가 위탁운영하는데 다른 층들은 기업들이 임대료를 내고 사용하고 있었다. 이 기업들의 사무실은 공간이 단절되어서 기업 간의 교류가 거의 없었다. 엘리베이터에서 마주쳐도 서로 안면이 없으니 인사할 것도 없었고 담배 피우는 사람들이 실외 흡연 장소에서 마주치는 정도가 전부였다.

센터는 3층에 모든 사람이 사용할 수 있는 공유업무공간인 제이스페이스J-Space를 만들었다. 제주 최초의 스타트업을 위한 공유업무공간이었다. 질 높은 커피를 누구라도 마실 수 있고 편하게 담소할 수 있는 개방된 공간이었다. 이곳에서 센터에 입주한 보육기업

---

* 에티엔 벵거Étienne Wenger는 사회인류학자인 진 레이브Jean Lave와 함께 1991년에 『상황학습: 합법적 주변 참여Situated Learning: Legitimate Peripheral Participation』를 출간했다. 이후 그는 더 나아가 실리콘밸리의 혁신을 연구하여 1999년 『실천 공동체Communities of Practice』를 썼다.

뿐만 아니라 다양한 스타트업, 예비창업자, 투자자들이 교류하게 되었다. 물론 공간만 마련했다고 공유업무공간이 활성화되는 것은 아니다. 누구나 주변부에서도 쉽게 참여할 수 있는 프로그램으로 '런치합시다' '사업 아이디어 피칭데이'를 매달 운영했다. 이 프로그램들은 창업 문화를 만들고 커뮤니티를 조성하는 것이 주요 목표였다.

네트워킹 프로그램 '런Learn치합시다'는 도 내외에서 투자자나 각 분야 전문가 4명을 초대하고 센터 홈페이지와 페이스북을 통해 공지했다. 네트워킹을 하고 싶은 사람은 누구나 신청할 수 있도록 했고 차별 없이 선착순으로 20명을 받았다. 일부러 다양한 사람들을 한 조로 묶어서 4~5개 조로 배치한 후 점심시간에 제이스페이스에 모여서 서로 소개하고 함께 점심을 먹으며 네트워킹을 하도록 했다. 런치합시다를 통해 제주에서 창업한 사람들, 창업에 관심 있는 사람들, 제주도민, 이주민 등이 자연스럽게 연결되고 정보를 나누었다.

'사업 아이디어 피칭데이'는 누구나 신청해서 자신의 사업과 아이디어를 발표하고 청중과 의견을 나누는 프로그램이었다. 제이스페이스에 있는 누구나 전문가 위원들과 함께 발표를 듣고 질문하거나 의견을 줄 수 있도록 했다. 피칭데이도 일부러 참가 신청의 선착순으로 발표 기회를 줌으로써 아직 미숙한 팀을 차별하지 않았다. 초대된 심사위원도 있고 우수한 기업은 보육기업에 등록되는 혜택도 주었다. 그러나 피칭데이의 진정한 목적은 제주에 사는 누구든지 자신의 사업 아이디어를 발표하고 서로 의견을 보태고 함

제이스페이스에서 열린 사업 아이디어 피칭데이

께할 수 있는 혁신 문화를 조성하는 무대였다. 창업자는 자신의 각본을 쓰고 직접 무대에 오른 배우였다. 청중들은 제주의 스타트업 문화를 키우는 열정적인 관객이자 또 다른 잠재적 배우가 되었다.

런치합시다와 사업 아이디어 피칭데이는 매달 셋째 주 목요일과 금요일에 제이스페이스에서 진행함으로써 이곳에서 일하던 사람들이 우연히 참관할 수 있도록 했고 다음에는 직접 참여해볼 수 있도록 유도했다. 두 프로그램은 제주의 스타트업 커뮤니티의 핵을 구성하고 제이스페이스를 스타트업 문화의 허브가 되도록 하는 데 중요한 역할을 해냈다.

여행자가 아닌 체류자가 되면 관계인구로 바뀐다

✦ ✦ ✦ ✦ ✦

많은 인재가 지역에서 수도권으로 이동하고 있다. 제주도도 인재 유출에서 다르지 않다. 하지만 매력적인 지역인 제주에는 많은 사람이 유입되기도 한다. 제주 한달살이 열풍은 2010년대에 들어서 힐링 여행의 인기와 함께 시작되었다. 장기간 한 동네에서 체류하는 한달살이는 여행 이상의 가능성을 보여주었다. 여행자가 아니라 체류자가 되면서 지역과 다양한 연결고리가 생기는 관계 인구가 되는 것이다.

하지만 힐링 여행으로서 한달살이는 지역의 인적 자본과 사회적 자본을 본격적으로 키우는 데 한계가 있었다. 휴식을 위한 조금 긴 여행일 뿐이지 지역과 시너지를 창출해서 창조적인 무언가를 만들어내는 것은 처음부터 목표가 아니기 때문이다. 인적이 드문 시골 마을에서는 만나는 사람들이 제한적이어서 창조적인 커뮤니티를 기대하기가 어려웠다.

한달살이 프로그램 '제주다움'은 이러한 한계를 넘어서 제주 스타트업 커뮤니티를 키우기 위해 2015년에 시작됐다. 매달 10~15명의 스타트업 임직원, 예비창업자, 창작자 등을 선정해서 센터 인근에 숙소를 제공하고 센터 내 모바일 오피스 체류존에서 일할 수 있도록 했다. 센터 직원들은 그들이 최대한 자율적으로 머물 수 있도록 간섭을 최소화하되 제주와 연결될 수 있도록 다양한 정보와 네트워크를 제공했다.

자신의 일에 몰입하되 시간이 지날수록 지역과 자연스럽게 연결되어가도록 하는 방법이 핵심이었다. 각자는 자기 주도적으로 모든 활동을 했다. 다만 매주 한 번 함께 모이는 네트워킹 시간은 필수적으로 참석하도록 했다. 네트워킹 시간은 그들이 제주 사회의 주변부에서 핵심으로 한 걸음씩 다가가며 학습하고 실천할 수 있도록 도우면서 동시에 제주의 커뮤니티 자본을 함께 키우는 핵심적인 시간이었다.

첫 오리엔테이션 미팅에서는 자기소개를 하도록 했다. 왜 제주에 왔으며 누구를 만나고 무엇을 할 것인지 등의 계획을 나누었다. 일주일 뒤에 다시 모여서 지난 일주일 동안 누구를 만났고 무엇을 했고 배웠는지, 다음 일주일 동안 무엇을 할 계획인지 얘기하도록 했다. 체류자들끼리 정보와 인사이트를 나누며 서로 배우는 시간이 됐다. 센터 직원들도 참여해 얘기를 듣고 배우면서 앞으로 어떤 사람과 장소에 연결되면 좋을지에 대한 정보를 살짝 알려주기도 했다. 이렇게 '제주다움' 체류자들과 센터 직원 모두가 실천커뮤니티의 일원이 되었고 자연스레 학습 조직화가 이루어졌다.

체류자들이 우연한 발견과 연결을 할 수 있도록 세렌디피티 전략Serendipity Strategy에 맞게 공간과 프로그램을 배치했다. 체류존은 제이스페이스를 통과해야 들어갈 수 있는 공간이었다. 자연스럽게 그들이 제주에 적응할 때쯤인 3주 차가 되었을 때 런치합시다와 사업 아이디어 피칭데이가 열렸다. 자연스럽게 두 프로그램에 참여하는 체류자들이 많았다. 이런 연결의 기회 덕분에 새로운 커뮤니티가 생겨나고 제주의 기업과 협업하거나 이주하는 기업들이 생겨났다.

일단 새롭게 연결되면 그 연결은 시간이 갈수록 점점 강화된다. 이런 연결을 통한 성과는 몇 년 뒤에나 결실을 보기도 한다. 2015년 10월 창업 3년 차였던 어반플레이 홍주석 대표와 강필호 팀장은 제주다움을 통해 체류했다. 그들은 그 기간에 서귀포 사계리에서 제주 콘텐츠 매거진을 만드는 재주상회와 처음 연결되었다. 다음 해 봄 그들은 어반플레이가 위치한 서울 연남동에서 제주 콘텐츠를 함께 전시했다. 2016년 어반플레이는 네이버로부터 투자를 유치했다. 2018년 재주상회는 크립톤과 제주창조경제혁신센터에서 투자 유치를 받으며 대표적인 로컬크리에이터 스타트업으로 성장해갔다. 2018년 11월 두 회사는 합작법인 로컬리지를 설립하고 서귀포 사계리에 구농협은행 공간을 재생하여 사계생활을 오픈했다. 그리고 2022년 11월 두 회사는 전국구 로컬크리에이터 커뮤니티인 로컬브랜드포럼LBF, Local Brand Forum을 설립하고 공동대표가 되었다.

센터 1기 입주기업인 다자요는 제주다움에 참여한 건축가와 협업하여 첫 빈집 재생 프로젝트를 진행할 수 있었다. 서울에서 소셜벤처 널티NULL-TEA를 운영하던 김신애 대표는 제주다움에 참여한 이후에 영감을 받아 고향 태백에 돌아가 지역을 재생하는 창업을 했다. 함께 체류했던 공간디자이너 메타플랜 전용포 대표를 만나서 그해 가을 강원창조경제혁신센터에서 폐광 지역의 유휴 공간을 창업 공간으로 재활용하는 공간 재생 프로젝트 공모를 통해 태백 최초의 공유업무공간 무브노드MOVENODE를 만든 것이다.

체류했다가 입주기업이나 보육기업이 된 사례들도 있다. 중국인 자유여행객을 대상으로 비즈니스를 하는 '공유한국', 전기차 충전

정보 서비스를 운영하는 '타디스테크놀로지', IT 프로젝트와 프리랜서를 연결하는 스타트업 '시소', 에어비앤비 토털 관리서비스를 만든 '핸디즈', 다국적으로 6차산업을 하는 '오젬코리아' 등이다.*

지방 도시는 성장 기회의 장소성을 복원해야 한다

◆ ◆ ◆ ◆

왜 지방의 청년들이 수도권으로 이동하는가? 그 이유는 다양한 성장 기회를 제공하기 때문이다. 산업화 시대에는 급여가 높은 생산직으로 근무하고 평생직장을 다니는 것이 최선이었다. 이 조건을 충족한다면 지방 도시의 일자리도 괜찮았다. 그러나 우리나라가 경제적으로 성장하고 인공지능과 자동화가 인간의 노동을 대체하는 시대가 되면서 스스로 끊임없이 배우고 성장하며 창조적인 일을 할 수 있는 능력이 중요해졌다.

이러한 기회는 하나의 기업이 단독으로 제공할 수 있는 것이 아니다. 청년들은 도시의 창조적 커뮤니티 속에서 자연스럽게 배우고 성장할 수 있는 동료와 기업을 만날 수 있다. 도시는 기업이나 커뮤니티 등 다양한 중심들이 청년들에게 '한 걸음씩 다가가서 중심에 설 수 있도록' 기회를 제공하는 곳이다. 청년 중 일부는 더 나

---

* 네트워킹 프로그램 '런치합시다'와 한 달 체류 프로그램 '제주다움'은 2020년에 종료했다. 코로나19로 인해 안정적인 운영이 어려워진 이유도 있었고 제주의 스타트업 커뮤니티와 문화가 자리잡아서 센터가 직접 이런 기능을 주도할 이유가 사라졌기 때문이기도 했다. 센터는 그 대신 새로운 커뮤니티 조성에 주력하기로 했다. 그것은 원도심의 로컬크리에이터 커뮤니티와 도민 자본의 스타트업 투자자 커뮤니티 조성이다.

아가 또 다른 자신만의 세계를 만들고 또 다른 인재들을 끌어당기는 중심이 된다.

과거에는 지방 도시들도 인재들이 몰려들고 기업이 생겨나는 장소였다. 그러나 수도권 집중이 가속화되고 경제와 사회가 고도화되면서 지방 도시들은 성장 기회의 장소성을 상실해갔다. 그러나 청년들이 대도시와 수도권으로 향하면서 수도권 과밀로 인한 과다한 경쟁과 높은 주거비는 또 다른 문제를 낳고 있다.

공유업무공간 제이스페이스에서 런치합시다, 사업 아이디어 피칭데이, 제주다움을 통해 '선의의 덫'을 놓은 것은 작은 장소를 자기 주도적 커뮤니티 학습의 장소로 만들어주기 위함이었다. 이러한 원리를 도시 전체에 적용하여 다양한 기회들이 자생적으로 다층적으로 일어날 때 그 도시는 청년들이 성장할 수 있는 기회의 도시가 될 것이다.

4.
커뮤니티엑스 웨이로 지역 생태계를 살리다

지역 커뮤니티는 스타트업 커뮤니티처럼 해야 한다

◆ ◆ ◆ ◆ ◆

모든 지역의 원도심은 과거에 다양한 사람들이 유입되고 교류하던 곳이다. 제주시 원도심 또한 그렇다. 제주공항이 주요 교통수단이 되기 전에 오래전부터 제주항은 외지인들이 유입되어 교류하고 정착하던 곳이다. 1950년 한국전쟁 때는 피난민들이 몰려들어 왔고 1970년대에는 제주 감귤 산업이 발달하면서 호남에서 많은 사람이 일자리 기회를 찾아 입도했다. 실제로 상가에서 30년 이상 음식업, 의류업, 숙박업 등을 하고 건물주가 된 사람 중에 상당수가 호남에서 이주해왔다. 제주 전역에서 모여든 사람들과 이주민이 만나고 융합되는 곳이 바로 원도심이었던 것이다.

그러나 제주시 원도심은 전성기를 찍고 2000년대 들어서 급격히 쇠퇴하기 시작했다. 1999년에 제주 최초의 복합영화상영관 탑동시네마가 들어선 탑동은 청년들의 최고 핫플레이스로 변화했지만 불과 몇 년 지나지 않은 2005년에 경영난으로 문을 닫았다. 저가 항공 등장, 신도심 발전, 서귀포 국제학교 설립 등으로 인해 도시의 중심축이 바뀌었기 때문이다.

9년이나 방치된 탑동시네마 건물을 인수한 곳은 아라리오였다. 아라리오 김창일 회장은 천안의 기업인이자 세계 100대 미술작품 수집가이며 독학한 화가이기도 했다. 그는 제주시 탑동이 쇠퇴해서 빈 건물이 늘어가고 중국인 노동자들이 유입되던 시기에 탑동시네마 건물을 포함해서 원도심 골목의 건물들을 매입했다. 그리고 2014년 '보존과 창조'를 내걸고 아라리오뮤지엄 탑동시네마를 오픈했다. 이 뮤지엄 안에는 오래전 탑동시네마에 있던 제주 최초의 KFC 매장의 타일을 철거하지 않고 남겨놓기도 했다.

쇠퇴한 골목길을 다니는 사람들이 거의 없는 절망적인 상황이었다. 그럼에도 아라리오가 탑동의 빈 건물들을 매입하던 초기에는 지역민들의 시선이 그다지 우호적이지 않았다. 외지인이 들어와서 부동산 투기를 한다고 여긴 것이다. 자신들의 추억이 담긴 건물이 다른 용도로 쓰이는 것에 대해서도 불편한 감정을 숨기지 않았다. 아라리오 제주가 지역 커뮤니티의 일원이 된다는 것은 쉽지 않아 보였다.

사람들의 발길이 끊긴 탑동으로 다시 사람들의 발걸음을 옮기게 하는 것도 쉬운 일이 아니었다. 아라리오는 처음에는 세계적인 미술관을 만들면 제주를 방문하는 연 1,500만 명의 여행객 중 일부만 이곳을 찾아도 성공이라고 생각했다. 하지만 실제는 달랐다. 제주를 찾은 여행객들은 도시 밖 자연을 찾아다니기에 바빴고 원도심을 좀처럼 찾지 않았다. 아라리오는 골목길 전체를 매력적인 곳으로 만들어야 한다는 결론에 다다랐다.

아라리오는 탑동에 많은 사람이 와서 미술관을 즐길 수 있기를 희망하며 직접 여러 종류의 식음료F&B 매장을 운영했는데 어려움이 많았다. 그러나 아라리오가 투자하고 제주로 진출시킨 맥파이 브루어리는 성공적이었다. 아라리오는 직접 운영하는 것은 최소화하고 자신들의 건물에 골목길을 살릴 수 있는 것들을 들여오기로 했다. 앵커스토어로서 올리브영을 파격적인 임대 조건으로 유치하고 인근에서 창업했다가 임대료 인상으로 탑동을 떠날 위기에 처한 퓨전 요리주점 미친부엌을 확장 이전하도록 도왔다. 아라리오는 제주의 골목길이라는 공간 자원을 활용하며 탑동 크리에이터 커뮤니티를 키웠다.

그렇게 아라리오는 제주와 함께 진화해갔다. 2020년 1월 아라리오 제주가 설립되고 아라리오의 2세 경영인 김지완 대표가 맡게 되었다. 김지완 대표는 아라리오가 보유한 탑동 건물들의 개발 방식을 바꾸었다. 이전에는 각각의 건물과 콘텐츠를 개발했다면 이제는 골목길 전체를 걷기 좋은 매력적인 곳으로 만들고 있다. 건물의 구조도 필로티 구조로 개방하여 골목길과 상점이 끊김이 없이 자연스럽게 연결되도록 했다. 그는 2020년에 가족 모두 제주로 이주해서 제주도민이 되었다. 그의 일과의 시작은 매일 아침 아라리오 제주의 골목길을 빗자루로 쓸고 길 건너편 ABC베이커리에서 아메리카노를 마시는 것이다. ABC베이커리는 도민들이 자주 찾을 수 있도록 달지 않고 질 높은 빵들을 구워서 내놓는다.

2022년에는 ABC베이커리 옆 건물에 코오롱의 업사이클링 라이프스타일숍 숏숏 리버스RE;BIRTH가 입점했다. 아라리오 제주는 단순히 건물주 역할이 아니라 탑동에 환경과 재생을 하는 거점들을 유치하는 큐레이터 역할을 했다. 숏숏 리버스를 아라리오의 네트워크와 연결하여 협업하도록 도왔다. 디앤디파트먼트제주의 건축을 담당한 세계적인 건축가 나가사카 조가 인테리어를 할 수 있도록 했고 제주의 해양쓰레기들을 수집하여 재생할 수 있도록 지역과 연결해주었다.

김지완 대표는 더 나아가 탑동 해수사우나가 경영난으로 문을 닫자 인수해서 문화 공간으로 탈바꿈했다. 그에게는 목욕탕의 시설과 타일이 장인의 예술 작품으로 보였다. 그래서 그것을 그대로 두되 입구는 제주 출신 작가에게 그라피티를 하게 하고, 목욕탕 공간에서는 디제잉 파티를 하고, 신발과 모자 등 전 세계를 대상으로 하는 브랜드들의 팝업 스토어를 열었다. 도민들의 목욕탕을 보존하되 크리에이터들과 협업하는 창조적 장소로 만들어가고 있다.

나는 5년 전인 2018년 9월 당시에 아라리오 부회장이었던 김지완 대표와 로컬 생태계와 커뮤니티에 관심이 있는 몇몇 분들을 초대해서 서울의 연남동에서 모임을 열었다. 김지완 대표는 당시 30대 후반이었고 그 자신의 사업을 만들어가려던 시기였다. 그 모임에는 액셀러레이터 크립톤 양경준 대표, 골목길 경제학자 모종린 교수, 중소벤처기업부 창업생태계조성과 이옥형 과장이 함께했다. 김지완 대표와 다른 사람들은 서로 처음 보는 사이였다.

니트 프로젝트 레이블 미수 아 바흐브 팝업스토어

2022년 12월에 탑동 해수사우나에 팝업스토어를 열었다.

그 모임에서 양경준 대표와는 아라리오가 작가를 발굴하고 키우는 것이 액셀러레이터가 스타트업을 발굴하는 것과 유사하다는 이야기를 나누었다. 탑동의 창업생태계가 만들어지면 직접 모든 것을 다 하는 것이 아니라 스타트업들이 커뮤니티 속에서 성장하듯이 함께 성장할 수 있다는 것이었다.

2010년 이후 로컬의 큰 흐름이 골목상권이다. 골목상권 중심의 지역 기업 생태계를 주목하고 이에 대한 책을 다수 발표한 모종린 교수는 제주시 원도심, 특히 탑동의 변화에 이미 주목하고 있었다. 모종린 교수는 그 자리에서 김지완 대표에게 개별적인 건물이 아니라 골목길 전체를 바꾸며 지역을 성장시키는 것의 중요성을 강조했다.

아라리오제주는 지역의 문화 자원을 보존하고 크리에이터들을 그곳에 끌어들여 마음껏 상상하고 융합하고 창조하도록 만듦으로써 골목길의 변화를 이끌었다. 그렇게 해서 탑동을 가장 탑동다우면서 전 세계의 많은 사람이 사랑하는 골목길로 만들어가고 있다. 이렇게 스타트업 커뮤니티의 방식으로 지역 커뮤니티를 만들어가자 제주도민들, 특히 청년들을 중심으로 변화에 대해 의구심 대신에 기대감을 키워가고 있다.

모든 이해관계자가 성장해야 변화가 이루어진다

✦ ✦ ✦ ✦ ✦

지역 창업생태계를 조성하기 위해서 제주창조경제혁신센터가 해온 방식은 단순히 스타트업들을 발굴하고 육성하는 것만이 아니었다. 창업생태계에는 많은 주체와 이해관계자가 있다. 지역 방송과 언론, 의회, 연구기관, 대학교, 부동산 소유자, 투자자, 도시재생기관, 문화기관 등 모든 것들이 관련되어 있다. 아직 스타트업의 성공 사례와 문화가 자리잡지 않은 지역에서는 스타트업 창업가나 그곳에 입사한 직원의 부모, 배우자, 친척들까지도 창업생태계의 중요한 이해관계자일 수밖에 없다. 그들이 모두 함께 성장해야만 진정한 변화가 일어날 수 있다.

2015년에 센터를 개소했을 때 제주 창업생태계에서 이런 모든 부분이 아주 부족한 상태였다. 서울을 제외하면 다른 지역들 모두 마찬가지 상황이었다. 20여 명이 안 되었던 센터 인력만으로 창업

생태계를 만들 수는 없었다. 그래서 나는 파트너를 키우는 전략을 펴기로 했다. 그것은 내부와 외부 두 가지 측면에서 실행되었다. 제주 내부에서 영역과 경계를 넘어서 뜻이 맞는 파트너들을 찾아내 함께 성장하며 변화를 만들려고 노력했다. 제주 외부에서는 제주에 부족한 역량을 선별하여 사람들을 오게 했고 제주를 진정성 있게 사랑하고 미래를 함께할 수 있는 파트너가 되어 커갈 수 있도록 도왔다.

제주 내외부의 파트너들이 서로 연결되어 제주 창업생태계의 근간이 되었다. 제주 내부 파트너들은 그동안 지역에 부족했던 커뮤니티 자본을 확충하여 더 성장할 수 있었고 제주 외부 파트너들은 제주를 제대로 이해하고 함께할 수 있게 되어 성공 경험을 갖게 되었다. 제주 내외부의 파트너들은 이러한 성공 경험을 바탕으로 제주뿐만 아니라 다른 지역으로도 사업을 확장할 기회가 생기기도 했다.

액셀러레이터 크립톤, 문화기획과 리서치의 메타기획컨설팅, 변화관리자를 양성하는 쿠퍼실리테이션은 센터와 함께 사업을 시작한 2017~2018년 이전까지는 제주와 큰 관련이 없는 곳들이었다. 그들은 제주창조경제혁신센터와 사업하며 제주와 연결되었고 지속적으로 제주의 성장에 참여하는 파트너가 되었다. 또한 그들은 센터의 지역혁신싱크탱크협의체CIRI와 제이커넥트데이에 꾸준히 참여하면서 전국 지역혁신의 실천커뮤니티에도 핵심 멤버가 되었다.

크립톤은 2018년에 제주창조경제혁신센터의 도움으로 제주도민 출자자들을 모집하여 제주 첫 액셀러레이팅 투자조합을 만들고 센터의 보육기업인 컨텍, 제주상회, 캐치잇플레이에 총 7억 원을 투자했다. 2021년에는 제주도민 자본으로 센터와 공동으로 '스타트업아일랜드제주 투자조합 1호'를 만들어서 투자를 이어갔다. 메타기획컨설팅은 2017년에 제주 창업생태계 리서치를 함께한 것을 시작으로 다양한 기관들과 제주 관련 리서치를 이어갔다. 쿠퍼실리테이션은 2019년에 제주창조경제혁신센터와 공공혁신아카데미를 함께한 것을 시작으로 제주에서 다양한 사업들을 이어가게 되었다. 2023년에는 전 세계를 대상으로 사업을 하기 위해 제주에 지사를 만들겠다는 계획을 세웠다. 이 밖에도 브릿지스퀘어 강영재 대표와 넥스트챌린지재단 김영록 대표는 제주창조경제혁신센터의 사업 파트너로 활동했던 것이 계기가 되어 제주시와 서귀포시에 액셀러레이터를 만들었다.

제주도 내에서는 상위 부처와 기관의 경계를 넘어 연결하고 협업했다. 나는 오래된 문화역사 자원을 가진 원도심이 창조도시의 중심이 될 가능성을 크게 봤다. 하지만 센터 초기에는 관련 사업을 하지 못했다. 그러다가 2017년 정부가 바뀌는 시기에 기회를 포착했다. 문재인 정부는 도시재생 뉴딜을 중점 과제로 선포했다. 나는 센터장을 연임하며 2기 전략을 짜고 있었다. 위기이자 기회라는 생각을 했다.

나는 2년간 센터장을 경험하면서 정부가 어떻게 움직이는지, 시스템에 어떤 문제가 있는지를 어느 정도 이해하게 됐다. 정부 중점 사업들은 나름대로 다 취지가 좋았고 이유가 있었다. 하지만 실행 방법이 문제였다. 지속가능한 정책이 필요하고 장기간에 걸쳐서 해야 함에도 5년 단위로 정부가 바뀔 때마다 정신없이 이전 정부의 흔적을 지우고 새로운 전략을 수립하느라 부산스러웠다. 그러니 일이 제대로 될 리가 없었다.

일례로 노무현 정부의 국가 균형 발전이 이명박 정부에서는 사라지고 녹색성장이 중점 사업이 되었다. 박근혜 정부에서는 녹색성장이 사라지고 창조경제가 중점 사업이 되었다. 다시 문재인 정부에 와서는 창조경제가 지워지게 될 것이 보였고 중점 사업으로 시작된 도시재생 뉴딜도 똑같은 운명이 예상되었다. 진짜 변화를 원한다면 키워드만 바꾸지 말고 부처 간, 기관 간 경계를 넘으며 장기간에 걸쳐 긴밀하게 협력해야 한다.

2017년은 이를 위한 학습과 파트너십 모색을 하는 기간이었다. 나는 인연에 인연을 이어 각 분야의 숨은 고수와 개척자를 찾아다니며 연결했다. 그리고 그들과 함께 학습공동체와 실천커뮤니티를 만들고자 했다. 당시 제주도 도시재생지원센터장으로 있던 이승택 센터장과 뜻이 맞아 몇 가지 협력을 시작했다. 먼저 그해 9월 초 제주시 원도심에서 제주창조경제혁신센터와 제주도 도시재생지원센터가 공동주관으로 도시재생전략 포럼을 열었다. 여기에서 나는 '지역재생과 민관협력 프로젝트'를 주제로 기조 강연을 했다. 이 강연에서 제주 원도심을 창조도시로 만드는 비전과 전략을 선언했는데 중요한 인연과 연결되었다. 건축공간연구원AURI의 윤주선 박사의 '도시재생 스타트업 이슈와 과제' 발표를 인상적으로 보고 그가 개최하는 포럼을 찾아다녔다. 서울에서 열린 포럼에서 일본의 리노베이션 스쿨 사례를 듣게 되었고 그곳의 직원이었던 이승민을 알게 되었다.

2017년 말에 나는 제주시 파견 공무원, 부동산 박사 출신 직원,

2017년 9월 7일 김만덕기념관에서 열린 제주 도시재생전략 포럼에서 기조 강연을 했다.

예술가 출신 직원을 한 팀으로 묶어 지역혁신팀을 만들고 초기 팀 빌딩과 학습을 위해 두 가지 과제를 주었다. 이 팀은 다양성을 갖춘 실천적 학습조직이었다. 우리가 잘 모르는 영역인데다가 그 누구도 정답을 가지고 있지 않은 개척의 영역이기에 다른 곳의 경험과 지식을 그대로 따라 한다고 되는 것은 아니었기 때문이다.

첫째는 국내외 지역을 다니면서 벤치마킹을 하고 네트워크를 구축하는 것이었다. 윤주선 박사가 건축공간연구원에 공개한 「BOOTUP, 건축도시 STARTUP」에 등장한 전국 각지의 팀들을 찾아가 만나서 배웠다. 이로써 국내의 지역혁신가들과 관계가 형성되었다. 그리고 2018년 2월 일본의 기타큐슈에서 열린 리노베이션스쿨에 찾아가 현장을 탐색하고 그곳의 지역혁신가들로부터 배우고 인연을 맺었다.

둘째는 제주 원도심 창업생태계와 도시재생에 관해서 도시재생지원센터와 공동 리서치를 하는 것이었다. 2018년 1월 제주창조경제혁신센터가 도시재생지원센터와 공동으로 '혁신 창업생태계 조성과 원도심 도시재생 리서치 및 과제개발 프로젝트'를 시작했다. 리서치 예산은 제주창조경제혁신센터 예산으로 했지만 도시재생지원센터도 매주 미팅을 함께하면서 공동 리서치로 진행되었다. 두 조직이 함께 같은 비전을 가지고 태스크포스처럼 움직일 수 있는 거버넌스를 확보하는 계기가 되었다. 리서치 파트너로는 이전에 '제주창업생태계 지속성장전략 마련 프로젝트'를 함께 했던 메타기획컨설팅이 합류하였다.

이런 과정을 통해서 센터는 제주도 도시재생지원센터와 기관 간 상향식 협력체계를 갖추었다. 일본의 리노베링 회사에서 일하던 이승민 디렉터는 이것이 계기가 되어 제주로 이주해 한국리노베링을 설립했다. 제주창조경제혁신센터는 한국리노베링과의 파트너십을 바탕으로 2018년 7월에 제1회 '리노베이션 스쿨 인 제주'를 개최했다.

창조경제혁신센터는 중소벤처기업부 산하기관이고 도시재생지원센터는 국토교통부 산하기관이다. 기존 하향식 전달체계에서는 두 기관이 협력할 일이 없었다. 이런 협력은 전국에서 매우 이례적이었다. 초기에 제주도 도시재생지원센터는 인프라 조성 중심의 예산만 있었다. 그래서 제주창조경제혁신센터의 기획 예산으로 함께 리서치를 하고 일본 현장에 워크숍을 다녀왔다. 이 과정에서 두 기관의 담당팀은 한 팀이 되었다. 이러한 시너지 창출 덕분에 2019년 하반기에 이 사업을 총괄한 박은하 팀장이 중기부 장관상을 받았다. 그녀는 제주시 공무원으로 제주창조경제혁신센터에 파견되어 있었다. 그리고 다음 해에는 제주도 도시재생지원센터 양민구 팀장이 국토교통부 장관상을 받았다.

두 기관은 함께 기존 하향식 전달체계를 타파하고 지역 현장의 문제와 비전 중심으로 민간과 공공의 다양한 주체들의 수평적 협력 네트워크를 만들고자 했다. 이러한 네트워크는 마치 인터넷망처럼 지속적으로 새로운 연결 노드node와 닿을 수 있어서 특정 부처와 기관 사업이 중단되어도 지역의 혁신이 지속적으로 일어나고 확장될 수 있을 것으로 기대했다. 실제로 지난 5년 동안 제주 원도심의 도시재생은 로컬크리에이터 커뮤니티와 함께 크게 성장했다. 기관 간 경계를 넘는 협력과 커뮤니티 자본의 형성이 이러한 변화에 상당한 기여를 했을 것이다.

인재와 커뮤니티를 연결해 선순환 생태계를 만들자

◆ ◆ ◆ ◆ ◆

창조적 커뮤니티를 키우려면 그것이 탄생하고 커가는 과정을 관찰할 수 있어야 한다. 그 변화는 성장 단계마다 관찰 방법을 달리해야 보인다. 두 가지 관점으로 볼 수 있는데 어디서 보느냐의 차이가 있을 뿐 본질은 같은 현상에 대한 것이다.

첫 번째 관찰 방법은 작은 점에서 커뮤니티로 커져가는 과정을

상향식 민관협력 커뮤니티 구축

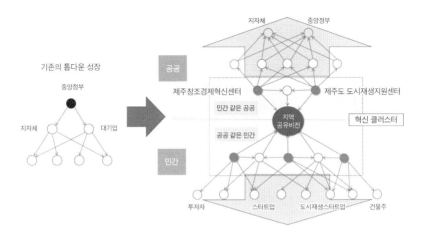

보는 것이다. 기존 커뮤니티들 사이에서 탄생하는 새로운 커뮤니티는 초기에는 아주 작은 '점'에 불과하다. 많은 현장을 다니며 자세히 들여다보아야 겨우 보인다. 시간이 지나면 이 '점'이 씨앗이 되어 여러 다른 점들과 많은 '선'으로 연결되면서 세상에 자신의 존재를 점점 더 드러낸다. 이때는 새롭게 만들어지는 선들을 시간의 흐름 속에서 지속적으로 관찰하며 변화를 알아채야 보인다. 점과 연결된 선이 셀 수 없이 많아지게 되었을 때 비로소 '면'이 출현한다. 그때 그 면을 보려면 좁게 가까이 보아서는 보이지 않는다. 멀리서 조망할 수 있어야 보인다.

또 다른 관찰 방법으로 기존 커뮤니티들의 관점에서 변화를 중심으로 보는 것이다. 기존 커뮤니티가 다른 커뮤니티와 만나면서 창조적 파괴를 통해서 새로운 커뮤니티가 탄생하고 성장한다고 볼 수 있다. 초기에는 각자의 배타적 영역을 커뮤니티들이 공고히 있

경계에서 새로운 연결이 일어날 때 새로운 커뮤니티의 탄생

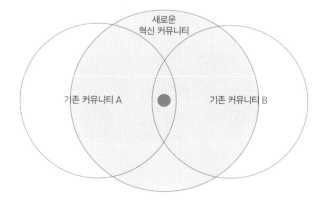

는 것으로 보이다가 시간이 지날수록 그 커뮤니티의 경계가 허물어지고 또다른 커뮤니티로 변화하는 것을 보게 된다.

커뮤니티들이 서로 마주칠 때 흔하게 서로의 경험과 관점의 차이로 인해서 충돌하게 된다. 지역민과 이주민, 기성세대와 청년세대, 남성과 여성 등이 그렇다. 그런데 서로 다른 커뮤니티들에 동시에 속하는 경계인이 된 사람들이 있다. 그들은 기존 커뮤니티들 안에서는 주류에 속하지 못하고 주변에 서 있는 것으로 보인다. 하지만 그들이 커뮤니티 리더로 성장하게 되면 상황이 달라진다. 그들은 홀로 성장하지 않기 때문이다. 커뮤니티 리더는 새로운 커뮤니티가 탄생하고 성장하게 도우면서 기존에 자신이 주변인으로 참여했던 커뮤니티와 사람들이 변화하고 동참하게 이끈다.

기존 커뮤니티들의 세계를 이해해야 경계에서 그 커뮤니티들을 변화시키며 새로운 커뮤니티를 만들어갈 수 있다. 타인을 함께 변화에 동참하도록 이끄는 사람들은 창의적 중력을 가진 개척자들이다. 나는 그러한 개척자, 커뮤니티 창조자를 찾아내는 데 관심이 많다. 그들이 새로운 커뮤니티를 만들어내지 못하는 단계에서는 고립되어 보인다. 그러다 보니 그들을 발견하는 것은 누구나 쉽게 할 수 있는 일은 아니다.

일단 그런 사람들을 발견한다면 그다음에는 성장할 수 있도록 힘을 실어주는 것이 필요하다. 그들이 하는 일이 어떤 것인지 의미화해서 알려주고 미래를 그려나가도록 돕고 꿈을 실현할 수 있도록 정보와 네트워크를 제공하는 것이다. 그들은 성장하는 과정에서 창조적인 인재와 커뮤니티들을 연결하고 끌어당긴다. 어떤 사람들은 창조적 커뮤니티를 만드는 것에서 더 나아가 다른 사람들이 창조적 커뮤니티를 만들어갈 수 있도록 도우며 선순환의 생태계를 만들어간다.

5.
서로 다른 사람들이 함께 상상하고 실천한다

여럿이 공감하고 실천하는 스토리는 비전이 된다

✦ ✦ ✦ ✦ ✦

큰 변화는 장기간에 걸쳐 많은 사람의 참여를 통해 일어난다. 꾸준히 사람들이 동참하게 하려면 모두가 공감하는 스토리가 필요하다. 혼자 생각하는 스토리는 공상에 머물지만 여럿이 공감하고 실천하는 스토리는 비전이 되고 변화의 동력이 되기 때문이다.

상상을 통해 다른 사람들을 설득하고 동참하도록 하는 능력은 인류만이 가진 특징이다. 유발 하라리는 저서 『사피엔스』에서 사피엔스 종과 다른 종의 차이가 '상상의 질서'를 만드는 능력에 있다고 말한다. 사피엔스는 네안데르탈인이나 다른 동물에 비해 연약했지만 집단적 상상을 만들어내어 함께 행동하여 자신보다 큰 동물을 잡을 수 있었다. 이러한 원리는 종교, 국가, 회사 등을 조직화하고 협력을 통해 문제를 해결하고 미래를 열어내는 원동력이 되었다.

이러한 집단적 상상이 집단의 스토리가 될 때 그것은 신화가 된다. 비교신화학자 조지프 캠벨은 『신화의 힘』에서 신화가 인간 사회 곳곳에 스며들어 있다고 말한다. 그는 고대 그리스 신화, 아메리카 인디언 신화만이 아니라 현대의 「스타워즈」와 같은 이야기도 신화라고 말한다. 신화는 '세상이 꾸는 꿈'이자 개인이 모험의 여정을 통해 성취해내는 이야기이기도 하다.

우리나라의 '상상의 질서'와 '변화 스토리'는 어떠했을까? 국가주의적 지역개발 시대에는 국가가 강력한 스토리를 만들어 국민에게 보급했다. '우리도 한번 잘살아보세!'라는 슬로건을 전 국민 전 지역에서 믿고 행동한 1970년대의 새마을운동이 대표적이다. 처음엔 몇몇 사람들의 희망 어린 상상의 스토리로 시작했겠지만 결국 대한민국의 성공 신화라는 스토리로 역사에 남았다. 이때는 서울과 지방이 그 시대의 방식으로 동시에 발전했다. 한강의 기적과 새마을운동의 신화가 서로 수십 년에 걸쳐 호응하며 장기간의 변화를 만들어간 것이다.

그러나 선진국이 된 지금은 이러한 국가주의 개발 스토리는 수명을 다했다. 수도권과 지방이 함께 성장했던 신화도 깨졌다. 절반의 한국 수도권이 나머지 절반의 한국의 모든 자원을 계속 빨아들이며 지방은 인구감소와 고령화의 길로 급속히 가고 있기 때문이다. 이제는 다른 방식으로 새로운 스토리텔링이 요구되는 시대다. 이제 다양한 스토리텔러들이 사람들에게 새로운 이야기를 들려주며 변화를 촉진할 것이다.

장면 #1

충남 공주는 백제의 수도였고 조선시대에는 충청감영이 위치했던 중심지였다. 근대화 이후에는 공주사대부고 등 전통적인 명문 학교들이 위치한 교육의 도시가 되었다. 전국에서 우수한 학생들이 몰려왔기에 하숙이 발달했고 외지인을 환대하는 문화가 자리 잡았다. 공주시 원도심은 반듯하게 보행로가 나 있고 제민천이 흐른다. 집마다 골목길에 화단을 예쁘게 가꾸는 것이 보편화되어서 걷기 좋은 동네다. 이곳 출신의 뛰어난 창작자들이 많은 것은 이와 같은 환경 덕분일 것이다. 대표적으로 시인 나태주는 충남 서천에서 태어나 공주로 유학을 와서 공주사범학교(현 공주교육대학교) 졸업 후 이곳에서 초등학교 교사를 하며 시를 썼고 지금도 이곳에 살고 있다.

하지만 공주는 시간이 지날수록 점점 정체하고 쇠퇴했다. 1932년 충남도청이 공주에서 대전으로 이전했고 2015년이 되어서야 생긴 공주역도 멀리 외딴곳에 배치되어서 도심은 지방 거점 역할을 잃었다. 그런데 최근 몇 년 사이에 공주시 원도심에 의미 있는 변화가 꾸준히 일어나고 있다. 퍼즐랩 권오상 대표가 이곳에 들어온 후 커뮤니티엑스 웨이로 변화를 만들어가고 있다. 그는 원래 경기관광공사에서 외국인을 위한 지역 여행 프로그램을 기획하고 운영한 경력이 있다. 그는 처가가 있는 공주에 왔다가 매력적인 한옥에 반해서 덜컥 매입하고 한옥스테이 봉황재를 운영하게 되었다. 봉황재에 머무르는 사람들에게 공주 원도심 동네 투어를 해주어 동네의 매력에 빠지게 했다. 동업자인 이병성 이사도 그런 계기로 이주하고 합류했고 커뮤니티 디자인을 맡았다.

동네에 오래 살아온 분들 한 명 한 명, 오래된 흔적들, 새롭게 들어오는 분들의 이야기가 함께 스토리가 되었다. 사실 문화역사 도시 공주 제민천 인근은 현대인이 일하며 살아가는 동네로서는 부족한 것들이 적지 않았다. 그런데 그가 이런 것들이 생겨나면 좋겠다는 이야기를 많은 사람에게 하자 신기하게도 베이커리, 독립서점, 편집숍, 와인숍 등이 차례로 생겨났다. 동네에 다양한 커뮤니티 모임들도 생겨났다. 2021년에는 행정안전부의 청년마을 만들기 사업을 통해 공주에 체류하게 된 많은 청년과 퍼즐랩이 전한 공주 원도심의 매력에 빠져든 이들이 하나둘씩 공주에 자리 잡고 매력적인 장소들을 만들어가고 있다.

권오상 대표는 마을의 스토리텔러이자 변화관리자다. 마을을 돌아다니면서 마을의 과거, 현재, 미래를 이야기한다. 그는 매번 같은 듯 다르게 계속 새로운 이야기를 써간다. 마을에 새로운 사람들이 들어오고 새로운 장소가 생길 때마다 이야기에 추가되고 또 새로운 바람이 생길 때마다 미래의 꿈이 이야기에 추가되기 때문이다. 사람들은 그 이야기에 등장하기도 하고 전파하기도 하면서 변화 스토리에 동참한다.

2022년 11월 공주 제민천 인근에서 열린 전국 청년마을 성과공유회 Y-로컬 콘퍼런스는 퍼즐랩이 만들어온 공주의 스토리를 더 큰 스토리로 만들 수 있는 계기가 되었다. 전국 27개 청년마을 만들기 사업자들이 3일 동안 이곳의 골목길을 거닐고 머물며 자신들의 경험을 나누고 지식을 창출했다. 그들 중 상당수는 공주의 매력에 흠뻑 빠져들었고 언젠가 이곳에 와서 살고 싶다고 생각하게 되었다고 한다. 그렇게 공주시 제민천의 변화 스토리는 계속 쓰이고 있다.

장면 #2

서은경 작가는 KBS '6시 내고향', SBS '시장을 찾아서'의 방송 구성작가 출신으로 『10인의 음식 탐구자가 말하는 음식의 가치』 『원천마을 동화』의 저자이자 콘텐츠 기획사 씽킹피의 대표다. 그녀는 역사, 문화, 먹거리 연결망에 관심을 가지고 그 소재들을 연결하여 변화 스토리를 만들어가고 있다

2015년에 그녀는 돼지를 키우는 농장주가 본인의 경험을 책으로 쓰고 싶다고 하여 만나게 되었다. 원천마을 성우농장 이도헌 대표였다. 그는 글로벌 금융 전문가로 지내다가 40대 중반에 은퇴하고 충남 홍성 원천마을의 돼지농장에 투자하게 되었다. 그런데 농장 경영에 문제가 생기면서 졸지에 귀농해서 직접 경영하게 되었다. 그가 좌충우돌하면서 농촌에 정착한 이야기를 『나는 돼지농장으로 출근한다』라는 책으로 출간했다.

서은경 작가는 이도헌 대표와 책을 쓰는 과정에서 그가 마을에 대해 다소 엉뚱하고 흥미로운 상상을 하고 있다는 것을 알게 되었다. 돼지만 잘 키우는 것에 그치지 않고 이제까지와는 다른 시스템을 마을에 구축하고자 설계도를 그리고 있었다. 기후변화와 에너지 문제로 농촌과 농업에 닥칠 위기에 대비해서 돼지 똥을 에너지로 전환하는 바이오플랜트를 만들어 '마을과 축산이 상생하는 친

환경 생태 마을'을 구상한 것이다.

서은경 작가는 그 설계도에 꽂혔고 그로부터 스토리텔링의 가치를 발견했다. 이도헌 대표의 산업 비즈니스의 꿈과 서은경 작가의 콘텐츠 기획의 상상력이 만나서 무모해 보였던 상상이 실질적인 변화로 나타나고 있다. 7년에 걸쳐 지속되고 있는 일이다.

그녀의 스토리텔링에는 철학이 있다. 마을은 다양한 주제로 기록할 수 있다. 그런데 마을의 '사라짐'을 주제로 기록할 것인가, 아니면 마을의 '살려냄'을 주제로 기록할 것인가? 그것이 그녀가 마을을 바라보는 고민의 지점이었다. 과거의 기억 기록, 현재의 진행 기록, 미래의 바람 기록이 모이고 다양한 스토리가 생성되고 퍼져나가며 더 큰 스토리가 되는 것이다.

농촌 마을이 지속가능할까? 그녀가 처음 발견한 마을의 현주소는 추억과 향수의 공간인 고향, 점점 노령화되고 초라해지는 마을, 파괴되고 사라져가는 공동체, 도시인들을 위한 먹거리와 에너지와 수자원의 공급처였다. 그녀는 스토리텔링을 통해 희망을 말하고자 했다. 단순 기록자가 아닌 멋진 마을 만들기를 꿈꾸는 참여자이자 활동가로서 현재를 만들어가며 콘텐츠를 기획하고 스토리텔링을 하고자 했다. 그 방법은 과거의 기억과 콘텐츠를 선별하여 우리가 희망하는 미래의 그림 속에 재편해 다시 쓰는 것이다.

홍성 원천마을은 전형적인 축산 농가 마을이지만 가축 분뇨 냄새 때문에 갈등이 심했다. 기후변화, 글로벌 시장경제로의 편입, 환경오염 등으로 마을 공동체의 지속가능성이 위협받았다. 이런 농촌 마을에 어떻게 희망을 만들까? 그녀는 '천덕꾸러기 돼지가 마을을 살릴 수 있다면?'이라는 역발상을 했다. 마을 이야기의 주인공으로 마을을 살리는 돼지로 잡았다. 즉 '돼지의 꿈'이라는 역발상으로 문제를 해석한 것이다. 그녀는 마을이라는 공간의 본질을 이해하고 마을 사람들과 교감하며 욕구와 요구사항을 파악하는 소통을 통해 총체적 관점과 작가적 관점과 꿈으로 선동하고 함께 마을을 만들어가는 참여형 예언적 스토리텔링을 구상했다. 그리고 돼지를 주제로 한 체험형 수업을 만들고 마을 동화를 짓는 등 원천마을의 변화 이야기를 널리 전파하기로 했다.

서울에 살고 있었지만 2주에 한 번꼴로 마을을 찾아간 지 7년이 되면서 많은 이야기가 생겨났다. 25명이 넘는 마을 주민들과 주기적으로 만나 마을의 미래를 함께 고민하며 마을 지도를 그리고 마을 안내 리플릿을 만들었다. 2014년에 조롱박을 심으며 시작된 조롱박 마을 축제는 매년 8월에 열리는데 '돼지요리와 친생태 에너지' 등 다양한 콘텐츠를 담았고 부녀회와 함께 마을 농산물로 선물 꾸러미를 만들었다. 그녀는 이 모든 이야기를 엮어 『원천마을 동화』를 출간했다.

또한 이도헌 대표와 함께 면 단위 초등학교 아이들을 중심으로 한 '농촌 씨앗 지키기' 프로젝트로 마을 수업을 기획했다. 5년째 마을 아이들에게 돼지와 관련된 체험형 수업을 진행하고 있다. 마을의 돼지를 함께 키우고 팔고 환경과 먹거리 문제를 고민한다. 서울 강남의 유명식당을 방문해 마을에서 방목해 키운 돼지로 만든 스테이크와 포크밸리 콩피 등 돼지요리를 맛보며 돼지가 고객과 어떻게 연결되는지 상상력을 키우기도 한다. 이렇게 아이들에게 세상을 향한 창을 열어주면 커서 고향을 떠나든 남든 간에 농촌과 연계된 일을 할 수 있는 세계관을 품게 된다.

꾸준히 스토리텔링을 해온 결과 마을에 작은 변화들이 일어났다. 마을 학교의 돼지를 다루는 수업에 이웃 마을 어른들도 참관하면서 축산에 대한 인식 전환의 계기가 되었고 친생태 에너지 주제로 연 조롱박 축제에 참여한 여든 넘은 할머니도 '농촌 에너지 전환'을 이해하게 되었다. 마을학교가 계기가 되어 면 단위 발전추진위가 결성되기도 했다. 이 위원회가 주도하여 면 단위 안내 리플릿을 제작했다. 마을 돼지가 유명해지자 원천마을 돼지로 브랜드 상품이 만들어졌다. 이제 원천에너지전환센터는 하루 110톤의 가축 분뇨로 시간당 430킬로와트의 전기를 생산하고 있다.

서은경 작가가 최종적으로 꿈꾸는 마을 스토리텔링은 마을이 '큰 이야기'가 되는 것이다. 마을이라는 공간과 스토리 속에 이미 존재하는 다양한 콘텐츠와 상품을 연결하여 재창조하는 것이다. 가능성의 스토리는 이미 마을 안에 있다.

지역 이야기꾼들은 스토리텔러이자 변화관리자다

✦ ✦ ✦ ✦ ✦

모든 지역에는 저마다의 스토리가 있다. 마을의 스토리는 이야기꾼에 의해 사람과 사람을 거쳐서 전해졌다. 스토리는 저마다의 경험과 생각이 덧붙여져 계속 재생산된다. 오래전 이야기가 주로 생성되고 전파되는 장소는 마을이었다. 그 마을 중에서도 원도심은 여러 마을의 스토리가 모이는 곳이었다. 그곳은 지역과 지역 사이에서 교류의 중심이자 스토리가 전해지고 이어지고 새로 생겨나는 곳이었다. 오랫동안 한 지역에서 살아가는 이들과 외지에서 찾아온 낯선 이들의 스토리가 만나서 융합되고 경험이 더해져 또 다른 스토리로 이어졌다.

그런데 어느 순간 돌아보니 마을의 이야기꾼이 사라졌다. 한강의 기적과 새마을운동의 국가 스토리에 전 국민이 빠져서 수십 년을 지내 온 여파였다. 먼저 서울과 같은 대도시에서 이야기꾼과 그 스토리를 공유하는 공동체가 사라졌다. 동네의 스토리들은 점점 자라나지도 전해지지도 않게 되었다. 지방 도시들도 마찬가지였다. 서울과 꼭 닮은 신도심에 아파트 단지들이 생기고 원도심이 쇠퇴하면서 동네의 차별화된 정체성이 옅어지고 이야기꾼들이 점차 사라졌다. 도심 밖 마을들은 점차 고령화되고 인구가 감소하면서 그 마을의 역사를 전하고 미래를 함께 상상하는 공동체 역시 쇠락하고 말았다.

나 또한 지역의 이야기꾼 중 하나다. 제주창조경제혁신센터를 7년간 맡으면서 했던 것도 제주와 그 미래를 만들어가는 사람들에 대해 스토리텔링을 하는 것이었다. 창조적인 일을 하는 사람들을 찾아내 하는 일의 의미를 알리고 훌륭한 파트너와 협력해서 더 큰 영웅 스토리를 쓸 수 있도록 돕는 것이었다. 2019년에 첫 책 『밀레니얼의 반격』을 쓴 것은 지역혁신가, 스타트업, 로컬크리에이터가 하는 일의 의미를 밝히고 널리 알리며 이 현상이 지속되어 지역의 변화를 촉진하기 위해서였다.

책을 출간하고 몇 달 뒤 30대 청년이 찾아왔다. 그는 내가 쓴 문장들에 빼곡히 밑줄을 그은 책을 들고 있었다. "그동안 제가 하는 일이 무엇인지 몰랐는데 이 책을 읽다 보니 로컬크리에이터라는 걸 알게 되었어요. 지금까지는 여유 시간에 하던 일이었는데 이제 사업으로 제대로 해보려고 합니다."라고 말했다. 그는 당시 제주 콘텐츠로만 6만 7,000명이 넘는 팔로워(2019년 12월 기준)를 가진 제주미니jejumini 인스타그램을 운영하고 있었다. 이후 그는 사업을 꾸준히 키워 3년 뒤인 2022년 12월에는 팔로워가 26만 7,000명이 되었다. 그해 10억여 원의 매출을 달성했고 제주창조경제혁신센터와 스타트업아일랜드 투자조합으로부터 투자를 유치하며 빠르게 성장하고 있다. 그는 제주의 콘텐츠를 발굴하여 새로운 커뮤니티를 만들며 창업가로서의 자신과 제주의 매력적인 로컬 스토리를 새롭게 써 내려가고 있다.

요즘 지역에 다양한 이야기꾼들이 새로운 모습으로 귀환하고 있다. 그들은 지역 고유의 유무형 자원을 바탕으로 창의적인 비즈니스를 만들어낸다. 지역의 콘텐츠와 커뮤니티를 기반으로 성장하며 다시 새로운 콘텐츠와 커뮤니티를 만들어낸다. 새로운 시대에 맞춰 변모한 사람들은 지역에 관심을 기울이면서 융합적이고 창의적인 스토리를 생성하고 전한다. 그들은 지역의 스토리텔러이자 변화관리자다.

커뮤니티 자본의 연결로 새로운 가치를 낳는다

'우연한 연결'이 일어나기 좋은 토양을 만들어야 한다

✦ ✦ ✦ ✦ ✦

우리의 세상은 수많은 인연이 중첩되며 이어진다. 커뮤니티와 커뮤니티를 연결하여 융합하고 창조하는 커뮤니티엑스 웨이로 세상을 변화시킨다는 것은 좋은 인연이 점점 더 많이 일어날 수 있는 세상을 만드는 길이다. 최대한 우연한 연결과 시너지 창출이 일어나기 좋은 토양을 만드는 것이다.

이러한 세계관 속에서 개인은 겸허해진다. 내가 지금 해낸 창조적인 일은 과거에 누군가가 했던 일들이 있었기에 가능한 일이다. 또한 내가 지금 한 일은 내가 의도하든 아니든 미래의 누군가가 일을 할 때 토양이 된다. 처음부터 한 사람이 온전히 혼자 해낸 일은 있을 수 없다는 것을 안다면 겸허해질 수밖에 없다.

서로 잘 몰랐던 사람들이 우연한 기회에 알게 되고 뜻이 통하는 경우가 있다. 그들은 기존에 없었던 일을 합심해서 해낸다. 그런데 그런 우연은 어떻게 일어나게 되었을까? 실상은 우연은 우리가 명확히 확인하기 어려운 어떤 인연에 의해 일어난 것과 다름없다. 어떤 곳에서는 그런 우연한 결합이 자주 일어난다. 나는 그런 곳을 창조성의 기운이 좋은 곳이라고 생각한다. 우리가 커뮤니티엑스웨이로 만들어가려는 세상은 운 좋은 우연이 많이 일어나는, 창조성의 기운이 좋은 곳이다.

2022년 1월 30일 일요일 오전 제주도민들은 TV를 보다가 오래전 추억을 되새기며 감동에 빠졌다. 1959년 창업하여 2005년 폐업하기까지 오리지널 로컬브랜드로 제주도민들의 자랑거리였던 한림수직에 대한 다큐멘터리가 제주MBC에서 방영되었던 것이다. 이 다큐멘터리는 제주MBC의 김지은 PD가 한림수직 재생 프로젝트를 진행한 콘텐츠그룹 재주상회의 지원을 얻어서 제작되었다.

한림수직 재생 프로젝트는 재주상회가 아트임팩트와 이시돌농촌산업개발협회와 협업하여 만들었다. 여기에 필요한 예산 중 일부는 신한스퀘어브릿지 제주에서 지원했다. 2021년 11월 텀블벅에서 진행한 크라우드펀딩은 540명이 참여해서 목표 금액 300만 원의 27배인 8,265만 원이 달성되었다. 1년 뒤인 2022년 10월에 진행된 크라우드펀딩은 752명이 참여해서 목표 금액 400만 원의 51배인 2억 383만 원을 달성했다.

그들은 어떻게 이렇게 유기적으로 협업할 수 있었을까? 프로젝트가 시작되기 3년여 전인 2018년만 해도 여기에 필요한 연결고리들은 모두 존재하지 않았다. 첫째, 재주상회는 『제주iiin』 계간지로 출간하는 제주 기반 콘텐츠 회사이지만 제품을 기획하고 제작하는 회사는 아니었다. 둘째, 아트임팩트는 친환경 패션 제조와 유통을 하는 서울의 사회적 기업으로 제주공항 면세점에 입점하면서 제주와 인연을 맺기 시작한 단계였다. 셋째, 제주MBC는 제주에서 커가는 로컬브랜드와 로컬크리에이터의 흐름에 대해서 알지 못한 상태였다. 넷째, 2005년 한림수직을 중단했을 당시 이시돌목장에는 양 떼가 50마리에 불과했다. 전성기 때는 무려 1만 마리였던 규모에 비하면 초라하기 그지없다. 게다가 양털도 대부분 버렸다. 다섯째, 신한스퀘어브릿지는 서울에서만 운영되는 스타트업 육성 플랫폼이었다.

그들은 3년이 안 되는 기간에 서로 연결되었고 시너지를 창출했다. 2021년 하반기 한림수직 재생 프로젝트부터 2022년 1월 다큐멘터리가 만들어진 데는 신한스퀘어브릿지 제주의 프로젝트와 관련이 있었다. 하지만 그전에 제주에서 다양한 인연이 이어져 있지 않았다면 짧은 기간 안에 50년이 넘는 한림수직의 역사와 전 국민의 기억이 소환되고 제품으로 탄생되고 방송으로 그 스토리가 전달될 수 있었을까? 제주의 스타트업 커뮤니티에 3년 동안 무슨 일이 있었던 것일까?

첫째, 재주상회는 2019년 4월 제주창조경제혁신센터와 크립톤으로부터 투자를 유치했다. 2018년 고선영 대표가 제주창조경제혁신센터의 리노베이션스쿨 마스터로 참여한 것이 계기가 되어 로컬 매거진 회사가 스타트업으로 변신하고 투자 유치까지 이어진 것이다. 재주상회는 매거진을 중심으로 5년 이상 축적해온 제주

로컬 콘텐츠를 기반으로 다양한 상품을 기획해서 유통하고 동네의 거점들을 개발할 수 있는 기업으로 성장하는 도약의 계기를 맞이했다. 그 과정에서 재주상회는 전국의 로컬크리에이터 생태계에서 최고 스타 기업 중 하나가 되었다.

둘째, 아트임팩트는 제주국제자유도시개발센터JDC가 2019년 새롭게 시작한 소셜벤처 지원 사업 낭그늘에 선정되어서 지원을 받았다. 이 지원 사업의 수행 기관은 소셜벤처 액셀러레이터 MYSC였다. 그런데 신한스퀘어브릿지 제주 사업도 MYSC가 운영하게 되면서 아트임팩트가 재주상회와 협업할 수 있는 연결점이 되었다.

셋째, 신한스퀘어브릿지 제주 1기를 2021년에 시작하면서 신한과 MYSC는 제주창조경제혁신센터에 찾아와 우수한 기업들을 추천해달라고 했다. 재주상회를 포함해서 이때 추천받은 기업들 다수가 1기에 대거 참여했다.

넷째, 제주창조경제혁신센터는 2020년부터 로컬크리에이터 활성화 사업을 하면서 관련 프로그램들에 제주MBC 김지은 PD를 초대했다. 그녀는 제주의 지역 콘텐츠들을 진정성 있게 다루어왔는데 그전까지는 로컬크리에이터라는 새로운 흐름을 알지 못했다. 김지은 PD가 로컬크리에이터 생태계의 일원이 됨으로써 기회가 왔을 때 놓치지 않고 도민들에게 감동을 준 한림수직 재생 프로젝트 다큐멘터리를 제작할 수 있었다.

불과 3년 전까지만 해도 지역 방송의 PD들이 이러한 변화에 관심을 가지고 스타트업과 도민을 아우르는 콘텐츠를 제작하는 것은 상상하기 어려웠다. 스타트업은 도민 사회에 이질적인 커뮤니티였기 때문이다. 이제 제주에서는 로컬크리에이터들이 만드는 콘텐츠와 제품에 대해 도민들과 전 국민이 공감할 수 있는 TV 다큐멘터리로 만들어질 수 있는 협업의 경로가 생겼다. 제주의 혁신 생태계와 커뮤니티가 진화한 것이다.

2022년 하반기에 제주의 방송사와 언론들이 지역 스타트업 생태계에 대해서 적극적으로 공부하고 프로그램을 제작했다. 7년 전 제주창조경제혁신센터가 설립될 때만 해도 상상하기 어려웠던 일이다. 당시에는 지역 방송이나 언론은 스타트업에 대한 이해도가 거의 없었고 정치적 진영 논리에 의해서 단편적으로 긍정적이거나 부정적인 보도를 할 뿐이었다. 이제는 제주의 방송사들의 작가와 PD들이 내게 개인적으로 찾아오면서 스타트업 생태계에 대해 공부하고 싶다며 조언을 구한다. 제주의 커뮤니티 자본이 한 단계 더 도약한 것이다.

커뮤니티 자본은 우연한 인연으로 좋은 일들을 만든다

✦ ✦ ✦ ✦ ✦

2019년 10월 11일과 12일에 서울 성수동에서 로컬크리에이터 페스타가 열렸다. 이 행사에서 전국의 지역을 변화시키는 창의적인 스타트업들의 대표 주자들이 처음으로 모여서 서로의 경험과 지식을 공유하고 네트워킹을 했다. 이 행사를 기점으로 로컬크리에이터 현상이 전국에 알려지며 신문과 공중파에서도 많이 다루었고 다음 해 중소벤처기업부에 로컬크리에이터 활성화 사업이 만들어진 계기가 되었다.

나는 그해 7월에 창조경제혁신센터 협의회를 대표하여 행사의 총괄 기획자로 투입되었다. 기존에 행사를 준비하던 사람이 갑자기 빠지게 되면서 불과 3개월 남은 행사를 처음부터 기획해야 하는 다급했던 상황이다. 설상가상으로 정부가 기획하는 행사에 들러리 서지 않겠다며 대표적인 로컬크리에이터들이 불참을 선언한 상태였다. 나는 제주창조경제혁신센터를 운영하면서 매주 비행기를 타고 서울에 가서 행사를 준비해야 하는 지리적 핸디캡을 무릅쓰며 행사를 추진했다.

다행히도 지난 시간 쌓아온 인연들 덕분에 이 행사를 성공적으로 치러낼 수 있었다. 나는 2018년부터 리노베이션스쿨과 제이커넥트데이를 만들어서 수년간 전국의 로컬크리에이터들을 제주에 모아 새로운 커뮤니티를 만들어왔다. 그들 한 사람 한 사람에게 연락하여 행사의 취지를 설명하고 참여를 요청하니 동참하기로 마음을 열어주었다. 그때 나는 『밀레니얼의 반격』이라는 책을 집필하기 위해 그들과 소통하며 사례를 담고 있던 터였다. 그렇게 주요한 파트너들과 이미 연결되어 있었기 때문에 행사를 성공적으로 기획하고 운영할 수 있었다.

그런데 행사의 성공을 위해 해결해야 할 문제가 또 있었다. 무대 위에 올릴 사례 공유자와 패널 토의 참가자까지는 섭외할 수 있었지만 전시할 콘텐츠를 확보하고 구성하기에 시간이 턱없이 부족했다. 나는 광주방송의 김태관 PD에게 연락하여 「나는 지역에서 살기로 했다」의 영상 콘텐츠를 구매해서 현장에서 전시 영상으로 활용하기로 했다.

「나는 지역에서 살기로 했다」는 그보다 한 해 전인 2018년 제이커넥트데이에 김태관 PD를 초대하지 않았다면 만들어질 수 없었던 영상이다. 그동안 제이커넥트데이를 통해 전국의 다양한 영역의 지역혁신가와 로컬크리에이터를 발굴해서 초대했다. 그는 지역에 대한 무한한 애정을 품고 있었으며 방송인의 소명으로 항상 새로운 콘텐츠에 대한 갈망을 느끼고 있었다. 그는 이 행사에서 전국의 다양한 로컬크리에이터들을 만났고 그 사례를 통해 학습했다. 그 후 문화체육관광부의 방송 지원 사업을 따서 로컬크리에이터의 현장 사례를 담은 다큐멘터리 「나는 지역에서 살기로 했다」를 찍어 2019년 상반기에 방영했다. 이 다큐멘터리 덕분에 로컬크리에이터 페스타의 전시장은 더욱 풍성해졌다. 제주의 재주상회, 베드라디오, 서울의 어반플레이, 로컬라이즈, 비로컬, 양양의 서피비치, 광주의 무등산브루어리 등의 국내 로컬크리에이터들과 미국의 라이프스타일 도시 포틀랜드의 이야기가 담겨 있다.

내가 2018년에 리노베이션스쿨과 제이커넥트데이를 열 때만 해도 2019년에 로컬크리에이터 페스타가 열릴 것이라고는 알지 못했다. 그 행사를 총괄하게 되리라고는 맡기 직전까지도 전혀 예상하지 못했다. 하지만 앞서 쌓아온 인연과 커뮤니티들이 시간이 흘러 또 다른 커뮤니티를 키워야 할 때 스스로 도와주었다. 구체적인 의도를 가지고 한 일은 아니지만 뒤돌아보면 우연히 일어난 일도 아니라는 생각이 든다.

김태관 PD는 2년 뒤 광주방송에서 부장으로 승진했다. 2022년 말에는 '로컬콘텐츠페스타 in 광주'를 총괄해서 개최했다. 이 자리에는 제이커넥트데이와 로컬크리에이터 페스타에서 알게 된 사람들이 파트너가 되어 대거 동참했다. 그리고 소상공인의 디지털 전환을 위한 '소담스퀘어 광주'를 유치해서 총괄하고 있다. 그는 자신을 PD보다는 로컬크리에이터라고 불러달라고 말한다.

커뮤니티 자본이 커지면 우연한 인연으로 좋은 일들을 만들어갈 수 있다. 이것은 단기간에 계획해서 이룰 수 있는 일이 아니다. 과거에 내가 한 일이 시간이 지나서 우연히 나를 도울 수 있도록 프로그래밍해야 한다. 과거에 커뮤니티에서 일어난 일들이 시간이 지나서 우연히 커뮤니티를 돕게 되도록 프로그래밍하는 것이다. 우연한 인연은 계획될 수는 없지만 더 많이 발생할 가능성을 키울 수는 있다.

압축 경제성장 시대에 경제적 자본은
커뮤니티 자본의 희생 위에서 성장했다

우리나라는 전쟁의 폐허 위에서 초단기 압축성장을 거쳐 국내총생산GDP 세계 10위에 달하는 경제 선진국이 되었다. 반도체, 자동차, 가전, 조선 등 제조업 강국이자 전 세계 영화, 드라마, 웹툰, 음악 등 문화산업에서도 세계를 선도하는 국가다. 새로운 세대는 선진국 시민이다. 예전에는 꿈속에서만 생각했던 일들을 탄탄한 경제적 기반 위에서 전 세계를 무대로 이루어내고 있다.

그러나 이제는 경제적 성장만 추구했던 시기 성공의 이면에 자라난 새로운 중요한 문제들이 우리 앞에 장애가 되고 있다. 이 문제들은 대부분 세대와 지역 등 커뮤니티 이슈와 관련이 있다. 커뮤니티 자본의 희생 위에서 경제적 자본을 성장시켰기 때문이다.

그러니 지난 70년을 커뮤니티의 연대기로 살펴보는 것이 앞으로 새로운 문제를 이해하는 데 도움이 될 것이다. 모든 종류의 자본이 약했던 70년 전부터 지금에 이르기까지 우리나라가 어떤 경제, 사회, 정치 과정을 겪어왔고 어떤 커뮤니티 문제들이 새롭게 생겨났는지 살펴보자.

● 1945~1960년대 초반

1950년부터 3년간 한국전쟁을 치르며 한반도는 초토화되었다. 생산 기반은 무너졌고 남한의 경제는 미국의 원조자금에 의해 명맥을 유지하고 있었다. 원조자금은 당시 남한의 국내총생산의 15~30%에 이를 정도였다. 따라서 미국에서 남한 정부로 들어온 원조자금이 어떻게 흘러가며 부가가치를 창출하느냐가 중요했다.

이때 경제와 사회에서 두각을 나타낸 인적 자본은 북에서 피난 온 사람들이었다. 평안도는 성리학을 이념으로 양반 계급이 지배하던 조선에서 주변이었다. 변화하는 시대에 이러한 접경 지역의 경계성은 혁신이 일어날 수 있는 지리적 요건이 되었다. 이곳에서 먼저 상공업이 발달하고 기독교 선교사들이 학교를 만들었다. 일제강점기에 서구적 학교의 70%가 서북(관서와 관북)에 집중됐다. 이곳에는 영어, 일본어, 중국어 등 다국어를 할 수 있는 사람들이 많았다. 서북은 신민회를 만든 안창호와 그의 영향을 받아 오산학교를 만든 거상 이승훈, 오산학교 교사 출신으로 민족 사상가인 함석헌 등 민족의식을 고취하고 근대적 역량을 키워냈던 지식인들의 거점이 되었다.

1945년 8월 15일 해방과 독립이 되었다. 북한에서 김일성이 집권하고 공산화하자 재산을 뺏기고 생명의 위협을 느낀 서북 지식인과 지주들이 고향을 떠나 남한의 서울로 대거 이주했다. 그들은 모든 자산을 빼앗기고 친족을 버려두고 왔지만 서구적 지식과 교류 능력 덕분에 경제사회의 중심에 빠르게 자리잡았다. 미국 원조 중심의 시대였기 때문에 영어 능력이 큰 도움이 되었다. 당시 남한

국회의원의 40%가 서북지역 이주민일 정도로 정치적 영향력도 컸다. 그들은 경제와 교육 등에서도 큰 역할을 맡았다.

이때의 영향은 70년이 지난 지금까지 남아 있다. 그들은 공산주의에 대한 반감이 컸고 미국에 대한 호감이 높았다. 우리나라 기독교가 이 시기에 서북지역에서부터 남한으로 이어지면서 반공 친미주의와 강하게 결합했고 현재는 태극기집회를 주도하는 세력이 되었다.

제주에는 1947년 4·3사건이라는 큰 상처가 남았다. 그해 3·1절 기념식 때 미군정 통치 반대 시위대와 경찰과 시민의 충돌로 이어지고 사망자가 생기며 걷잡을 수 없게 확산됐다. 이때 미군정은 탄압으로 일관했고 서북청년단들이 제주 경찰로 충원됐는데 한반도 북쪽 끝 서북지역에서 온 실향민의 분노가 남쪽 끝 제주에서 민간인 학살로 표출했다. 제주도민은 두 갈래로 나뉘어 가까운 친척마저도 살상했고 지금까지도 그 상처가 남아 치유하기 위해 노력 중이다.

한편 서북지역에서 서울로 내려온 다른 청년들은 대한민국의 근대화를 위한 지식 커뮤니티를 만들었다. 1953년 창간되어 10년간 출간된 『사상계』는 청년 지식인들이 우리나라의 근대화 모델을 제시한 잡지였다. 이 잡지를 만든 장준하와 김준엽은 평안북도에서 태어나 이주한 30대 청년들이었다. 일제강점기에 고등교육을 받은 소수의 엘리트이면서 해방 직전 학병으로 끌려갔다가 탈출해서 미국 첩보국OSS(CIA의 전신)에 합류하여 독립운동을 했다. 민족의식과 근대화 역량이라는 두 측면에서 준비된 청년들이었다.

『사상계』는 기성세대의 문제를 해결하고 미래의 청사진을 그릴 청년세대의 지식생태계를 만들었다. 그들은 이전 세대가 이루어내지 못한 근대화, 즉 산업화와 민주화를 이루어내고자 하는 목표가 있었다. 여기에 교수, 언론인, 문인 등 다양한 사람들이 참여했다. 4·19혁명으로 제2공화국이 출범할 때 대거 참여해 경제개발 계획을 수립하기도 했다.

이 시기 생겨난 현시대의 커뮤니티 문제

1. 분단과 전쟁으로 인한 집단 트라우마 문제
   남북 분단으로 인해 북한에서 남한으로 떠나온 사람들, 그리고 그와 관련된 커뮤니티의 지나친 반공 의식 때문에 발생한 갈등과 반목이 지금까지 영향을 미쳤다.
2. 근대화 지식 커뮤니티 이후에 대한 부재 문제
   그 시기의 청년 지식 커뮤니티가 남한의 산업화와 민주화의 청사진을 그려냈다. 그러나 근대화 이후 시대를 열 청년 지식 커뮤니티는 오랜 기간 부재한 상태다.

●1960년대 초반~1970년대 말

1960년 4월 19일 청년세대와 시민은 이승만 정부를 비롯한 기성세대와 기득권의 무능과 독선에 항거해서 정부를 무너뜨렸다. 다음 해인 1961년 5월 16일 44세의 박정희가 5·16군사정변을 일으켰고 1963년 12월 대통령에 취임했다. 1960년 남한의 1인당 국민총소득GNI은 94달러, 북한은 137달러였다. 근대화는 최고의 과제였다. 단지 산업화를 먼저 추진할 것이냐, 산업화와 민주화를 동시에 추진할 것이냐에서만 청년 개혁가들 사이에 차이가 있었을 뿐이다. 이 근대화 소명은 결과적으로 30여 년에 걸쳐 달성되었다. 국가 주도로 산업화를 먼저 이루고 이어서 시민과 학생들의 민주 항쟁을 통해 민주화를 이룬 것이다.

1960년에 남한은 3,283만 달러를 수출하고 3억 4,353만 달러를 수입할 정도로 국제수지 적자가 심각했다. 1963년에는 외환보유고가 9,329만 달러에 그쳐 외환위기 국가부도를 간신히 면했다. 경제개발을 위해 외자를 유치하려 해도 전 세계에서 가장 가난한 국가에 차관을 주겠다는 나라가 없었기 때문에 수출을 늘려서 외화를 확보해야만 했다. 1964년 정부는 수출제일주의와 공업 입국 전략을 수립했다. 하지만 이를 위한 동력이 될 혁신 자본은 거의 전무했다. 궁여지책으로 환율을 의도적으로 인상하고 값싼 인력을 유일무이한 자원으로 활용했다. 이렇게 1960년대는 경공업, 화학 공업 중심으로 성장을 추구했다.

수출경제를 처음 일군 주역은 젊은 여성들이었다. 당시에 여성들은 남성에 비해 사회적 지위가 크게 낮았고 학력도 중졸 이하인 경우가 많았다. 지방에 있는 10대 여성들이 서울과 대구 등 대도시로 이동하여 방직과 봉제 공장에서 일했다. 1954년에 대구에 제일모직이 설립되었고 1964년부터 서울에 구로공단이 조성되었다. 객지에 나온 여공들이 매우 열악한 환경에서 숙식하며 열심히 일해서 번 돈을 고향에 있는 부모님에게 부쳤고 그 돈으로 집에 전기를 연결하는 일이 유행됐다. 여성들은 이렇게 돈을 벌어서 자립하고 부모님을 도우면서 자신을 홀대한 가부장적 가족에서 자존감을 높일 수 있었다.

그들은 고등학교에 가지 못한 것을 크나큰 한으로 여겼다. 야간 학교나 산업체 부설학교를 다닌 이들은 고향에 부모를 뵈러 갈 때 선물을 사 들고 교복을 입고 내려갔다고 한다. 그들의 학업에 대한 한이 자녀 세대에 우리나라의 대학 진학률을 높인 이유 중 하나일 것이다. 「2015 OECD 교육지표」를 보면 우리나라의 대학 진학률은 68%이다. 해외의 경우 미국 46%, 일본 37%, 독일 28%에 그치고 있다.

한편 1970년대에 들어서자 국제 정세가 크게 변화했다. 20년 전 한반도에서 피를 흘리며 싸웠던 미국과 중국이 화해 모드로 접어든 것이다. 1971년 3월 미국 닉슨 행정부가 미군 7사단 2만 명을 철수시켰고 7월에 헨리 키신저가 중국을 방문했다. 그리고 1972년 2월 닉슨과 마오쩌둥이 베이징에서 만나서 양국 관계를 정상화했다. 두 나라의 시대적 이해관계가 맞았다. 미국은 1969년 베트남전쟁에서 실패하고 퇴각한 상황에서 냉전 시대에 소련과 중국을 분리하여 유리한 입장을 취하려 했다. 중국은 계속된 경제 실정으로 내적 위기를 맞은 상황이어서 경제성장의 모멘텀을 강하게 원했다.

남북한의 두 독재자는 갑작스러운 강대국의 관계 변화에 혼란과 위기감을 느꼈다. 1971년은 남한이 경제개발 계획을 통해 1인당 국민총생산을 조금씩 상승시켜 북한과 동등해졌던 때다. 한국전쟁 때와는 달리 이제는 전쟁이 나도 미국과 중국이 개입하지 않을 상황이었기에 독재자들은 이에 대해 대비해야 했다. 1972년 7월 4일 남북한 정상은 7·4 공동성명을 선언했다. 자주, 평화, 민족대단결로 통일을 위해 노력하겠다는 원칙을 천명한 것이다. 이런 외교적인 선언과 동시에 내부적으로는 독재 체제를 강화했다. 박정희는 1972년 10월 유신으로 영구 독재의 제도 기반을 마련했고 김일성역시 1972년 12월 헌법을 개정하여 국가주석직을 신설하고 경쟁자들을 숙청한 뒤 주체사상을 내세우며 김일성 일가의 신격화를 시작했다.

이때부터 남한은 중화학공업 수출 국가로 변모한다. 아이러니하게도 장기간 독재 정부의 등장은 장기간 경제 계획과 실행의 기반이 되어주었다. 북한뿐만 아니라 대부분의 독재국가들은 경제성장을 위해 노력했음에도 오히려 후퇴했다. 그런데 왜 우리는 달랐을까? 한국의 뛰어난 테크노크라트(기술관료)들은 차관을 비롯한 경제적 자본과 새로운 기업가와 노동 인력 등의 인적 자본, 즉 혁신자본을 마련했다. 그리고 전국의 지도를 펼쳐놓고 중장기 계획을 기획하여 구현해냈다.

1971년에 무기를 만들 수 있던 북한에 비해 남한은 소총도 만들 수 없는 상태였다. 언젠가 탱크까지 만들겠다는 목표를 가지고 1971년 방위산업 추진전략을 결정하고 중화학공업 국가 전략과 함께 추진했다. 여기에 핵심 역할을 한 사람이 우리나라 최고의 테크노크라트로 꼽히는 오원철이다. 그는 1928년 황해도 출생으로 서울대학교 화학공업과를 졸업하고 한국 최초의 자동차 회사인 시발자동차에서 공장장을 지냈다. 그 후 공무원이 되었고 1971년에 경제 제2수석으로 등용됐다. 그는 당시의 위기 상황에서 중화학공업 국가와 방위산업 전략을 고안해냈고 박정희를 설득했다. 경공업 수준에 머물렀던 우리 경제에서 불가능에 가까운 미션이었지만 그는 치밀한 전략으로 많은 어려움을 딛고 수출 중심의 중화학공업 국가를 만들어갔다.

전국의 지도를 펼쳐놓고 기획을 했기 때문에 중화학공업 도시들이 이때 탄생한다. 굴뚝 산업들은 편서풍의 영향을 고려하여 바닷가로 매연이 흘러가도록 경상도 해안가에 집중되었다. 탱크도 만들 수 있는 중공업 도시는 최후방인 창원에 만들어졌다. 창원은 해안가의 공장 지역과 도심 사이를 높은 방풍림으로 가려지도록 설계된 도시다. 울산은 자동차공업 도시로, 포항은 제철산업 도시로 계획되었다.

이때는 대기업도 중공업 역량이 전혀 없다시피 했다. 국가와 기업 어디에도 자금과 전문인력이 턱없이 부족했던 시절이다. 테크노크라트가 국가 전략산업을 기획하여 대통령에게 보고해서 결정이 되면 대기업 회장을 불러서 일을 시켰다. 국가는 대기업에 산업부지나 사업 특혜 등을 직접 주었고 부족한 자금은 외자로 유치하고 보증을 섰다. 대출금을 갚지 못할 경우 국책은행인 산업은행에서 갚아주는 식이었다.

정부와 기업이 똘똘 뭉쳐 경제성장의 기적을 이루었다. 정경유착에 대한 문제의식은 거의 없었다. 전문인력의 부족은 산업기능

요원 자격증을 만들어 병역 혜택을 주었고 공업고등학교를 중심으로 산업 전문인력 양성 체제를 갖추면서 해결했다.

1970년대 중화학공업 중심의 성장 덕분에 1970년대 말에 중화학공업 도시들이 발전하고 인구가 유입되었다. 그러나 새로운 문제도 생겨났다. 경상도에 집중된 발전으로 인해 다른 지역이 상대적으로 발전에서 소외되었다. 이에 오원철은 충청권으로 행정수도를 이전하고 서산을 중심으로 항만을 만들고 배후 도시들을 제조업 도시로 키우는 계획을 1970년대 말에 수립했다. 미·중 수교 이후 중국의 경제가 성장하며 두 나라 사이의 무역이 증가하자 삼자무역으로 성장할 수 있는 서해안 시대를 구상했던 것이다. 이 계획은 1979년 12월 박정희 군부 정부가 무너지면서 실현되지 못했다.

이 시기 생겨난 현시대의 커뮤니티 문제

1. 하향식 지역 균형 발전 방법의 시대적 한계

    그 당시에는 국가발전 전략을 모든 영역과 전국을 펼쳐 놓고 수립하고 장기간에 걸쳐 실행할 수 있었다. 그러나 그것은 군부 독재 정부의 하향식 설계였다. 현재 성숙한 선진국 민주 사회에는 더 이상 맞지 않는다. 그런데 현재는 영역별, 지역별 칸막이로 인해 중장기적 발전을 추진하기가 어려운 실정이다. 민간 주도 상향식이면서 영역과 지역의 칸막이를 넘어설 수 있는 지속적인 발전을 기획할 수 있어야 한다.

2. 민간과 공공의 협력 방법의 시대적 한계

정부가 대기업에 특혜를 줘서 키웠던 것이 혁신 자본이 부족했던 시기에는 민관협력으로 볼 수도 있었겠지만 지금 시대에는 명백한 정경유착이다. 그러한 경제성장 방법은 대기업과 하청기업 중심의 기업생태계와 산업 도시를 만들었다. 그 방법을 계속 고수하면 다시 후진국으로 후퇴하게 될 것이다.

3. 여성과 남성의 일과 삶의 변화를 지방 도시가 따라가지 못하는 문제

중화학공업 도시가 생기면서 남성들이 높은 임금의 일자리를 찾아 그 도시로 이동하여 자리잡으면 여성들도 따라서 유입되었다. 그 도시의 청년들도 굳이 기회를 찾아 고향을 떠나지 않아도 되었다. 안정적인 직장에서 남편은 일하고 아내는 아이를 낳고 키우는 라이프스타일이 실현되며 인구가 증가했다. 하지만 1990년대 말부터 여성들의 사회 진출이 본격화되면서 이러한 중화학공업 도시에는 변화하는 가족의 라이프스타일에 대응해야 하는 과제가 남았다.

● 1980년대 초반~1990년대 말

1970년대 말이 되자 남한은 수출 중심의 경제로 급성장했다. 남한의 1인당 국민총소득이 1,647달러로 5배 이상 성장한 데 반해 북한은 제자리걸음에 머물렀다. 북한이 천리마운동 등을 통해 내

수 중심의 자립경제를 추구했던 반면 남한은 수출 중심의 전략을 추구해서 다른 결과가 나온 것이다.

하지만 남한의 경제는 사상누각의 위험에 처해 있었다. 수출 중심의 단기 고도성장의 후유증이 커지고 있었던 것이다. 정부는 지속적으로 돈을 찍어내는 양적완화를 통해 대규모 개발 사업을 벌였는데 그 결과 극심한 인플레이션이 만연했다. 또한 농민들을 위해 추곡수매가를 매년 20~40%씩 인상하다 보니 이것에만 누적 1조 원의 적자가 발생했다. 정부 주도로 경제개발 전략을 짜고 대기업들에 사업을 나누어 주다 보니 대기업 독과점의 폐해가 커졌고 부정부패도 증가했다. 중화학공업 단지들의 성공 경험으로 막대한 차관을 들이면서 계속 새로운 단지들을 만들다 보니 중복투자에 대한 우려도 커졌다.

여러 위험한 시그널이 연이어 발생하던 1979년 10월 26일 박정희 피격 사건이 발생했다. 혼란기를 거쳐 전두환의 제5공화국이 들어섰다. 전두환 정부는 광주시민을 학살하고 탄생한 독재 정부였다. 한편 그때의 경제가 가장 안정적이면서 호황이었다는 평가를 받고 있기도 하다. 그런데 물가 안정과 경제성장의 기반을 닦은 공로는 김재익 경제수석에게 돌아가야 맞다. 그가 새로운 경제 정책을 짜서 대통령을 설득하고 실행하도록 한 것이다.

김재익은 국가 주도 계획경제에서 자유주의 시장경제로 우리나라를 변화시키고자 했다. 그는 금융을 중심으로 개혁했다. 실질적인 성장을 위해서는 물가를 안정시켜야 한다는 생각에 온갖 반대와 위협에도 불구하고 추곡수매가 인상률을 축소하고 정부 예산을 동결하는 등 재정적자를 축소했다. 국산품 애용의 정서에도 불구하고 수입자유화를 추진하여 대기업 독과점을 견제하고 서민 물가를 안정시켰다.

그가 강력히 추진했음에도 큰 반대에 부딪혀 추진하지 못했던 것도 있다. 조세 투명성을 위한 금융실명제다. 그는 금융실명제 도입을 추진했으나 실패했고 1983년 10월 북한의 버마(지금의 미얀마) 아웅산 폭탄 테러 때 숨졌다. 하지만 그가 설계한 경제개혁체제는 지속적으로 이어졌다. 금융실명제는 그의 후배들에 의해 다시 추진되어 10년 뒤인 1993년 김영삼 정부에서 도입되었다.

1985년 미국과 일본의 플라자합의는 우리나라가 고도 성장하는 기폭제가 되었다. 당시 미국은 엄청난 무역적자와 재정적자로 큰 위기를 겪고 있었고 일본은 세계를 호령하는 흑자국이었다. 미국의 요구로 1985년 미국, 영국, 프랑스, 독일(서독), 일본의 재무장관들이 뉴욕의 플라자호텔에 모였다. 여기서 플라자합의를 통해 미국의 달러 가치를 내렸고 일본의 엔화와 독일의 마르크화의 가치를 인상했다. 그러자 일본의 수출 경쟁력이 크게 약화되었다. 우리나라는 경제 체질을 개선해둔 덕에 3저 호황인 저유가, 저금리, 저달러를 맞이하여 이후 10여 년을 초고속 성장을 하게 됐다. 이 시기에 삼성이 반도체 산업에 처음 진출하여 일본 업체들을 누르고 급속히 성장했다.

경제 대통령이라고 불렸던 김재익에게 유명한 일화가 있다. 1980년대 초 그의 아들은 독재 정권에서 일하는 아버지를 탐탁지 않게 여겼기 때문에 "아버지는 독재자를 돕고 있어요!"라며 항의했다. 거기에 김재익은 "경제의 국제화는 독재정치를 어렵게 하고 내가 시장 경제를 도입하면 정치의 민주화는 당연히 따라온다."라고 대답했다고 한다. 김재익의 말대로 1980년대 경제가 성장하면서 1987년 민주화의 길로 향해가고 있었다.

3저 호황으로 경제적으로 크게 도약하던 시기인 1987년 6월 10일 시민과 학생들이 전두환 정부의 장기 집권을 막고 민주화를 이루어냈다. 이로써 대한민국은 산업화에 이어 민주화까지 이루어낸 몇 안 되는 나라가 되었다. 당시 국제 정세가 변화하면서 운이 따랐다. 1980년 5·18광주민주화운동 때 미국은 사실상 군부 독재의 편을 들었다. 미소 냉전이 극도에 달했던 시기였으므로 미국은 독재 정부일지라도 한국이 정치적 안정을 하는 편을 선택했던 것이다. 1987년 다시 민주화운동이 일어났을 때 군부 독재 정부는 더 이상 미국의 비호를 받을 수 없었다. 1985년 소련에 미하일 고르바초프가 집권하면서 경제위기를 탈출하고자 정치적, 경제적 변화를 도모하면서 미국과 소련이 냉전을 종식했기 때문이다.

1980년대에 대학생들 상당수는 5·18광주민주화운동부터 군부 독재에 항거하는 데 20대를 바쳤다. 그러다 보니 386 민주화 세대는 그 윗세대인 산업화 세대와 달리 미국에 대한 반감이 큰 특징이 있다. 그들은 크게 세 부류로 이동했다. 첫째는 대학 졸업 후 미국 패권의 세계화 시대에 한국 경제 세계화의 주역이 되었다. 1997년 IMF 외환위기로 대기업의 중견 간부들이 명예퇴직하자 그 자리를 채우며 빠르게 승진했다. 둘째는 1998년 이후 여야에서 청년 인재들을 영입하면서 주류 정치 사회에 빠르게 진입했다. 셋째는 노동

운동이나 시민운동을 이어가거나 지방 도시에 가서 사회적 경제를 일구었다.

한편 1980년대부터 서울 집중이 본격적으로 가속화되기 시작했다. 1980년대에 강남 개발과 아파트 신축을 본격화하고 1990년대에 일산과 분당 신도시를 조성하는 등 지방에서 올라온 청년세대의 거주지를 확충하고 주거와 교통 인프라를 서울에 집중했다. 모든 혁신 자본을 서울에 집중함으로써 고도성장을 이어갔으나 지역의 불평등이 지속되자 또 다른 여러 가지 경제, 사회, 정치 문제들이 불거졌다.

이 시기 생겨난 현시대의 커뮤니티 문제

1. 민주화 세대 이후 세대교체의 지연
   386세대가 청년기에 구축한 커뮤니티는 20여 년이 지난 지금까지 이어지며 주류 사회를 이루고 있다. 그들은 50대 중반에서 60대 연령으로 우리 사회의 모든 커뮤니티에서 의사결정자의 위치에 있고 그 아래 세대로 주도권이 크게 넘어가지 않은 상태다.
2. 수도권과 비수도권의 격차 확대
   1970년대 산업화 시대와는 달리 이 시기부터 서울을 비롯한 수도권이 모든 인적, 물적 자원을 빨아들이고 지방 도시들은 쇠퇴의 길로 가기 시작했다.

● 1990년대 말~현재

세계화 시대에 우리나라는 제조업 역량을 바탕으로 미국, 중국, 일본 사이에서 무역을 통해 성장했고 김대중 정부 때 문화산업을 키우기 시작한 이래 최강국이 되었다. 서울은 뉴욕, 런던, 파리, 도쿄와 어깨를 나란히 하는 메트로 도시가 되었다. 이 시기부터는 경제적 자본뿐만 아니라 커뮤니티 자본이 지속가능한 성장을 위해 중요한 시대가 되었다.

서울은 다양성과 개방성이 높아지며 새로운 것이 융합되고 창조될 수 있는 세계적인 도시가 되어갔다. 서울은 정부 주도의 기업과의 협력관계에서 벗어나 점차 민간 중심의 기업생태계로 변모해갔다. 스타트업들의 등장과 성장이 기폭제가 되었다. 1990년대 중반부터 IT 스타트업 1세대가 강남에 자리잡았다. 1995년 다음커뮤니케이션, 1997년 네이버, 1998년 이니시스가 강남에서 창업했다. 스타트업들은 장기간에 걸쳐 새로운 커뮤니티를 형성하고 생태계를 만들어갔다. 선배 기업들이 후배 기업들에 투자하고 성장을 도왔다. 2010년경부터 선배 창업가들을 중심으로 민간 중심의 스타트업 커뮤니티가 서울 강남을 중심으로 커졌다.

하지만 지방은 상황이 나빠졌다. 여전히 관 주도 하향식으로 경제적 자본 중심의 성장을 추구했고 커뮤니티 자본의 격차는 서울과 점점 더 벌어졌다. 그 결과 서울은 점점 더 발전되고 확장된 반면 지방은 위축되고 쇠퇴하였다. 정부도 이 문제를 인지하고 2000년대 들어 본격적으로 지역 균형 발전 정책을 통해 해결하려 했지만 그 효과는 크지 않았다.

수도권에서 지방으로 분산하려는 정책 사업 중 여러 정부에 걸쳐 추진된 사업으로 혁신도시가 있다. 2002년 말 대통령 선거에서 노무현 대선 후보는 행정수도의 충청권 이전과 지역 균형 발전을 공약으로 내걸었다. 대통령이 된 후 추진한 행정수도 이전이 2004년 10월 위헌으로 판정되자 공공기관 지방 이전을 통한 혁신도시 사업이 지역 균형 발전의 핵심 사업으로 추진되었다. 혁신도시는 10여 개의 도시를 선정하여 공공기관의 지방 이전을 통해 지역의 성장 거점화를 꾀한다는 전략이었다. 원래의 혁신도시는 3단계 로드맵을 가지고 있었다. 1단계로 공공기관의 지역 이전(2007~2012), 2단계 산·학·연 정착(2013~2020), 3단계 혁신확산(2021~2030)을 통해 지역을 혁신하겠다는 것이었다.

하지만 현재 정부의 혁신도시 사업을 보면 아직도 1단계에 머무르고 있는 듯하다. 일례로 서귀포 혁신도시를 가보면 잘 닦인 터에 건물들과 아파트들이 단지로 조성되어 있다. 그러나 이곳에 지역혁신 생태계는 없다. 이전 대상 기관들은 지방에 연수원이나 건물을 확보하는 수단으로 활용한 측면이 있다. LH공사, JDC와 같은 국토교통부 산하기관들은 부동산 개발 중심의 역할을 했을 뿐이다. 다른 지방 도시의 혁신도시들도 규모의 차이일 뿐 상황이 비슷하다. 지역의 정체성과 관련도가 낮은 공공기관 이전과 지역과 연계성 있는 사업의 부재는 부동산 개발과 직원 이주 이상의 결과를 낳지 못하고 있다.

세종시는 세종특별자치시가 되면서 행정수도에 버금가는 정부 부처들의 이전으로 집적이 이루어졌다. 그러나 세종시에도 문제가 있다. 획일적인 공무원의 도시가 되었다는 점이다. 다양한 정보와 네트워크 속에 인사이트를 키워나가야 할 공무원들이 세종시에 고립되면서 여러 가지 문제가 생기고 있다. 또한 공공기관을 이전한 다른 지방 도시에 부임한 공무원들은 서울에 가족을 두고 주말부부로 오가면서 KTX는 호황을 누리지만 지역혁신 생태계의 형성은 쉽지 않은 상황이다.

지방 도시로 공공기관을 이전한 것 자체는 문제가 아니다. 이를 추진한 방식이 근대화 추진 방식과 유사하게 경제개발 5개년 계획처럼 진행했다는 것이 한계일 것이다. 지방 도시 정체성과의 연결성, 지역혁신 생태계, 사람들의 일과 삶의 변화, 서로 다른 커뮤니티 간의 연결을 통한 시너지 창출에 대한 고려가 없었다. 이러한 하향식의 이전 추진은 근대화 토목 건설의 관성에서 벗어나지 못한 것이다. '한강의 기적'을 이룬 세대는 지역 균형 발전의 목표를 수립했지만 자신들이 경험한 방법론의 한계를 타파하지 못했다.

한편 이 시기에는 여성의 사회진출이 본격화되면서 사람들의 삶이 변화하고 지역에 대해 선호하는 조건도 변화했다. 엄마로서의 삶보다는 일로서 자신의 존재 의미를 찾는 여성들이 많아졌지만 경력단절 문제를 해결할 수 있는 경제적, 사회적, 문화적 변화는 따라가지 못했다. 여성들이 선호하는 일자리가 많은 서울은 지나친 경쟁 사회로 치달으면서 결혼, 출산, 육아를 많이 포기하고 있다. 지방은 일자리와 성장 기회가 많지 않기 때문에 청년들이 계속 떠나고 있다. 20대로 내려갈수록 여성과 남성은 서로를 경쟁자로 여기는 경향이 생겨서 이대남, 이대녀라고 부르며 반목하는 경향이 커지고 있다.

이 시기 생겨난 현시대의 커뮤니티 문제

1. 서울과 지방의 커뮤니티 자본의 격차 확대
   서울은 민간 주도의 스타트업 커뮤니티가 커진 반면에 지방은 정부 주도의 하향식 지역개발 방법이 지배적이며 민간의 혁신 커뮤니티가 부족하다. 그 결과 기업과 청년세대는 성장 기회를 찾아 서울로 계속 떠나고 있으며 많은 지방이 소멸 위기에 처해 있다.
2. 여성과 남성의 사회적 역할 변화와 갈등 심화
   여성의 사회진출이 늘어나고 있는데 남녀의 성별 분업의 문화와 제도는 변화하지 않고 있다. 여성은 출산과 육아로 경력단절이 될 바에는 비혼과 비출산을 선택하고, 남성은 군대에 다녀와야 하고 여성들과 경쟁하면서 동시에 가장이 되어야 한다는 압박감이 크다. 성별 분업 시대의 문화와 제도가 아직 남아 시대의 변화를 못따라가면서 청년층의 남녀 갈등은 갈수록 심해지고 있다.

● 이제는 성공 방정식을 바꾸어야 할 때

지금까지 70여 년이라는 경제성장 시기에 커뮤니티 자본에 어떤 문제가 생겼는지를 살펴보았다. 저개발국에서는 경제적 자본만을 추구해도 성장할 수 있었다. 하지만 경제적으로 선진국이 된 상황에서 우리가 풀어야 할 문제들은 커뮤니티 자본 없이는 해결할 수 없는 것들이다. 커뮤니티 자본이 부족하면 사람들은 서로 반목하고 삶의 의미와 행복감을 잃게 된다. 또한 계층 간, 지역 간 불균형과 격차가 심화된다. 누적된 문제가 잠복되어 있다가 곳곳에서 터지는 것이다. 이제는 커뮤니티 자본이 없다면 경제와 사회의 지속가능성은 불가능하다.

그렇다면 커뮤니티 자본은 도대체 어떻게 키울 수 있을까? 커뮤니티 자본을 키워낸다면 정말 나와 우리가 더 나은 삶을 살 수 있을까? 장기간 변화의 방향을 명확히 이해한다면 현재 이미 일어나고 있는 의미 있는 실천 사례들을 발견하여 확산할 수 있을 것이다. 나는 이런 사례들을 가까이에서 지켜보며 우리 사회의 미래에 대해 희망을 품게 되었다. 이제부터가 시작이다. 지난 반세기 이상 잘해온 것처럼 앞으로의 과제도 잘 풀어낼 것이라고 믿는다.

3장

커뮤니티 자본이 미래의
부이다

1.
커뮤니티 자본 시대가 활짝 열렸다

전국구 로컬크리에이터 커뮤니티가 만들어졌다

◆ ◆ ◆ ◆

2022년 12월 2일 전남 순천 브루웍스에서 전국 각지에서 활동하는 100여 명의 로컬크리에이터들이 모였다. 여기서 사단법인 로컬브랜드포럼이 출범했다. 5일 뒤인 12월 7일에는 충남 공주에서 '로컬이 미래'라는 주제로 전국 27개 청년마을 만들기 사업가들이 모여 3일간 청년마을 성과공유회 Y-로컬 콘퍼런스를 열었다. 12월 20일과 21일에는 울산민관협치센터가 주관하는 '로컬다이브@울산'이 열렸다. 2022년 6월에는 경주에서 로컬브랜드페어가 열렸다. 모두 2022년에 일어난 일들이다. 바야흐로 로컬이 대세다. 여전히 다수는 서울이 중심이라고 생각하지만 지역혁신가들은 활발하게 자신들의 커뮤니티를 만들고 있다. 불과 몇 년 전까지는 상상 속에서만 있었던 일이다. 그동안 어떤 일이 일어난 걸까?

4년 전인 2018년 제주창조경제혁신센터가 제주에서 제이커넥트데이를 열어 전국의 지역혁신가들을 한자리에 모아 처음으로 전국구 커뮤니티를 만들었다. 매년 전국의 다양한 지역혁신가들 100여 명을 찾아서 초대했고 3~4일간 실천가들의 커뮤니티들을 만들어갔다. 그들은 이후에도 서로의 활동 장소를 방문하면서 커뮤니티를 키워갔다. 이 흐름을 이어 2019년에 서울 성수동에서 중소벤처기업부와 전국 창조경제혁신센터가 주최한 제1회 로컬크리에이터 페스타가 열렸다. 나는 이 페스타의 총괄 PM으로서 그동안 제주에 모았던 전국의 로컬크리에이터들을 성수동의 페스타에 모았다. 이를 통해 새롭게 떠오르는 로컬크리에이터 트렌드를 세상에 선언하고 전국구 커뮤니티를 본격적으로 확장하는 계기를 만들고자 했다.

그렇게 형성된 로컬크리에이터 커뮤니티는 이후 다양하게 성장했다. 3년이 지나 민간 주도의 로컬브랜드포럼과 로컬브랜드페어가 만들어졌다. 행정안전부, 지자체, 대기업의 콘퍼런스들은 제이커넥트데이와 로컬크리에이터 페스타 방식을 벤치마킹해서 행사의 질을 업그레이드했다. 유명 연사들을 초대하고 청중에게 일방적으로 지식을 전달하는 방식은 낡은 유물이 되었다. 행사들은 참여자 모두가 함께 서로 실천적 지식을 나누고 학습하는 실천커뮤니티의 장으로 변화하고 있다. 새롭게 만들어진 커뮤니티는 기존의 수직적이고 폐쇄적인 집단과 달랐다. 그들은 경계를 허물고 창의성을 추구하는 수평적 커뮤니티를 추구한다. 로컬브랜드포럼은 다음과 같이 선언했다.

"우리는 로컬에서 길을 찾는 창업가들의 창의적 커뮤니티를 기반으로 경계를 허물고 자유롭게 협력하며 함께 성장하는 로컬 비즈니스 생태계를 구축하고 독창적 비즈니스로 지역의 미래를 바꾸고 세계를 연결하는 로컬 라이프스타일 산업을 만들어갑니다."

사실 2022년 12월 공주에서 열린 청년마을 성과공유회는 행정안전부의 청년마을 만들기 사업 행사였다. 그런데도 이곳에는 그 흔한 고위공무원의 방문과 격려사가 없었다. 최우수 청년마을 만들기 사업자에 대한 시상도 없었다. 대신 청년들이 원하는 연사들을 초대해 발표하고 네트워킹하고 청년들이 발표하거나 각자 주제를 정해 언콘퍼런스unconference 형식의 소셜 살롱을 열었다. 각 청년마을의 주체들이 자신들의 경험과 지식을 나누는 커뮤니티의 장인 것이다.

제주창조경제혁신센터와 강원창조경제혁신센터 센터장 임기를 7년으로 마친 나와 한종호 센터장은 각각 액셀러레이터 크립톤과 소풍벤처스의 파트너로서 참여하여 강연과 패널토의를 진행했다. 우리 둘은 기관장일 때 로컬크리에이터 생태계를 만드는 데 주력했다. 이제는 기관장의 책임을 벗어 던지고 청년들을 만나서 배운다. 그리고 로컬에서 변화를 만들어가는 훌륭한 청년들을 만나고 함께 얘기할 수 있다는 것만으로도 행운이고 감지덕지라고 느꼈다.

이제 커뮤니티 자본을 본격적으로 키워야 한다

✦ ✦ ✦ ✦ ✦

어떻게 이렇게 성과공유회가 달라질 수 있었을까? 공공혁신가가 획득한 커뮤니티 자본이 있었다. 나는 청년마을 만들기 사업 담당인 행정안전부 곽인숙 사무관을 10월 초 지리산포럼에서 만났다. 지리산포럼은 사회적협동조합 지리산이음에서 여는 시민사회의 실천커뮤니티 행사다. 함께하는시민행동과 다음세대재단에 몸담았던 조아신이 지리산 실상사 앞의 남원 산내면으로 이주해서 2015년부터 매년 열어온 행사다. 지리산포럼과 제이커넥트데이는 마치 쌍둥이처럼 닮았다. 시민사회와 창업가 커뮤니티라는 차이가 있을 뿐 비슷한 가치를 지향하고 있다. 어쩌면 조아신 이사장과 내가 한때 함께 몸담았던 다음커뮤니케이션의 '다양한 소리多音'의 가치와 '세상을 즐겁게 변화시킨다'는 미션을 공유하고 있기 때문이 아닐까 싶다.[*]

지리산포럼에서 곽인숙 사무관은 두 달 뒤 열릴 청년마을 성과공유회를 어떻게 하면 잘 열 수 있을지 고민하고 있었다. 그녀는 전북 완주의 청년마을 만들기 사업가인 문화예술협동조합 씨앗의 김주영 대표가 추천하여 그 포럼에 참여했다. 나는 그녀에게서 공공혁신가의 모습을 발견했다. 그래서 제주창조경제혁신센터에서 제이커넥트데이를 비롯해 실천커뮤니티로 만들었던 노하우를 아낌없이 알려주었다. 그녀는 다음 달 제이커넥트데이에 벤치마킹을

---

[*] 실제로 '지리산이음'의 '이음'도 '다양한 소리異音'를 뜻한다.

하기 위해 날아왔다. 나는 그날 제이커넥트데이의 지난 5년을 리뷰하는 세션을 진행했다. 그녀는 이틀간 참여하며 노하우와 네트워크를 얻어갔다. 몇 주 뒤 공주에서 청년마을 성과공유회가 열렸다. 행사의 기획 파트너로 군산의 로컬크리에이터인 ㈜지방의 조권능 대표가 활약했다. 그는 몇 년 전에 제이커넥트데이에 참여했던 경험이 이 행사 기획에 큰 도움이 되었다고 말했다.

행사가 끝나고 나서 12월 10일 토요일에 전주의 즐거운도시연구소의 정수경 박사가 로컬의 지식 커뮤니티를 만들어가는 사람들을 초대했다. 한종호 센터장과 내가 3월과 5월에 센터장을 퇴임하고 난 후 강원 센터의 파트너 연구자와 제주 센터의 파트너 연구자 등을 모아서 만들게 된 소규모 모임이다. 로컬연구자 조희정 박사, 지리산이음 조아신 이사장, 행정안전부 곽인숙 사무관, 즐거운도시연구소 정수경 박사, 제주더큰내일센터 김종현 센터장, 메타기획컨설팅 최도인 본부장, 일in연구소 황세원 대표, 임팩트스퀘어 류인선 실장 등이 함께하는 로컬 지식 커뮤니티다.

이렇게 2022년은 지금까지 언급한 것들 외에도 미처 다 가보지 못할 정도로 많은 로컬 커뮤니티가 역동적으로 만들어진 시기였다. 지난 몇 년간 축적되어 온 로컬 커뮤니티 자본의 티핑포인트였다. 커뮤니티 자본의 본격적인 성장은 우리 사회를 근본적으로 변화시킬 것이기에 2022년 하반기 석 달은 앞으로 두고두고 기억될 것이다.

커뮤니티 자본은 우리 사회에 만연한 수직적 위계 중심의 조직문화와 타 집단과 경쟁하고 배척하는 사회를 근본적으로 바꾸는

데 필요한 자본이다. 이 자본은 개인과 개인, 개인과 커뮤니티, 커뮤니티와 커뮤니티가 서로 더 나은 관계를 맺고 가치를 창출하며 선순환하도록 돕는다. 경제적 자본이 화폐, 부동산 등 다양한 재화를 통해 구성되듯이 커뮤니티 자본은 사람 사이의 신뢰, 먼저 주기, 지식 공유, 협력, 커뮤니티 리더십이라는 다양한 재화를 통해 구성되기 때문에 경제적 자본만 성장한 사회의 문제를 해결한다. 지난 70년간 커뮤니티 자본을 희생하고 경제적 자본의 성장만을 위해 달려온 우리 사회가 이제 커뮤니티 자본을 함께 키우는 방향으로 전환될 것을 기대한다.

2.
커뮤니티 자본으로 행복해지는 길을 가다

지역은 세대 간 협력을 통해 변화하고 바뀔 수 있다

✦ ✦ ✦ ✦ ✦

2022년 여름에 나는 목포로 출장을 떠났다. 호남권 엔젤투자허브 행사에서 『스타트업 커뮤니티 웨이』에 관한 강연을 하게 된 것이다. 제주공항에서 오전 비행기로 광주로 가서 목포행 기차를 탔다. 강연을 마친 후 그날 저녁 바로 되돌아오는 일정이었다. 그런데 그날 저녁 갑자기 계획을 변경하기로 했다. 꼭 만나고 싶었던 60대 부부가 다음 날 목포로 온다는 소식을 들었기 때문이다.

나는 목포 원도심에서 1박을 했다. 그날 내가 머문 숙소는 목포 KTX역에서 걸어서 10분 거리에 있는 '카세트플레이어'였다. 목포의 오래된 여관인 우진장을 리모델링해서 만든 뉴트로풍의 숙소다. 2층에는 실제 카세트플레이어를 재생할 수 있는 매력적인 장소도 있다. 이 공간은 내게도 특별한 의미가 있었다. 2019년에 쓴 책 『밀레니얼의 반격』에 목포에서 활동하는 공장공장의 홍동우, 박명호 대표와 목포 우진장의 인연 이야기를 담았기 때문이다.

내가 그 책을 쓸 때 그들은 서울에서 만나 창업해 제주로 이주해 게스트하우스를 운영하다가 그즈음 목포로 이주해서 활동하기 시작한 지 1년이 됐을 때다. 제주에서 게스트하우스를 운영할 때 손님으로 알게 된 강제윤 시인이 자신이 매입한 목포 우진장을 20년 무상으로 공장공장에 임대할 테니 목포에 와서 활동할 것을 권유한 것이다. 공장공장은 목포로 이주했지만 바로 우진장을 사업에 활용하는 데는 어려움이 있었다. 오래된 건물이라 리모델링에 자금과 시간이 필요했기 때문이다.

대신 그들은 목포 원도심에서 바로 쓸 수 있는 다른 빈 건물들을 탐색했고 오랜 기간 병원과 식당으로 활용된 3층 건물을 구했다. 문제는 그 건물을 매입할 돈이 없었다. 그러던 중 강제윤 시인으로부터 서울 강남에 사는 성공한 벤처사업가를 소개받았다. 두 대표는 그 사업가에게 건물을 매입해서 자신들에게 장기 임대를 달라고 설득했다. 그는 건물을 매입하고 좋은 조건에 임대하기로 했다. 그런데 그들이 합의한 계약서가 특이하다. 일반 임대차 계약처럼 매달 꼬박꼬박 임대료를 내되 독특한 조건이 있었다. 임차인이 사업을 통해 사회적 가치를 실현해야 한다는 것이었다. 대신 임대료는 일반보다 저렴한 수준으로 장기간 임대하는 좋은 조건이었다. 그리고 벤처사업가는 공장공장의 사업 세부 내용에는 관여하지 않겠다고 했다.

공장공장은 이 장소를 '반짝반짝 1번지'라고 명명했고 2018년

'괜찮아마을' 사업을 운영했다. 이 사업은 '쉬어도 실패해도 다시 시작해도 괜찮은, 괜찮아마을'이라는 슬로건으로 지치고 희망을 잃어가는 청년들이 이곳에 와서 한 달 내외로 함께 살고 배우고 나누면서 대안적인 인생을 모색할 수 있도록 하는 프로그램이다. 이 프로그램은 큰 성공을 거두었다. 이 사업이 시초가 되어서 행정안전부의 청년마을 만들기 사업이 만들어졌고 그 후 3년 사이에 전국 27개 지역으로 확산되는 계기가 되었다.

괜찮아마을 사업 덕분에 공장공장은 목포에 성공적으로 정착했다. 이 프로그램을 통해 목포에 머물렀던 청년 중에 목포에 남는 사람들이 생겼다. 홍동우, 박명호 대표부터가 목포에서 결혼하고 정착했다. 홍동우 대표는 목포에서 자주 가는 식당 집 딸과 2020년에 결혼했다. 박명호 대표는 괜찮아마을에 참여했던 여성과 2022년에 결혼했다. 그녀는 서울의 대형 광고기획사를 9년간 다니다 번아웃이 와서 목포에 왔다가 박명호 대표와 만나 연애를 하게 되었고 그의 설득으로 강제윤 시인으로부터 우진장을 매입했다. 그리고 그와 결혼 후 대기업을 그만두고 목포에 정착하게 된 것이다.

그녀는 이제 우진장을 리모델링한 카세트플레이어의 대표로서 숙소를 운영한다. 그녀는 벤처사업가와 공동 건물주다. 건물을 리모델링할 비용이 없어서 사업을 시작하지 못하자 반짝반짝 1번지를 매입해서 괜찮아마을에 임대했던 벤처사업가가 자신이 절반의 지분을 매입하겠다고 했던 것이다. 그래서 그녀는 공동 건물주이자 그 건물의 임차인으로서 숙소를 운영하는 카세트플레이어 대표가 됐다.

　나는 박명호, 김민지 부부로부터 그동안 진행된 이야기를 들으며 그 벤처사업가를 소개해달라고 부탁했다. 서울에서 후배 스타트업에 투자하는 엔젤투자자는 많이 보았지만 그렇게 지역의 건물을 매입해서 로컬크리에이터에게 임대를 하는 방식으로 투자한 사람은 처음 보았다. 그들은 세대 간, 지역 간 협력하는 새로운 가능성을 보여주었다는 생각이 들었다. 그래서 그 투자자가 어떤 사람이며 어떤 동기에서 그런 일을 했는지 궁금했다. 그리고 그가 박명호, 김민지 부부와 협업한 것과 같은 세대 간, 지역 간 협업의 확산 가능성을 탐색해보고 싶었다.

　박명호 대표가 연결해주면 나는 서울에 가서 그 벤처사업가를 만날 생각이었다. 그런데 마침 다음 날 그 벤처사업가 부부가 목포에 온다는 것이 아닌가. 카세트플레이어가 리모델링된 후 처음 방문하는 날이었다. 그들은 함께 개관 기념 고사를 지낸 후 첫 숙박을 하기로 했다. 나는 급히 기차표와 비행기표를 다음 날로 바꾸고 편의점에 가서 일회용 면도기와 양말을 사서 1박을 준비했다.

　다음 날 오후 3시에 그 부부를 카세트플레이어 1층 방에서 만날 수 있었다. 그들은 조용하고 선량한 이미지를 가진 분들이었다. 치열한 벤처 기업의 대표를 했다는 게 믿기지 않는 인상과 말투였다. 나는 그에게 내 소개를 했다. 내 삶이 어떤 과정에 의해서 여기까지 다다랐으며 그것이 목포의 괜찮아마을과 카세트플레이어에 대한 관심으로 이어지고 있는지와 왜 만나고 싶어서 기다렸는지를 말했다.

묵묵히 미소를 지으며 듣고 있던 그가 말을 꺼냈다.

"초면에 그렇게 자신을 소개하시는 것을 보니 제게도 그런 소개를 기대하시는 거 같네요."

그는 자신의 인생 이야기를 풀어냈다. 그 이야기는 그의 대학 시절부터 지금까지 40여 년의 이야기였다. 옆에서 부인께서 말이 길지 않냐며 살짝 걱정했지만 그는 얘기를 멈추지 않았다. 실제로 그의 이야기는 매우 감동적이었기에 전혀 지루하지 않았다.

1960년대 초반에 태어난 그는 대학에서 인문학을 전공했다. 그가 테크 영역에 발을 딛게 된 것은 우연이었다. 첫 직장이 대기업이었는데 1980년대에 막 시작됐던 반도체 수출 업무를 맡게 되었기 때문이다. 급성장하던 회사에서 해외지사 근무를 경험하고 본사에 돌아와 수출과장을 맡는 등 탄탄한 커리어를 쌓고 있었다. 어느 날 고교시절 친했던 전자공학과 출신의 동창을 만나 서로의 근황을 나누던 중 그 친구가 동료 후배들과 기술 벤처 창업을 준비하고 있다며 창업 예비 공간에 꼭 한번 놀러 오라고 청하였다. 그들과 대화를 나누다 보니 기술 벤처라는 도전에 큰 관심이 갔다. 그들은 자신들은 엔지니어라 경영을 잘 모르니 그에게 경영부분의 임원을 맡아달라고 했다. 고심 끝에 소위 잘 나가던 대기업을 그만두고 그 신생 기술벤처에 합류했고 6년 만에 코스닥에 상장했다. 그리고 바로 자신이 대표로서 벤처를 새로 창업했고 그 회사도 다시 10년 뒤 동종 업계 경쟁사인 상장법인과 대등한 조건으로 합병하면서 상장사가 되었다.

이렇게 두 번의 벤처기업 상장을 해냈지만 그에게는 급격한 상승과 하락의 중요한 시기마다 자신을 돌아보는 순간들이 있었다. 첫 번째 회사가 상장하자마자 IMF 외환위기가 발생해 기업가치 하락을 경험했다. 그때 막 새로운 회사를 창업했는데 초기에 매우 어려운 시기를 보냈다. 그러다가 2000년에 닷컴버블이 일어나면서 갑자기 회사들이 큰 투자를 유치하고 흥청망청하는 것을 보았다. 세상을 변화시켜보자고 시작했던 기업가들이 큰 투자를 받고 주목받자 돈이 돈을 부르는 것에만 빠져서 사람이 변하는 것을 보았다. 그러다 버블이 꺼지자 별이었던 그들이 순식간에 흔적 없이 사라지는 것도 목격했다. 2007년 서브프라임 모기지 경제위기 때도 비슷한 상황을 다시 보았다.

두 번의 상장을 통해서 기술 벤처사업가로서 성공을 거두었다. 하지만 그는 시작점부터 인문학도였다. 첫 직장에서 우연히 대기업 반도체 관련 일을 하면서 이 길로 들어선 것일 뿐이었다. 2010년경 그는 벤처사업가로서의 경력을 마치기로 결심했다. 벤처사업가로서 큰돈을 벌었지만 자신은 인문적인 사람이고 사회에 관심이 많다는 것을 비로소 깨달았다. 사업에서는 충분히 보상을 받았기 때문에 연연해하지 않고 접었다. 삶이 좀 더 여유롭고 행복한 쪽을 찾는 것을 우선으로 했기 때문에 사업을 하더라도 꼭 자기가 해야 하는 건 아니라고 생각했다. 내가 생각하는 방향과 맞는 일을 더 의욕 있게 더 잘하는 친구들이 있다면 도와줌으로써 그걸 통해서 만족을 얻을 수 있지 않을까 하는 생각이 들었다. 그 방법은 여러 가지가 있을 것이고 꼭 이런 방법으로만 해야겠다고 정할 필요도 없었다.

그에게는 사업가의 삶에서 방향 전환이 필요했다. 살아온 일과 삶의 방식과 사고를 리셋하기 위해서 부부가 함께 다양한 것들을 배우러 다녔다. 제주도를 자주 다녔는데 한번 살아보고 싶어서 제주도 동부 해안가 마을에 집을 얻어 5년간 살기도 했다. 재단을 만들까 생각도 하고 이미 잘하고 있는 재단에 기금을 만들까 생각도 했다. 그러나 우리나라 재단들은 선한 의도를 내세우지만 실제는 자녀들에게 유산을 물려주려는 것이라는 부정적인 사실을 알게 되면서 고민이 더 깊어졌다. 미국, 유럽 등의 지역재단들이 지역사회에서 정부가 미처 하지 못하는 좋은 역할을 잘하고 있다고 해서 국내에서 몇 년 전 막 시작된 대표적인 지역재단 중의 한 곳에 이사로서 참여하여 1년간 일을 하기도 했다. 그렇게 이곳저곳을 견문한 결과 제대로 발전하려면 시간이 오래 걸리겠다는 것을 깨달았다.

그러다 임팩트 투자에 대해서 알게 되어 공부를 하다가 여행 중 친해진 강제윤 시인이 연락을 해와 흥미로운 청년들이 있으니 목포에 들러보라고 했다. 그래서 그는 제주의 집에서 출발해서 목포로 향했고 박명호, 홍동우 대표를 처음 만나게 된 것이다.

산업화 시대 세대가 커뮤니티 자본에 투자하고 있다

✦ ✦ ✦ ✦ ✦

공장공장의 두 대표는 첫 만남에서 벤처사업가인 그에게 사업을 브리핑했다. 그들은 우리나라의 청년들이 불행하고 자살률이 높은 문제를 당사자로서 지역에서 해결하고 싶어했다. 벤처사업가는 그것을 듣고 자신이 생각했던 임팩트가 있을 수도 있겠다는 생각이 들었다. 이 청년들이 뜨내기처럼 지역에 왔다가는 것이 아니라 정말 이곳에 잘 정착할 수 있다면 의미 있겠다 싶었다. 몇 개월간 공장공장 대표들을 지켜보았는데 떠나지 않고 계속 무언가 해내고 있었다. 그리고 말만 앞서지 않고 자신들이 한 약속을 지켜내는 실천력을 보여주었다. 그래서 그는 건물을 매입하고 그들에게 임대하게 된 것이다.

나는 그 벤처사업가 부부에게 물었다. "오늘 이곳에서 주무시는 것이 그 어떤 고급 호텔에서 묵으시는 것보다 더 만족스럽지 않으세요?" 그분들은 웃으며 동의했다. 나는 또 물었다. "선생님 주변의 친구분 중에 선생님 같은 분들이 계신가요?" 그는 없는 것 같다고 했다. 심지어 목포에 건물을 매입한 것도 지인들이 자신들의 뜻을 제대로 이해하지 못할 것 같아 주변에 얘기하지 않았다고 한다.

그분들과 대화하면서 그동안 386세대에 대한 오해가 풀렸다. 나는 흔히 386세대는 위계적 조직의 상층 지위에 연연한다고 생각했다. 그 세대 중에서 나서기를 좋아하는 과대 대표된 사람들에 대한 인상을 가지고 있었던 것이다. 진짜는 조용히 자신의 가치관을 실천하며 살아가고 있었다. 그들에게 필요한 건 다양한 세대, 영역, 지역과 연결될 충분한 기회였다.

그들은 경제적 성공만 추구하는 삶이 아니라 자신의 행복과 만족감을 위한 삶을 선택했다. 조직이 아니라 커뮤니티 자본을 키워가며 조용히 자신의 삶과 가치관을 실천하고 있었다. 그들은 자신과 다른 세대, 다른 지역과 연결되는 삶을 향해서 가고 있다. 그 세대에 그런 분들이 다수가 아닌 것은 사실이다. 하지만 미래에 그런 분들이 더 많아지도록 할 수 있는 일이 있지 않을까? 만약에 그들이 나 같은 X세대에게 롤모델이 되고 그런 가치와 문화가 확산된다면 가능한 일이다. 그렇게 된다면 10년 뒤의 세상은 지금보다 더 아름다워지지 않을까? 나는 그 부부에게 나 같은 세대에게 좋은 선배가 되어서 변화를 확산할 수 있도록 해달라고 설득했다.

일본은 우리보다 먼저 고령화가 진행되었다. 경제적 자본을 많이 쌓은 세대가 노인이 되었다. 우리나라도 일본과 크게 다르지 않은 고령화 사회로 접어들었다. 그들이 청년세대와 연결되지 않는다면 어쩌면 가장 고립되고 불만족스러운 노인으로 살다가 고독하게 세상을 떠날 것이다. 그런데 목포에서 만난 부부는 달랐다. 성공한 기업가로서의 자신의 정체성을 내던지고 자신의 행복을 위해서 다른 길을 택했다. 시니어 세대가 자신이 행복해지기 위해서 커뮤니티 자본을 키워갈 때 지역과 청년세대가 당면한 문제도 자연스럽게 실마리를 풀어낼 수 있을 것이다.

3.
커뮤니티 자본은 성장 기회의 평등을 만든다

누구에게나 성장을 도와주는 커뮤니티가 필요하다

◇ ◆ ◆ ◆ ◆

생각해보면 지난 수십 년간 내가 성장해 온 과정에서 나 혼자 힘으로만 성장한 적은 없었다. 나는 10대에 개발자가 되었고, 20대에 문화 기획을 배웠고, 30대에 개발본부장을 했고, 40대에 지역 창업생태계를 조성하는 기관장을 했다. 이렇게 끊임없이 변화하고 성장할 수 있었던 것은 그때마다 나의 성장을 돕는 커뮤니티가 있었기 때문이다.

나는 초등학교 6학년 때 컴퓨터 프로그래밍을 시작했다. 그해 창간된 월간 『마이크로소프트웨어』(이하 월간 마소)를 구독하고 독학으로 프로그래밍을 마스터했다. 그리고 중학교에 들어가서 학교의 성적 처리 전산화를 주도해서 개발했다. 이 과정에는 나에게 성장의 기회를 준 커뮤니티가 있었다.

1983년은 PC가 처음 들어와서 대중화되기 시작했던 때다. 그 거점이었던 세운상가에 아버지 회사가 있었기에 PC를 빨리 접할 수 있었다. 아직 개발자가 유망 직업으로 부상하기 전이었기에 월간 마소 구독자들은 취미로 프로그래밍하는 사람들이 대부분이었다. 마치 『과학동아』를 구독하는 것처럼 취미가 비슷한 사람들끼리 10대에서 50대까지 나이를 초월한 프로그래머 커뮤니티가 형성되었다. 중학생 때 월간 마소에서 주관하는 공모전에서 어른들과 경쟁해서 입상했고 내 코드가 매거진에 실렸다. 프로그래머 커뮤니티는 내게 큰 효능감을 불러일으켰고 성장의 기회를 주었다.

대학 때는 다양성과 창조성의 문화운동 커뮤니티가 나의 준거 집단이었다. 나는 '또하나의문화'라는 문화운동 단체에서 여러 활동을 했다. 이곳에서 친구들과 함께 연극 창작 소모임을 만들었다. 연세대학교 사회학과의 조한혜정 교수님은 우리에게 선배 두 사람을 붙여주었다. 한 선배는 브레히트와 베케트를 전공한 영문학과 대학원생이었고 다른 한 선배는 비트겐슈타인을 전공한 철학과 대학원생이었다. 우리는 또하나의문화의 영상 소모임에도 참여하고, 동인지에 글도 쓰고, 회원들 앞에서 공연하기도 했다. 또하나의문화는 내 삶 전반에 걸쳐 문화적 역량을 키워낼 수 있는 기반을 마련해준 커뮤니티였다.

나는 그 커뮤니티에서 선배와 친구들의 강점을 배우고 내재화할 수 있었다. 이러한 경험은 40대가 되어 2012년 다음커뮤니케이션의 조직문화 혁신을 위한 프로그램을 만들 때와 2015년 제주창조경제혁신센터 센터장을 맡았을 때 다시 소환되어 활용되었다. 20

여 년 후에 내가 사용할 수 있는 큰 자산이 된 것이다.

　30대 중반에 다음커뮤니케이션에 입사하기로 결정한 것은 회사의 개발자 문화와 커뮤니티가 멋져 보여서였다. 2006년 당시에 나는 공동 창업했던 회사를 정리하고 이직을 준비하고 있었고 막 구글코리아에서 면접을 보았다. 그런데 다음커뮤니케이션에서 최고운영책임자COO를 맡고 있던 지인이 내게 제주도에서 다음커뮤니케이션 개발자 콘퍼런스가 열리니 놀러 오라고 초대했다. 당시 다음은 네이버에 밀려 1등의 자리를 내주고 절치부심하던 시기였고 다음의 독특한 개발자 문화를 중심으로 회사의 경쟁력을 높이기 위해 전략을 수립하던 시기였다. 또한 제주도에 2년간의 선발대 이주 실험을 마치고 2006년에 제주시 오등동에 글로벌미디어센터를 완공하여 미디어본부와 검색본부가 이전을 하고 있었다. 그 콘퍼런스에서 나는 초대된 대학생들과 함께 한 술자리에서 대기업을 가는 대신에 다음과 같은 회사에 입사해서 꿈을 펼쳐보라고 말했다. 아이러니한 것은 내가 한 말에 나 스스로가 설득되었고 그해 11월에 다음커뮤니케이션에 입사하게 되었다.

　이렇게 나는 성장할 기회를 만날 때마다 항상 든든한 커뮤니티의 도움을 받았다. 그러나 모든 사람에게 성장 기회를 주거나 성장할 수 있도록 도와주는 커뮤니티가 존재하는 것은 아니다. 나는 그러한 사실을 깨닫게 된 후부터 잠재력이 있는 인재들을 발굴해서 커뮤니티의 경계를 넘어서 성장할 수 있도록 돕는 일에 관심을 가지게 되었다.

커뮤니티 자본은 차별 없는 성장의 기회를 제공한다

✦ ✦ ✦ ✦

1인 개인사업자였던 이형주를 처음 본 것은 2016년 10월 제주 창조경제혁신센터 체류 프로그램 네트워킹 시간이었다. 그는 온라인 코딩 교육 사이트 '인프런inflearn'을 만들어 운영하고 있었다. 나는 개발자 출신이기에 호기심이 들어서 그에게 따로 만나서 얘기를 나누자고 했다.

처음 본 그는 말이 다소 어눌했다. 다니던 회사를 뛰쳐나온 후 인프런은 조금씩 사용자 수가 늘어서 자신의 급여 수준을 벌기 시작했지만 아직 본격적인 사업이라고 보기는 어려웠다. 혼자 일하니 장소에 구애받지도 않았고 여자 친구와도 헤어지게 되어 헛헛하던 차에 제주도 한달살이 프로그램을 보고 신청했던 것이다. 그는 제주에 와서 바다를 보며 일하기도 하고 제주의 개발자 커뮤니티들과 교류하면서 힘을 내게 되었다.

온라인 교육 사이트들은 당시에도 국내외에 많이 있었다. 인프런은 기술적으로는 차별점이나 뛰어난 부분이 없었다. 실제로 그때 그는 자신의 서비스가 성장성이 높을 것으로 생각하지 않았다. 1인 회사여서 투자 유치에 대한 생각도 해본 적이 없었다. 그런데 그와 대화를 하면서 흥미로운 면을 발견했다. 그의 창업 동기가 명확하다는 것과 이해관계자들을 대하는 진정성 있는 태도였다.

그가 인프런을 만든 것은 자신이 겪은 '성장 기회의 불평등' 경험 때문이었다. 그는 전산 전공자가 아닌 대학 중퇴자인데다가 30대 중반이 되어서야 프로그래밍을 독학으로 공부했다. 25세에 네오위

즈에서 하는 게임 아카데미도 지원해 합격했지만 대학생이 부담하기에는 높은 수강료 430만 원 때문에 입학을 포기했다. 31세에 유튜브로 코딩 강의를 들으며 공부했다. 게임아카데미 수강을 포기하고 어렵게 웹에이전시 회사에 개발자로 취업했지만 고객의 수준 높은 요구를 따라가기에는 자신의 개발 역량이 아주 부족했다. 그에게는 '고수의 가르침'이 절실했지만 회사에는 자신에게 도움을 줄 뛰어난 동료가 없었다. 그래서 그는 자기 자신을 위해서 인프런 서비스를 만들었다. 현장의 전문가들이 지식공유자가 되고 누구나 저렴한 비용으로 생생한 지식을 얻으며 배울 수 있도록 하고 싶었다.

창업가로서 그에게는 특별한 점이 있었다. 지식공유자들을 자신의 돈벌이 수단으로만 보지 않고 진정한 파트너로 생각하고 있었다. 그들 한 명 한 명에게 양질의 지식을 공유하도록 마음을 다해 설득했고 충분한 수익을 가져갈 수 있도록 했다. 더 나아가 자신의 경쟁자조차도 잠재적인 파트너로 만들 수 있는 소통 능력이 있었다. 말을 더듬는 습관은 신뢰감을 주는 대화와 협상에 전혀 장애가 되지 않았다.

그는 학습하고 성장하는 태도가 남달랐다. 첫 만남에서 그는 스타트업 투자 유치와 스케일업에 대해서 전혀 알지 못했다. 나는 그에게 기본 개념을 설명하고 『스타트업 펀딩』 책을 소개했다. 그는 3일 만에 그 책을 다 읽고 나서 연락을 해왔는데 핵심적인 내용을 다 학습한 상태였다. 이러한 그의 태도는 최고경영자로서 인프랩의 서비스와 조직의 성장에 맞추어 계속 변화하고 성장할 수 있는 발판이 되었다.

나는 그를 국민대학교 이민석 교수에게 소개해 만나도록 했고 함께 엔젤투자를 하자고 제안했다. 이민석 교수는 NHN NEXT(현 네이버 커넥트재단) 학교 교장을 역임한 개발자 교육 전문가다. 그는 코딩 교육 서비스에 대해서 가장 잘 아는 사람이었고 무엇보다 나와도 추구하는 가치가 비슷했다. 이민석 교수도 이형주를 만난 후 나와 똑같은 인상을 받았다고 했다. 그는 이형주에게 코딩 교육 분야 회사들의 현황을 알려주고 회사 운영에 대해서 조언을 했다.

나는 텐핑의 고준성 대표에게 이형주 대표를 멘토링해달라고 부탁했다. 고준성은 다음커뮤니케이션에서 블로거뉴스를 기획한 동료였다. 그가 회사를 떠나려고 마음먹었을 때 도움을 준 적이 있었다. 그리고 몇 년 뒤인 2015년에 나는 텐핑에 엔젤투자를 하기로 했다가 센터장을 맡게 되면서 보류했다. 고준성은 내 요청에 기꺼이 시간을 내주었다. 그는 투자를 받을 때 어떤 사람들에게 어떤 단계로 받아야 하는지, 왜 핵심 지표를 선정해서 제이커브를 만드는 것이 중요한지, 그것을 이루기 위한 전략 설계 방법 등은 무엇인지 자신의 경험과 통찰을 기꺼이 나누었다.

그리고 나는 이형주에게 기업의 미션, 핵심 가치, 조직문화, 브랜딩, 마케팅 메시지로 일관되게 정리하는 것의 중요성을 알려주었다. 그의 생각이 좀 더 명확한 언어로 정리될 수 있도록 틈틈이 대화 상대가 되어주었다. 대표가 혼자 다 하는 상황에서 벗어나기 위해 첫 번째 직원을 뽑을 때 어떤 부분에 중점을 두어야 할지, 언제쯤 최고기술책임자CTO를 뽑는 것이 좋을지에 관한 이야기도 나누었다.

다음 해인 2016년 3월 그는 개인회사를 법인회사로 전환했다. 나는 인프랩Inflab 최초의 엔젤투자자가 되었다. 서비스는 제이커브를 그리며 빠르게 성장했다. 내가 그를 처음 만났던 2016년에는 회원 수가 1만 명, 2017년에는 회원 수는 5만 명, 2018년에는 10만 명을 돌파했다. 2021년 매출은 128억 원이었다. 2022년 기준 회원 수는 90만 명, 지식공유자는 10만 명, 누적 수강 신청은 1,000만 명을 넘어섰다.

후속 투자 유치도 이어졌다. 2018년에는 가장 좋은 액셀러레이터 중 하나인 본엔젤스로부터 5억 원을 투자 유치했다. 2021년 4월 인프랩은 한국투자파트너스, 미래에셋캐피탈, 본엔젤스로부터 시리즈A 기업가치 250억 원으로 평가되며 50억 원을 투자 유치했다. 직원 수도 그에 따라 함께 늘었다. 2016년 1명, 2017년 3명, 2018년 6명, 2019년 13명, 2020년 24명, 2021년 49명, 2022년은 70명을 넘어섰다. 2021년 4월에는 배달의민족의 핵심 시스템 개발자이자 유튜브에서도 유명한 '창천향로'라는 예명을 가진 이동욱이 인프랩(인프런 운영사)으로 이직을 선언했다. 그는 배달의민족의 높은 급여와 복지와 비교가 안 되는 스타트업으로 이직하려는 이유를 공유했다. 이 영상은 조회 수가 1만이 넘는 호응을 얻었다. '배달의민족 개발자가 이직하는 스타트업은? 선택 기준은 무엇일까?!'라는 제목의 영상에서 이동욱은 인프랩의 비전과 기업문화에 공감했으며 스타트업으로서 성장하는 과정에 함께 도전하고 싶다는 생각을 내비쳤다.

2022년 8월 26일 코엑스에서 인프랩의 최초 개발자 콘퍼런스

인프콘Infcon 2022이 열렸다. '배우고 나누고 성장하세요Learn, Share & Grow'를 슬로건으로 한 이 행사에는 1만 명이 신청했고 추첨을 통해 선정해서 1,300명이 참여했다. 자신이 소속된 회사와 상관없이 누구나 평등하게 참여하고 지식과 경험을 나눌 수 있는 장이었다. 이형주는 자신의 경험을 바탕으로 어떤 학교를 나오고, 어떤 회사에 다니고, 어떤 지역에 있는지를 차별하지 않는 '성장 기회의 평등'을 꿈꾸었고 어엿한 기업가가 되어서 그 꿈을 실현하고 있다. 그는 개발자들에게 지식 공유를 통해 함께 성장할 기회를 주고 있다.

이렇게 먼저 주기의 문화와 커뮤니티 리더는 인재가 성장할 수 있는 동력이 된다. 나는 이형주에게 사업 초기에 선의의 도움을 주었다. 나에게 선의의 도움을 받았던 고준성은 이형주에게 선의의 도움을 주었다. 이형주는 개발자 커뮤니티와 개발자들의 성장에 큰 도움을 주는 커뮤니티 리더가 되었다. 앞으로 더 많은 개발자가 개발자 커뮤니티를 통해 더 나은 인재로 성장할 수 있게 될 것이다.

인재와 좋은 기업 부족은 커뮤니티 자본 격차 문제다

✦ ✦ ✦ ✦

나는 서울에서 태어나 IT 기업을 다니다가 40대 중반에 제주에 와서야 서울 사람의 좁은 시야에서 벗어나게 되었다. 특히 지역의 청년들이 왜 성장 기회를 찾아 서울로 떠나는지를 비로소 알게 되었다. 그리고 스타트업 생태계와 커뮤니티를 만드는 것이 그 문제를 해결하는 가장 좋은 방법이라는 확신을 하게 되었다.

제주의 스타트업 대표들에게 많이 듣는 애로사항은 지역에 채용할 인재들이 부족하다는 것이다. 한편 제주 청년들에게 최고 애로사항은 지역에 좋은 기업이 부족하다는 것이다. 나는 제주창조경제혁신센터 센터장을 했던 7년 동안 이것이 제주의 문제라고 생각했다. 그런데 센터장 퇴임 후 다른 지역을 가보니 서울과 판교 외에는 모두 동일하게 겪는 문제라는 것을 알게 되었다. 심지어 카이스트를 포함해 20개가 넘는 대학이 있고 수많은 기술 창업이 일어나는 대전에서도 같은 이야기를 들었다. 기업은 대전에 뽑을 인재가 없다며 서울과 판교로 가고 대전의 청년 인재는 좋은 기업이 없다며 서울과 판교로 가고 있다. 왜 이럴까?

성장 기회를 주는 커뮤니티 자본의 지역 간 격차 때문이다. 지방은 오랜 기간 수도권으로 청년 인재들을 공급하는 역할을 해왔다. 하지만 이제는 지방에 거주하는 청년 인구마저 급격히 줄어들면서 수용은 없이 공급만 해오던 지방이 한계에 봉착하게 되었다. 개발도상국 시기, 산업화 시기와는 달리 청년들이 원하는 좋은 직장은 단순히 급여가 높은 곳이 아니라 자신에게 성장 기회를 주는 곳이다. 끊임없이 배우고 성장할 수 있는 훌륭한 선배와 동료들이 있어야 한다. 그리고 이직을 통해 성장할 수 있는 다양한 기업들이 있어야 한다. 과거와 달리 평생직장이 사라졌기에 청년들은 이직을 통해 자신의 커리어를 향상하고 싶어한다. 지역에 좋은 기업 하나로는 부족하다. 이직을 통해 성장할 수 있는 좋은 기업들이 지역에 다수 존재해야 한다. 그렇지 않다면 청년들은 불안감을 느끼며 서울로 향할 수밖에 없다.

서울은 과연 이러한 문제에서 자유로울까? 이것은 더 이상 지방의 문제가 아니라 국가의 존속에 관한 문제다. 인구학자인 서울대학교 조영태 교수는 현재 추세로 간다면 우리나라의 미래는 정해져 있다고 말한다. 인구감소와 고령화가 가속화되어 2050년에는 청년인구의 부족으로 국민연금이 고갈될 정도로 큰 위기에 봉착할 것이다. 2023년 2월에 통계청이 발표한 자료에 따르면 한국의 출산율은 0.78(가임기 여성이 평생 낳을 것으로 예상되는 평균 출생아 수)로 경제개발협력기구 국가 중 최저다. 그중에서도 서울은 0.59명으로 전국 최저다. 초저출산율은 싱가포르와 같은 도시국가의 특징이다. 한국이 서울을 단일 핵으로 하는 도시국가화가 됐다는 진단이다. 도시국가에서는 인구과밀과 과다경쟁이 일어나며 '생존'과 '재생산' 중에 청년들은 '생존'을 선택한다. 출산율이 떨어지고 인구가 급감하는 것은 당연한 일이다.

이제 지방은 성장 기회를 원하는 청년들이 일하며 살고 싶어하는 도시가 되어야 한다. 그러기 위해서는 다양한 커뮤니티 자본이 갖추어져야 한다. 청년들이 원하는 도시는 다음과 같을 것이다. 첫째, 조직문화가 좋고 자신의 경력 경로career path에 도움이 되는 창의적 기업이 많은 도시다. 둘째, 다양한 사내외 인재들과의 관계 속에서 개인이 지속적으로 배우며 성장하고 네트워크를 획득할 수 있는 도시다. 셋째, 그 지역만의 차별화된 매력이 있는 로컬 문화와 커뮤니티를 가진 도시다. 넷째, 서울과 높은 접근성(교통 연결성)을 통해 그 지역에 부족한 자원을 필요할 때 쉽게 획득할 수 있는 입지 조건을 가진 곳이다. 다섯째, 주말 나들이를 다닐 수 있는 매력적인 자연과 문화가 있는 인근 지역이다. 여섯째, 커피나 와인과 같은 젊은 세대들이 좋아하는 다양한 음식 문화가 발달하고 동네 책방 등 커뮤니티 문화 공간이 있는 곳이다. 일곱째, 미혼 청년들이 연애할 사람을 만나고 데이트하기 좋은 장소가 풍부한 곳이다. 여덟째, 기혼 부부가 출산, 자녀 양육, 교육에 유리한 지역 여건을 가진 곳이다.

한 번에 이런 지역을 만들 수는 없을 것이다. 그렇지만 장기간에 걸쳐 커뮤니티 자본을 키워서 성장 기회가 많은 지역을 만드는 것은 충분히 가능하다. 2019년에 설립된 제주더큰내일센터는 청년들이 미래 인재로 커갈 수 있도록 양성하는 기관이다. 이곳에서는 6개월마다 제주 내 청년과 제주 밖 청년을 3대 1의 비율로 뽑아서 교육한다. 참가자들은 현장의 기업가 등으로부터 강의를 듣고 매주 프로젝트를 기획해 발표하며 학습하고 성장한다. 이러한 과정을 통해 제주에서 풍부한 지식과 네트워크를 확보할 수 있게 된다. 실제로 제주더큰내일센터 출신들은 졸업 후 스타트업을 창업하거나 직원으로 합류하면서 함께 성장하고 있다.

또한 앞서 살펴보았듯이 최근의 로컬브랜드포럼과 같은 로컬 커뮤니티들의 등장은 지역에서 성장 기회의 평등을 실현하는 데 큰 일조를 한다. 이들 커뮤니티는 남들이 가보지 않은 길을 가면서 서로가 실천커뮤니티를 이룬다. 그들은 제주더큰내일센터와 같은 지역 청년 혁신가 양성기관의 훌륭한 강사로서 참여하고 졸업자들의 선배로서 커뮤니티 자본을 함께 키워간다.

4.
능력주의 대 평등주의 담론을 넘어서다

왜 누구는 나이가 들수록 커뮤니티가 풍성해지는가

✦ ✦ ✦ ✦ ✦

"사촌이 땅을 사면 배가 아프다."라는 속담이 있다. 가까운 이가 일이 잘 풀리면 질투가 난다는 뜻이다. 그런데 이와 반대인 경우도 있다. 어떤 사람들은 "타인이 행복해지면 그 사람만큼은 아니겠지만 자신도 조금은 행복감을 느끼고 타인이 불행해지면 자신도 조금은 불행감을 느낀다."라고 말한다. 이럴 때 사람들은 자신의 행복을 위해서 타인이 행복해질 수 있도록 가급적 도우려 한다. 이렇게 정반대인 전자와 후자가 공존하는 이유가 뭘까?

태도가 커뮤니티를 결정한다. 커뮤니티는 끊임없이 동적으로 변화한다. 나의 의지와 상관없이 나를 이루는 커뮤니티가 변화하며 나에게 영향을 미치기도 하지만 커뮤니티에 대한 나의 태도에 의해서도 나와 커뮤니티의 관계는 변화한다. "타인이 행복해질 때 나는 불행해진다."라고 말한다는 것은 나는 앞으로 그와 커뮤니티에서 함께하지 않겠다고 스스로에게 선언하는 것에 불과하다. 반면 나는 "타인이 행복해질 때 나도 행복해진다."라고 말한다는 것은 그와 같은 커뮤니티에 있겠다고 선언하는 것이다.

어떤 사람은 나이가 들수록 커뮤니티가 좁아지고 고립된다. 그 사람은 타인과 연결된 끈을 끊임없이 스스로 단절한다. 커뮤니티는 서로 형성하는 것이다. 가까운 이가 아무리 커뮤니티에 함께 있기를 청해도 내가 단절한다면 둘은 같은 커뮤니티에 속할 수가 없다. 그러므로 나의 행동에 의해 나를 이루는 커뮤니티는 점점 더 앙상해질 수도 있다.

반면 어떤 사람은 나이가 들수록 커뮤니티가 계속 풍성해진다. 그렇다고 해서 그 사람에게 기존 커뮤니티가 모두 사라지지 않는다는 뜻은 아니다. 커뮤니티도 생멸이 있기 때문에 언젠가는 사라질 것이다. 내가 지속되기를 원해도 타인의 행동이나 죽음 등으로 인해서 커뮤니티가 소멸될 수 있다. 그럼에도 한 사람을 이루는 커뮤니티가 이어지고 자란다는 것은 마치 우리 몸을 이루는 세포처럼 나를 이루는 기존 커뮤니티가 죽더라도 계속해서 또 다른 커뮤니티가 세포처럼 생겨나 대체하는 것과 같다.

커뮤니티는 일대일의 관계가 아니다. 일반적으로 세 사람 이상이 될 때 커뮤니티라고 부르는 게 자연스러울 것이다. 구성원들끼리 서로 알지 못해도 커뮤니티는 성립될 수 있다. '먼저 주기'와 '되돌려주기'가 매개할 때 그렇다. 누군가에게 내가 받은 것을 다른 사람에게 돌려줄 때 셋은 커뮤니티가 된다.

어떤 사람 A에게서 내가 도움을 받았다고 하자. 다른 사람인 B에게 내가 그 도움을 돌려주는 순간 나와 A와 B는 한 커뮤니티로 연결된다. A와 B가 서로 모르는 사람이라 할지라도 상관없다. A와 B는 '나를 이루는 커뮤니티'에 속하게 되는 것이다. 그럴 때 미래에 A와 B는 서로 만나서 뜻을 함께 모을 가능성이 커진다. 이 커뮤니티는 살아서 계속 확장할 수 있다. B가 또 다른 C에게 도움을 돌려주는 순간 A, B, C와 나는 같은 커뮤니티에 속하게 된다. 이 커뮤니티는 나를 중심으로도 커뮤니티이고 A, B, C 각각을 중심으로도 커뮤니티가 된다. 정확히 동일한 하나의 커뮤니티는 아니더라도 각자의 관점에서 서로 중첩되는 커뮤니티들을 만들며 풍성해지게 된다.

능력주의의 폐해와 불평등 문제를 완화할 수 있다

✦ ✦ ✦ ✦ ✦

현재 우리 사회에 커지는 불평등 문제는 능력주의와 관련이 있다. 능력주의는 '능력과 노력에 따른 응분의 보상 체계' '능력과 노력에 따른 차별과 불평등은 정당하다'는 관점이다. 능력주의에 따르면 사회적 불평등을 당연하게 여기며 수용하게 된다. 사회의 지속가능한 성장을 위해서 능력주의는 어느 정도 필요하나 그것이 과도할 경우 사회는 분열되고 무너질 것이다.

'능력주의'라는 말은 1958년 영국의 사회학자 마이클 영이 소설 『능력주의The Rise of The Meritocracy』를 발표한 이후 본격적으로 쓰이게 되었다. 그는 이 소설에서 가상의 미래 영국을 배경으로 가정 환경이나 지위의 세습을 차단하고 지능과 노력에 따라 자원이 분배되는 사회를 묘사했다. 사실 그는 능력주의의 폐해를 경고하기 위해 소설을 쓴 것인데 60여 년이 지난 지금 세계는 능력주의의 세상이며 서열화와 계층화가 더 커지고 있다.

존 롤스는 『정의론』에서 이미 주어진 재능은 개인에게 속한 것이지만 '각자의 재능이 차이 나는 상황' 자체는 단지 우연적인 사건이므로 개인은 그 재능의 배분에 대한 자격까지 가질 수 없다고 말한다. 또한 마이클 샌델은 『공정하다는 착각』에서 성공이 재능이나 노력에서 오는 게 아니라 '운'에서 오는 것임을 강조하고 "당신의 성공은 운에서 비롯한 것이니 부디 겸손할지어다!"라고 말한다.

능력과 성과에 따라 더 많은 결실을 가져가는 것을 완전히 배제한다면 사회는 동력을 잃는다. 그런 사회에서는 누구도 능력과 성과를 내기 위해 노력하지 않을 것이다. 우리는 과거 공산주의 체계의 실패를 잘 알고 있다. 능력주의의 폐해를 보완할 방법이 기계적 평등일 수는 없다.

커뮤니티 자본이 풍부한 사회는 폐쇄적인 일부 집단에 운이 집중되는 대신 커뮤니티 전반에 걸쳐 일정 수준 이상으로 넓게 분포하는 사회다. 모든 사람이 운이 똑같아진다는 뜻이 아니다. 누군가 운이 따라주어 성공하면 그 결실을 자발적으로 커뮤니티에 돌려줌으로써 운이 다른 사람에게도 최대한 일어날 수 있도록 한다면 능력주의의 폐해가 줄어들어 건강한 사회가 될 수 있다.

이런 사회에서는 사람들이 서로 연결되어 있다는 것을 자각하고

'먼저 주기'와 '되돌려주기'를 통해 지속적으로 다양한 커뮤니티를 생성하고 확장하게 된다. 능력 있는 사람이 성과를 내면 혼자 독식하지 않고 다른 사람에게 받은 도움에 감사해하며 커뮤니티에 되돌려주는 것이다. 단지 도움을 준 사람과의 관계에서만 주고받기 하는 것이 아니다. 커뮤니티에 능동적으로 기여함으로써 불평등의 문제가 줄어드는 데 기여하는 것이다.

지역 간 불평등, 세대 간 불평등 문제도 이러한 관점에서 해결할 수 있다. 서울에서 운이 따른 사람들이 서울과 지방이 서로 연결되어 있음을 자각하게 되면 어떻게 될까? 서울이 지방의 자원을 빨아들이면서 존재하고 성장한다는 것을 알게 되면 지방의 지속가능성을 위해 기여하는 실천의 의미를 깨닫게 된다. 지방을 위해서가 아니라 서울의 시민으로서 자신들을 위한 것이기도 한 것이다.

기성세대가 청년세대를 지원하고 돕는 것은 불쌍한 세대에게 시혜하는 의미가 되어서는 성공할 수 없다. 기성세대는 압축성장과 세계화의 시대에서 노력하면 성장하는 운이 따랐다. 하지만 이제는 자신이 나이가 들수록 커뮤니티로부터 고립되고 불행해질 수 있는 노인이 되어간다는 것을 자각해야 한다. 현명한 사람들은 이를 깨닫고 다른 세대들과 커뮤니티의 일원이 될 수 있기를 희망하며 관계를 지속적으로 형성하고 자신의 경험과 지식과 네트워크의 한계를 넘어서고자 한다. 즉 자신과 사회 사이에서 커뮤니티 자본을 키운다.

앞서 소개한 목포에서 만났던 벤처사업가가 50대 초반에 자신이 만든 기업을 떠난 후 새로운 사람들을 만나고 그동안 가지 않았던 지역을 다니며 다른 세대와 협업하며 만족스러운 삶을 살아가는 것처럼 말이다.

이런 사람들이 점점 더 많아진다면 그 사회의 지역 간 불평등이나 세대 간 불평등 문제는 자연스럽게 해결된다. 이러한 사회는 커뮤니티 자본이 점점 더 커지는 사회다. 사람들은 커뮤니티 안에서 도움을 받아 자신의 능력을 마음껏 키우고 성과를 창출하며 동시에 기여함으로써 확장해간다. '사촌이 땅을 사면 배가 아픈 사람'보다 '타인이 땅을 사도록 돕고 사촌을 맺는 사람'이 많아지는 사회가 되는 것이다.

5.
다양성과 개방성으로 커뮤니티 자본을 키운다

약한 연결의 다양한 사람과 일할 때 기회가 생긴다

✦ ✦ ✦ ✦ ✦

다음커뮤니케이션이 카카오와 합병된 후 5개월 정도 지났을 때였다. 2015년 3월 초 카카오 출신이며 내 직속 상사였던 홍은택 부사장(2023년 현재 카카오 대표)이 어느 날 나를 불렀다. 제주창조경제혁신센터의 파트너 기업으로 참여하게 되었는데 내게 초대 센터장을 하면 어떻겠냐는 것이었다. 나는 고민할 것 없이 바로 그럴 의사가 없다고 답했다. 평생 공공과 관련된 일을 할 생각을 해본 적이 없고 제주로 이주해서 살 생각을 해본 적도 없었다. 또한 다음커뮤니케이션의 제주 이주 실험이 카카오와의 합병으로 사실상 중단된 상황이어서 지원을 제대로 받을 수 있을지도 의문이었다.

그러나 나는 결국 그에게 설득되었다. 두 가지 이유 때문이었다. 하나는 대화 도중에 다음커뮤니케이션이 제주에서 해냈으면 했던 비전을 이야기한 것 때문이었다. 그는 한참을 듣고 있다가 "말씀하신 제주의 미래상을 들으니 제 마음이 설레네요."라고 말했다. 그리고 또 하나는 다음과 같은 그의 말 때문이었다.

"세상에는 강한 연결과 약한 연결의 관계가 있어요. 제 경험으로는 익숙한 강한 연결의 관계에서 벗어나 다른 영역에서 다양한 사람들과 일하게 되었을 때 이후에 의외의 새로운 기회들이 많이 생겼어요. 이번 일을 하게 되면 개인적으로도 그런 기회가 많아질 거예요."

그의 말은 설득력이 있었다. 그리고 그가 직장 상사일 때 나는 지원을 잘 받을 수 있을 것 같다는 기대도 품었다. 설령 회사의 지원이 충분치 않더라도 내게는 의미 있는 변화일 수 있겠다는 도전 의식이 생겼다.

나는 2015년부터 다음카카오에서 제주창조경제혁신센터장으로 파견되었다. 처음에는 2년만 하고 끝내려고 했는데 어쩌다 보니 7년을 일했다. 지금 돌아보면 그의 말대로 센터장을 하면서 내게는 그전에 없던 새로운 연결들이 많이 생겨났다. 서울 태생으로 서울과 판교에서 IT 기업만 다니고 살았던 내게 세상에 대한 전혀 다른 새로운 관점과 네트워크를 갖게 되었다.

내가 만든 센터의 비전은 '새로운 연결을 통한 창조의 섬, 제주'였다. 나 자신도 새로운 연결을 통해 미지의 세계로 나간 것처럼 제주의 커뮤니티에도 그런 변화를 만들고 싶었다. 나는 센터장을 맡았던 7년간 제주와 함께 변화했다. 그리고 2022년 5월 임기를 더 연장하지 않기로 결심했다. 이유는 정확히 2015년 때와 같았다. 제주에서 익숙해진 관계와 일에서 벗어나 그동안 한 일들이 다른 관계에서 어떤 길로 이어지는지 알고 싶어진 것이다.

나는 센터장을 하는 동안 정부의 위계적 조직에 충실하기보다는 센터의 창업생태계와 커뮤니티 조성이라는 미션에 충실했다. 그 덕에 센터장을 퇴임한 후에도 내게는 커뮤니티 자본이 남았다. 서울에 살며 IT 기업을 다닐 때 알지 못했던 지역의 문제를 알게 되었으며 우리나라가 이룩한 압축성장의 결실 뒤에 어떤 또 다른 새로운 문제가 우리 앞에 놓였는지 알게 되었다. 그리고 현장에서 변화를 만들어가는 개척자들을 발견하게 되었고 하는 일의 의미를 이해하게 되었다. 그 덕에 2019년 말에 『밀레니얼의 반격』이라는 책을 쓸 수 있었다. 이 책은 지역과 관련한 행정 언론, 로컬크리에이터 등 다양한 사람들에게 꾸준히 읽히고 있고 다양하고 훌륭한 사람들을 만날 기회를 주었다.

센터장을 퇴임한 지금 그동안 쌓은 경험과 네트워크가 새로운 영역에 적용될 가능성을 발견해가고 있다. 이 책을 쓸 수 있는 것도 7년간의 경험 덕분이다. 다양한 영역과 지역의 많은 사람이 나에게 조언을 구하거나 함께할 일들을 제안하고 있다. 나는 대체 불가능한 나만의 영역을 개척해낸 것이다.

과거 세대에게 미래 세대를 위해 할 일을 알려주자

✦ ✦ ✦ ✦ ✦

제주의 괸당 문화는 대표적인 '강한 연결'의 공동체 문화다. 내가 센터장을 시작했던 2015년은 이주민이 많아지고 다양성이 증가하면서 갈등이 커지던 시기였다. 2014년에 원희룡 도지사는 취임하면서 제주의 괸당 문화에 대해 부정적으로 얘기하고 변화가 필요하다고 얘기했다가 다음 날 도민들에게 사과했다. 변화의 가능성과 두려움과 갈등이 공존하던 시기였다.

제주 출신 도지사도 그런 어려움을 겪었다. 그런데 제주 출신이 아닌 내가 제주 도민 커뮤니티의 일원이 될 수 있을까? 서울에서 태어나 서울에서만 살았던 내게는 큰 도전 과제가 아닐 수 없었다. 그때 제주의 중간 지원조직의 기관장 중 제주 출신이 아닌 경우는 없었다. 내가 처음이나 다름없었다. 제주의 언론과 의회 등에서는 나를 의심의 눈으로 보며 견제하는 경우가 많았다.

나와 다른 커뮤니티를 처음 만날 때 어떻게 말을 걸어야 할까? 나는 제주의 괸당이라는 언어를 존중하기로 했다. 센터를 개소하고 2주 뒤에 테크플러스제주에서 제주의 행정, 언론, 대학 등과 관련된 청중 앞에 서게 되었다. 그때 나는 괸당을 얘기하면서 도민들에게 말을 걸었다. 제주가 인구 10만 명일 때 괸당은 서로를 챙겨주는 문화였다. 하지만 인구가 65만 명이 되고 다양성이 높아지며 괸당은 진화하는 중이다. 이제 '괸당 2.0'을 이야기할 때다. 중국에는 괸당과 비슷한 '관시' 문화가 있다. 인구가 많은 대륙 문화다. 괸당은 진화해서 관시를 넘어설 수 있는 연결과 창조의 문화가 될 것이다.

그리고 몇 달 뒤 나는 제주시의 주민자치위원회에서 강연하게 되었다. 평균 연령이 60대가 넘어 보이는 100여 명의 어른이 강당의 의자에 몸을 뒤로 비스듬히 기대어 앉아 있었다. 그들은 스타트업에 대해서는 평생 들어본 적이 없었을 것 같았고 창조경제혁신센터의 센터장이라는 낯선 이방인의 등장에 대해서 그렇게 우호적인 것 같지 않았다. 이 강연은 의무 교육 차원에서 듣는 것에 불과했다. 나와 전혀 다른 커뮤니티 속에 있는 그들에게 어떻게 센터가 하는 일에 대해서 소개할 수 있을까? 낯선 이방인으로서 어떻게 말을 걸어야 할까?

"안녕하세요? 저는 제주창조경제혁신센터의 전정환 센터장입니다. 먼저 제 소개를 드리도록 하겠습니다. 저는 2006년에 다음커뮤니케이션이 제주도에서 열었던 개발자 콘퍼런스에 외부인으로 참여했다가 다음에 입사하게 되었습니다. 2015년 4월부터는 제주의 창업생태계를 조성하는 센터장으로 일하게 되었고 제주로 이주하게 됐습니다. 제주에서 산 지는 6개월 정도 된 '육지 것'입니다.

서귀포에 이중섭 거리가 있더군요. 이렇게 제주의 자랑인 이중섭도 실제 제주에 살았던 기간은 11개월이었더군요. 여러분과 한마음이 되는 데 제주에 얼마나 살았는지가 반드시 중요한 것 같지는 않습니다. 비록 짧은 기간이지만 저도 제주에 대해서 그동안 몰랐던 것들을 많이 알아가고 있습니다. 이 강연을 들으신 후 제가 제주에 필요한 사람인지 판단해주시기 바랍니다.

1960년대에 감귤 산업이 처음 시작되었다고 들었는데요. 그때는 나무 한두 그루만 있어도 자녀들을 대학에 보낼 수 있었다고요. 여러분들이 무에서 유로 감귤 산업을 일구신 분들이잖아요. 정말 대단한 일을 하셨습니다.

많은 분이 감귤나무를 키워 자녀들을 서울로 유학을 보냈지요. 그런데 그 이야기를 들으니 다소 슬프다는 생각이 들었습니다. 서울로 간 여러분의 자녀들은 다시 제주로 돌아왔나요? 많은 분이 자녀들이 돌아오지 않는 것이 성공이라고 생각하는 것 같아요. 제주에는 꿈을 펼칠 기회가 부족하다고 여기시니까요.

저희 센터가 하는 일은 여러분의 자녀들이 다시 제주로 돌아와서도 일을 할 수 있도록 만드는 것입니다. 청년들이 서울에 가지 않고도 제주에서 성장하고 꿈을 펼칠 기회를 만드는 것입니다. 이제부터 제가 말씀드릴 내용은 어떻게 그런 변화를 만들 수 있는지에 관한 것입니다."

여기까지 말하자 청중 중에 자세를 고쳐 앉으며 무대를 향해 몸을 기울이는 사람들이 하나둘 늘어나기 시작했다. 나는 자신감을 찾고 그 이후의 발표를 이어갔다. 나는 청중의 반응을 살피며 그들의 일과 삶과 최대한 연결해서 사업을 설명했다. 강연이 끝나고 나서 내게 찾아와서 말을 걸 때 나는 그들과 어느 정도 교감이 이루어졌다는 것을 알 수 있었다.

1950~1960년대에 농어촌이 대부분이었던 지방에서 태어난 이들에게는 선택지가 많지 않았을 것이다. 많은 인재가 기회를 찾아 서울로 떠났고 '한강의 기적'의 성공 신화를 이루어냈다. 지방에서 태어나 그곳에서 평생을 살며 50대 이상이 된 이들에게 어떤 불안감과 두려움이 있는지를 이해해야 한다. 그래야만 그것을 긍정적인 희망으로 바꾸어낼 수 있다. 그들의 '잘난' 친구 중 많은 이가 서울로 가서 연락이 뜸해졌다. 자신들은 지역에 남아서 지역의 산업

을 일구었다. 그러면서도 자신이 사는 곳을 기회의 땅이라 생각하기보다는 자신의 자녀는 서울로 가야 성공한다고 생각하고 애써서 보냈다.

그 세대가 살아온 시대의 경험과 그로 인해 형성된 세계관을 이해해보자. 먼저 그들의 꿈과 불안에 대해 공감하고 그다음에 이제는 시대가 바뀌고 있다는 것을 알려주자. 그들에게 희망적인 새로운 일들이 일어나고 있다는 이야기를 들려주자. 후진국에서 태어나 선진국에서 살고 있는 50대 이상의 그들에게 이제 서울에만 희망이 있는 게 아니고 지방에도 희망이 있다고, 그곳에도 당신을 위한 자리가 있고 미래 세대를 위해 할 일이 있다는 것을 알려주고 싶다.

다양성과 개방성을 높이면 커뮤니티 자본이 커진다

✦ ✦ ✦ ✦ ✦

프랑스의 사회학자 피에르 부르디외는 문화 자본과 함께 사회적 자본에 대해 특권층이 폐쇄적인 권력을 행사하고 타자를 배척하는 부정적 측면을 강조했다. 우리 사회에서 강남의 부유층들이 자녀들에게 지식과 네트워크를 세습함으로써 특권층을 이어가는 것이 바로 사회적 자본의 부정적 측면이라고 볼 수 있다.

미국의 정치학자 로버트 퍼트넘은 사회적 자본을 결합bonding과 연결bridging의 사회적 자본으로 구분한다. 결합 사회적 자본은 또래, 같은 인종, 같은 종교와 같이 동질성을 중심으로 한 사회적 자본이고 연결 사회적 자본은 이질적인 집단 사이에 생기는 사회적 자본을 말한다. 그는 다인종 사회에서는 연결 사회적 자본의 역할이 중요하다고 주장한다.

커뮤니티 자본은 커뮤니티의 다양성과 개방성을 높인다. 이를 통해 다양성이 융합하여 창조성이 발현될 수 있는 토양을 만든다. 그러기 위해서는 다음과 같은 3단계가 필요하다. 1단계는 다른 커뮤니티에 대해 기존의 자신의 관점에서 판단하지 않고 한발 물러서 바라보는 것이다. 2단계는 자신의 커뮤니티를 다른 커뮤니티의 관점에서 바라보는 것이다. 3단계는 함께 새로운 것을 상상하고 융합하며 창조하는 것이다.

이러한 커뮤니티 자본은 정체성을 이어가는 데 필수 요소가 된다. 현재 우리나라는 전 세계적인 콘텐츠 강국이 되어 있고 '한국의 정체성'이 되었다. 그러나 20여 년 전으로 돌아가보면 그렇지 못했고 큰 분기점이 있었다. 1998년에 김대중 정부가 오랜 기간 금지되었던 일본 대중문화에 대해 개방했다. 반대가 많았지만 김대중 대통령은 "수천 년간 외래문화를 주체적으로 수용해온 우리 민족이 일본 대중문화 개방을 두려워할 필요가 없다."라고 강조했다.

1999년에는 영화계에서 「서편제」와 「쉬리」 논쟁이 있었다. 첩보 영화 「쉬리」가 전국에서 693만 명이라는 흥행 기록을 세우며 1993년 「서편제」가 기록했던 290만 명을 크게 넘어서자 문화계 일부에서는 「쉬리」가 국적 불명의 영화라며 비판했다. 그러나 재야 철학자 탁석산은 다르게 보았다. 그는 2000년에 『한국의 정체성』을 출간하여 현재성, 대중성, 주체성이라는 3요소가 있어야 정체성이라고 주장했다. 그에 따르면 한글은 한국의 정체성이지만, 전통을 그대로 보존하는 판소리는 정체성이 아니다. 그는 영화 「쉬리」가 남북 분단이라는 한국의 특수한 상황을 서구적인 형식에 담아서 현재성, 대중성, 주체성 있게 담았으므로 한국의 정체성이라고 주장했다. 이러한 3요소가 있다면 서구적 형식에 한국의 내용을 담든, 한국적 형식에 서구의 내용을 담든 정체성이 될 수 있다는 것이다.

우리는 그 이후 한류의 역사를 알고 있다. 2000년에 H.O.T가 중국과 일본에 진출해 K-팝 시대를 열었고 2002년 드라마 「겨울연가」가 일본에서 선풍적인 인기를 끌며 한류가 본격화되었다. 2004년 박찬욱 감독의 영화 「올드보이」가 칸 영화제에서 심사위원 대상을 받았고 드라마 「대장금」이 전 세계에서 선풍적인 인기를 끌었다. 한류는 전 세계로 확산되고 분야도 다양화되어서 2019년에는 봉준호 감독의 영화 「기생충」이 칸 영화제 황금종려상을 받고 2020년에는 BTS가 빌보드차트 1위를 했고 2021년에는 「오징어게임」이 넷플릭스 1위를 하면서 더욱 거세졌다. 이제 한국의 웹툰, 음식, 패션 등 전방위적으로 전 세계에 팬들이 있다.

정체성은 끊임없이 변화한다. 그래서 2000년에 탁석산이 한국의 정체성이 아니라고 예를 들었던 판소리와 한복도 이제는 현재성, 대중성, 주체성을 가진 한국의 정체성이라 말할 수 있게 되었다. 이날치밴드는 판소리, 재즈, 댄스를 결합해서 전 세계에 선풍적인 인기를 끌고 있다. 전주의 로컬크리에이터 스타트업 '한복남' 대표 박세상은 한복을 입고 거리를 걷는 사업을 통해 한국을 방문하는 외국인들의 사랑을 받고 있다. 전주의 '리슬' 대표 황이슬은 한복을 현대적으로 재창조하여 블랙핑크 등 아이돌 그룹의 의상으로 전 세계에 알렸고 2022년에는 밀라노 패션쇼에 리슬 컬렉션을 선보였다. 지금도 전통과 정체성을 파괴했다고 일부로부터 공격을 받고 있지만 20여 년 전이라면 아예 시도조차 할 수 없었을 일들이다.

생각해보면 우리가 현재 전통이나 정체성이라고 여기는 것들도 언젠가 그 시작점과 진화의 과정이 있었다. 그 시작점에는 다양한 문화가 서로 만나서 융합되고 재창조되고 대중적으로 향유되는 과정이 있었던 것이다. 이러한 창조성을 잃는다면 정체성은 멈추게 된다.

지역에는 많은 전통 자원이 있다. 그리고 오랫동안 한 가지 일을 해온 장인들도 있다. 그런데 그들은 자신의 폐쇄적인 커뮤니티 안에 갇혀 있는 경향이 있다. 그들이 만약 다양성과 개방성의 커뮤니티에 마음을 열고 함께 연결되어 새로운 것을 창조할 수 있다면 어떨까? 그렇게 할 수 있다면 우리에게는 무궁무진한 자원의 보고가 열리고 정체성이 끊임없이 창출될 것이다.

전주에는 전주대사습놀이가 있다. 전통 소리 문화를 보존하고자 만들어진 경연 대회다. 이곳에서 이날치밴드와 같은 새로운 소리가 탄생할 수 있다면 어떨까? 전 세계에서 한국 소리의 기본을 배우고 그것을 새로운 것으로 창조할 수 있는 축제가 전주에서 열린다고 생각해보자. 전 세계의 패션 디자이너가 밀라노가 아니라 전주에 모여서 한복의 정체성을 창조적으로 이어간다고 생각해보자. 생각만 해도 가슴 뛰는 일이 아닌가.

그러나 기존에 전통을 보존해온 커뮤니티가 다른 커뮤니티들에 개방적으로 연결과 융합을 한다는 것은 매우 어려운 일이다. 1998년에 일본 대중문화 개방을 놓고 엄청난 반대와 저항이 있었던 것처럼 지역 곳곳에서 우려와 반대가 많을 것이다. 따라서 중요한 것은 이러한 변화를 만들어낼 수 있는 주체들이다. 커뮤니티와 커뮤니티를 연결하고 서로 소통하고 공감을 끌어내며 함께 창조적 변화를 향해 갈 수 있도록 이끄는 커뮤니티 리더들이다.

사회적 자본과 창조적 자본을 융합하고 키워야 한다

◆ ◆ ◆ ◆ ◆

제주창조경제혁신센터의 비전은 '새로운 연결을 통한 창조의 섬, 제주'였다. 즉 서로 다른 주체와 커뮤니티들을 연결하여 융합과 창조성이 발현될 수 있도록 하는 것이었다. 센터의 입주 및 보육 프로그램, 네트워킹 프로그램, 스쿨 프로그램, 한 달 체류 프로그램, 시드 투자와 투자조합 등 모든 프로그램은 지역의 창조적 자본을 높이기 위한 방향으로 설계되었다.

세대 간 융합을 통해 사회적 자본과 창조적 자본을 키운 사례 중하나로 제주창조경제혁신센터가 2019년에 시작한 로컬브랜딩스쿨이 있다. 로컬브랜딩스쿨은 지역에 오랫동안 한 가지 일을 해온장인들을 발굴하고 10주 동안 청년 로컬크리에이터들이 장인들을 만나서 대화하며 그동안 해온 일을 이해하는 프로그램이다. 이를 통해 현시대에 맞는 새로운 가치로 리브랜딩을 제안한다. 다양한 영역에서 활동하는 마스터와 파트너들이 강연과 리뷰에 참여하며 이 과정을 함께한다. 이 스쿨에서는 모두가 학생이 된다. 장인과 청년 로컬크리에이터, 마스터와 파트너와 센터 직원들까지 모두 서로에게 배운다.

장인들은 대부분 우리나라가 개발도상국이던 시절에 먹고살기 위해서 일을 시작했다. 그들이 해온 목공, 공예, 술 담그기, 헌책방, 금은방 등의 일들은 과거와 달리 수요가 많지 않고 수익성도 떨어진다. 장인들은 나이가 들어서 일하기도 버거워지고 물려받을 사람도 없다고 생각한다. 청년세대는 선진국 한국에서 자란 세대다. 지금은 전 세계가 한국의 콘텐츠에 주목하고 있다. 청년세대는 장인들이 해온 것들이 세계적인 것으로 재탄생할 수 있다고 여긴다. 하지만 그들은 서로 만날 일도 없고 서로가 가진 언어도 달라서 대화를 이어가기 어렵다. 기획, 마케팅, 브랜딩 등 다양한 분야의 전문가인 마스터와 파트너들이 이 프로그램에 참여해 청년 로컬크리에이터들이 팀을 이루어 장인들의 가치를 발견하고 리브랜딩을 제안할 수 있도록 돕는다. 그러면서 그들도 함께 성장한다.

학생들이 참여하는 스쿨이 진행되기 6개월 전부터 센터 직원들은 장인들을 찾아다니며 스쿨에 참여하기를 설득한다. 사실 그때부터가 스쿨의 시작이라고 볼 수 있다. 장인들은 자신의 가치를 존중하고 찾아오는 청년들이 있다는 것에 놀라움과 감사를 표한다. 하지만 보통은 선뜻 스쿨에 장인으로 나서는 것에는 부담을 느낀다. 자신을 장인이라고 여기지도 않고 생업을 하고 있다고 말한다. 하지만 깊이 들어가면 한 가지 일을 오랜 기간 하면서 만들어진 철학과 가치가 작업과 제품에 담겨 있다. 그것을 끄집어내어 청년세대로 연결하고 융합하여 미래 가치를 만들어낼 수 있도록 하는 게 스쿨의 목적이다.

스쿨의 교육 과정이 시작되면 학생들은 팀을 이루어 장인을 찾아가서 만난다. 장인의 이야기를 들으며 일과 삶에 대해 존중하게 된다. 그 과정에서 장인들도 학생들에게 마을을 열게 된다. 하이라이트는 10주간의 여정이 끝난 후 장인들 앞에서 청년 로컬크리에이터가 발표할 때다. 장인들은 자신이 해온 일들을 청년들의 관점에서 해석되고 미래 가치로 제안되었을 때 공통으로 설레하며 그대로만 되면 좋겠다고 말한다. 처음에 센터 직원이 찾아갈 때만 해도 스쿨에 참여하는 걸 부담스러워하며 자기 대에서 이 일을 끝내겠다고 했던 분들이 변화한 것이다.

스쿨에서 발표한 내용은 제안이나 시제품으로 만들어진다. 그것을 사업화하는 것이 스쿨의 목표가 아니다. 스쿨의 목표는 서로 다른 세대인 장인과 로컬크리에이터가 연결되어 서로를 이해하고 공감하고 융합을 통해 새로운 것을 창조할 수 있다는 것을 느끼고 변화하는 것이다. 그들은 이전과 다른 존재가 된다. 장인들은 이제 청년세대와 로컬크리에이터들을 이해하기에 새로운 시도를 하는 것에 대해 마음이 열려 있다. 스쿨 이후에 그들의 자녀들이 부모의 인스타그램을 만들고 부모의 장소를 활용해서 무언가 해보겠다고 마음먹는 일들이 생겼다.

로컬브랜딩스쿨은 사업화나 창업이 최종 목적이 아니었다. 참여자들이 새로운 커뮤니티 자본을 형성하며 함께 성장하는 스쿨이었다. 청년세대인 로컬크리에이터들은 이 사업을 통해 기성세대인 장인들과 공감하고 소통하는 방법을 알게 되고 장인들은 청년 로컬크리에이터들에게 마음을 열고 소통할 준비가 된다. 그들은 서로 다른 커뮤니티를 연결하여 새로운 것을 창조하는 법을 알아간다. 각자 자신의 영역으로 돌아가 살다가 시간이 지난 후 또 다른 이들을 마주치게 될 수 있을 것이다. 일례로 2019년 전주에서 와서 제주창조경제혁신센터의 로컬브랜딩스쿨에 참여했던 설지희는 2021년 프롬히어를 창업하고 2년 만에 장인 10명을 계약해서 브랜딩 작업을 하고 있다. 이렇게 세대와 영역의 경계를 넘어 연결하고 융합하는 이들은 한국적이면서도 세계적인 놀라운 것을 창조해 낼 주역들이다.

공공은 변화관리자이자 퍼실리레이터가 돼야 한다

◆ ◆ ◆ ◆ ◆

민간과 공공의 관계에서도 서로를 이해하고 창조적으로 협력할 필요성이 나날이 커지고 있다. 과거에는 공공은 기획하고 예산을 편성해서 민간에게 자금 지원과 관리 감독을 하는 역할에 집중했다. 하지만 사회가 고도화된 지금은 공공은 민간을 이해하고 민간은 공공을 이해하면서 더 나은 미래를 함께 만들어가야 한다.

공공의 역할은 이제 변화관리자이자 퍼실리테이터로 변화하고 있다. 그러나 기성세대 공무원들은 이러한 역할을 해본 적이 거의 없기 때문에 청년 공무원들에게는 롤모델과 멘토가 부족하다. 그들은 스스로 민간의 변화에 대해서 이해하고 자신들의 새로운 역할에 대해서 학습하고 실천해야 한다.

제주창조경제혁신센터에는 제주시에서 파견된 6~7급 청년 공무원들이 있었다. 그들은 센터에서 일하면서 그동안 공무원으로서 가졌던 경험과 지식과 네트워크의 한계에서 벗어나 혁신적인 사업들을 해낼 수 있었다. 2019년에 나는 제주시 파견 6급 공무원인 박은하 팀장에게 공공혁신아카데미를 기획해보라고 했다. 그녀는 2017년부터 파견 와서 3년 차였는데 센터의 사업을 하면서 크게 성장하고 있었다. 나는 그녀에게 퍼실리테이션 교육 등을 받게 했다. 그때 교육업체였던 쿠퍼실리테이션과 함께 공공혁신아카데미를 설계하고 운영했다. 쿠퍼실리테이션의 구기욱 대표는 행정안전부 서기관 출신으로 민간에서 퍼실리테이션 교육업체를 창업했다. 그는 민간과 공공의 경계인으로 최적의 파트너가 되었다.

공공혁신아카데미는 청년 공무원들이 새로운 공공의 역할인 변화관리자의 역할을 이해하고 역량을 키울 수 있도록 하는 프로그램이었다. 청년 공무원들이 저녁 시간과 주말에 자발적으로 나와서 함께 학습했다. 그들은 공무원을 시작할 때 더 나은 세상과 지역을 만들겠다는 소명 의식이 있었으나 많은 좌절과 어려움을 겪으면서 점차 혁신적인 의지를 잃어가는 것이 아닌지 두려움을 느끼고 있었다. 공공혁신아카데미는 이러한 두려움을 없애는 계기가 되었다. 그들을 실천커뮤니로 만들고 변화관리자로서의 새로운 공공의 역량을 키울 수 있도록 도왔다.

참가자들은 공무원이자 시민으로서 공공과 민간의 경계인으로서 양쪽의 언어를 다 이해하고 기존의 공무원 커뮤니티를 넘어서서 새로운 커뮤니티와 연결되어 그 자원을 활용할 수 있게 됐다. 커뮤니티 자본이 확장되고 창조적으로 문제를 해결할 수 있는 역량이 커진 것이다. 이를 통해 자신들이 본래 가졌던 더 나은 세상과 지역을 만들고자 했던 공무원으로서의 소명을 지속적으로 실천할 힘을 얻었다.

반대로 민간인이 공공의 영역에 진출해서 경계인이 되어 창조적으로 문제를 해결하기도 했다. 2015년에서 2022년에 제주로 이전한 다음커뮤니케이션 출신 중에서 눈에 띄는 활약이 많았다. 다음커뮤니케이션에서 검색개발팀장을 한 후 KT의 빅데이터 자회사인 넥스알NexR에서 본부장을 역임한 노희섭은 2015년 하반기부터 제주도의 개방형 공무원이 되어 제주의 미래전략 산업들을 이끌었다. 그는 재임 중에 제주의 모빌리티, 신재생에너지, 드론, 블록체인, 바이오 등 신산업을 이끌었으며 초정밀 버스위치정보시스템을 구축하여 도민의 편의성을 높였다.

다음커뮤니케이션에서 검색비즈니스팀장을 했던 김종현은 제주 출신이다. 그는 다음커뮤니케이션의 제주 이전을 주도한 후 넥슨 지주사인 NXC로 직장을 옮겨서 넥슨의 이주를 주도했다. 이후에 사회적 기업 섬이다를 창업해서 1세대 로컬크리에이터 사업가로서 성공했고 2019년에 제주의 청년 인재들을 양성하는 기관인 제주더큰내일센터의 초대 센터장을 맡아서 2022년 말까지 일했다. 이와 같이 7년의 시기 동안 제주는 인재 육성, 미래 산업, 스타트업 생태계에서 크게 도약했다.

6.
커뮤니티 자유가 있는 사람이 커뮤니티 리더다

수평적 커뮤니티 리더가 성공하는 시대로 바뀌었다

✦ ✦ ✦ ✦ ✦

우리 사회는 권위주의 리더가 성공했던 시대에서 커뮤니티 리더가 성공하는 시대로 변화하고 있다. 2020년에 큰 인기를 끈 드라마 「이태원 클라쓰」는 이러한 리더십의 변화를 주제로 한다. 그 드라마에서 기성세대의 권위주의 사업가는 온갖 수단을 써서 경쟁자를 누르고 자신만 성공하려고 한다. 반면 새로운 세대의 청년 사업가는 철저한 먼저 주기를 실천하면서 커뮤니티 전체를 살리려 한다. 이러한 커뮤니티 리더십을 보인 청년 사업가는 노회한 권위주의 사업가의 모략과 방해로 많은 고비를 겪지만 결국 큰 성공을 거둔다. 권위주의 사업가는 몰락하고 그의 시대는 흘러간다.

리더십의 성격이 변화하는 것은 저개발국에서 선진국으로 가는 과정에서 필연적이다. 1960년대 남한이 북한과 가나보다도 못한 저개발국일 때 권위주의 독재형 리더십이 등장했다. 한 사람이 의사결정을 독점했고 경제적 자본, 지적 자본, 사회적 자본이 그 한 사람에게 집중되었다. 신뢰 자본은 수직적 위계질서에서 일방적으로 한 방향으로만 작동했다. 국민은 독재자를 무조건 신뢰해야 했고 그러기를 거부하면 처벌을 받았다. 독재자는 국민 누구라도 불신할 수 있었고 과장된 죄목을 씌워서 처벌할 수 있었다. 이러한 개발 독재는 두 독재자를 거치면서 경제가 압축성장을 하는 데 20여 년간 효과를 보았다.

1979년에 독재자가 암살당하고 1987년을 기점으로 일어난 민주화 운동이 또 다른 독재 집단을 무너뜨렸다. 하지만 시간이 지날수록 그 운동권 집단도 독재 정권의 수직적 위계질서와 권위주의적 리더십을 똑같이 닮았다는 것이 드러났다. 산업화와 민주화를 짧은 시간에 기적적으로 이루어냈지만 사회의 다양한 커뮤니티들의 지적 자본, 사회적 자본, 신뢰 자본은 정체되거나 후퇴했고 커뮤니티 리더십은 보류되었다.

이제는 먼저 주기를 실천하면서 커뮤니티에 기여하는 사람이 큰 성공을 거두는 시대가 열리고 있다. 위계질서가 중요하고 정보의 유통이 제한된 시대에는 수직적 조직의 최상단에서 권위주의 리더십을 보이는 사람들이 성공할 가능성이 컸다. 하지만 수많은 정보가 자유롭게 공유되고 수평적인 협업과 창의성이 중요해진 시대에는 커뮤니티의 많은 구성원이 인정하는 커뮤니티 리더가 성공에 더 가까이 있다. 그들은 단기간에 직접적인 이익을 취하려 하기보다는 다른 사람을 기꺼이 돕고 커뮤니티 자체의 성장에 기여하는 사람이 되어 커뮤니티의 지지를 받아 성장한다.

1990년대 후반부터 20여 년간의 변화는 정부 주도에서 민간 중심의 방향으로 그리고 수직적 위계에서 수평적 협력의 방향으로 나아갔다. 먼저 1990년대 후반부터 대기업의 지식경영을 통한 혁신이 확산되면서 지적 자본을 민간 대기업이 주도하게 되었다. 이어서 2000년대에 들어서자 스타트업들이 성장하기 시작했다. 스타트업에는 직원들의 주도성과 창의성이 중요했다. 대기업에 비해 권위주의적 리더십은 줄어들고 비전형 리더십, 참여형 리더십, 위임형 리더십이 주류로 등장했다. 대표적인 것이 스타트업 커뮤니티 리더십의 등장이다.

스타트업은 중소기업을 하청기업으로 대하던 대기업과 달리 기업들이 함께 수평적 커뮤니티를 형성한다. 또한 선배 기업이 후배 기업에 투자하고 성장을 돕는 특징이 있다. 2000년대가 되자 스타트업 커뮤니티가 생겨나기 시작했다. 2007년 고영하 회장은 강남 테헤란로에서 매월 창업자와 예비창업자들이 만나는 고벤처포럼을 시작했다. 그는 2012년에 스타트업 투자 문화의 확산을 위해 한국엔젤투자협회를 만들었다. 2010년에는 1세대 스타트업 창업가인 권도균, 이재웅, 장병규, 이택경, 송영길 등 다섯 명의 기업가가 프라이머라는 액셀러레이터를 만들었다. 그들은 선배 기업가의 도움 없이 스스로 스타트업을 개척해서 성공한 이후에 커뮤니티 리더십을 발휘하며 스타트업 커뮤니티의 개척자가 된 것이다.

스타트업 생태계의 주체들은 커뮤니티 자본을 키우는 것을 매우 중요하게 생각한다. 그것이 기업과 개인의 경쟁력 향상에 직결되기 때문이다. 그들은 서로에게 경험과 지식을 공유하는 것을 아끼지 않으며 자신이 가진 네트워크를 기꺼이 나눈다. 스타트업얼라이언스에서 2015년부터 매년 개최하는 '스타트업 생태계 콘퍼런스'는 지식을 공유하고 네트워크를 구축하기 위한 행사다. 스타트업 생태계의 주요 관계자들이 대부분 참여해서 그해의 주요 어젠다와 지식을 공유하고 이슈를 토론한다. 스타트업들끼리, 투자자들끼리도 선의의 경쟁을 하되 함께 커뮤니티를 키워나가는 것이다.

커뮤니티 리더는 함께 성장해야 한다는 것을 잘 안다

✦ ✦ ✦ ✦ ✦

새로운 시대에 필요한 커뮤니티 리더십을 발휘하는 사람은 누구인가? 나는 '커뮤니티의 자유'를 가진 사람이라고 생각한다. 항상 자기 삶의 주인공이 되고, 특정 커뮤니티에 고착되지 않고, 자신과 사회의 커뮤니티 자본을 풍요롭게 하는 사람이다. 기존 커뮤니티의 주변부에 서는 것을 두려워하지 않으며 커뮤니티와 커뮤니티의 경계를 넘나들며 연결하고 시너지를 창출하도록 활동한다. 커뮤니티의 구성원들도 자신과 같이 커뮤니티의 자유를 누리고 커뮤니티 자본을 함께 키울 수 있도록 돕는다. 나는 이러한 삶의 방식을 앞에서 '커뮤니티엑스 웨이'라고 불렀다. 이와 같이 커뮤니티 리더는 커뮤니티 자본을 키움으로써 다른 사람들과 세상을 변화시킬 수 있는 힘을 가진 주체다.

리더십에는 권위주의 리더십, 참여형 리더십, 위임형 리더십 등 여러 유형이 있다. 리더십의 유형에 따라 다양한 자본들의 우선순위가 다르게 설정된다. 어느 특정 리더십이 모든 시대와 장소에서 항상 옳다고 볼 수는 없을 것이다. 어느 시대, 어느 장소에서 잘 맞았던 리더십이 지금 이곳에서는 잘 맞지 않을 수도 있다. 지금 우리 사회는 수직적 권위주의 리더십의 영향력은 축소되고 커뮤니티 리더십이 점점 더 중요해지고 있다.

커뮤니티 리더는 주변인들이 함께 성장해야 자신도 성장한다는 것을 안다. 그래서 주변인들이 함께 발전할 수 있도록 자신의 지식과 네트워크를 아낌없이 공유하고 서로 시너지를 창출할 수 있도록 돕는다. 먼저 주기 문화를 솔선수범하여 커뮤니티의 구성원들끼리 서로 돕게 할 뿐만 아니라 서로 다른 커뮤니티들의 경계를 넘어서 연결되고 협업할 수 있도록 만든다.

큰 회사의 조직을 생각해보자. 그 회사의 영업, 개발, 디자인 등 다양한 부서들은 각각 서로 다른 커뮤니티로 볼 수 있다. 좋은 리더는 이들 부서가 서로 수평적으로 협력할 수 있도록 만든다. 이런 리더는 조직의 최고경영자나 임원일 수도 있지만 각 부서의 직원일 수도 있다. 커뮤니티 리더십은 수직적 위계의 리더십이 아니라 수평적 리더십이기 때문이다.

우리 사회에도 다양한 커뮤니티들이 복잡하게 얽혀 있다. 커뮤니티 리더가 곳곳에 있는 사회는 커뮤니티들이 경계를 넘어서 융합되고 시너지를 창출할 수 있다. 이런 사회는 지적 자본, 사회적 자본, 신뢰 자본과 같은 커뮤니티 자본이 풍부하며 이러한 커뮤니티 자본 아래에서 경제적 자본도 지속적으로 성장할 수 있다.

리더십의 변화는 창의성과 협력이 요구되는 지식산업에서 특히 도드라진다. 마이크로소프트의 이소영 이사는 저서 『홀로 성장하는 시대는 끝났다』에서 마이크로소프트, 아마존, 구글과 같은 세계 최고의 IT 기업들이 커뮤니티 리더십을 중요하게 여기는 이유를 다음과 같이 정리한다. 첫째, 커뮤니티 리더가 많은 사람에게 지식과 정보를 공유해서 조직에 발전적인 피드백을 제공하기 때문이다. 둘째, 선한 영향력으로 조직의 이미지를 긍정적으로 제고해서 고객과 장기적인 파트너십을 맺도록 해주기 때문이다. 셋째, 다양한 관점에서 기존 제품을 융합해서 새로운 것을 창출해내는 미래 인재를 확보하기 때문이다.

인공지능이 이끄는 4차 산업혁명 시대에는 누구나 마음만 먹으면 쉽고 빠르게 정보를 획득해서 지식과 기술을 습득할 수 있다. 그 덕분에 다양한 인재가 모여서 서로 지식과 기술을 공유하고 새로운 솔루션을 도출하는 역량이 기업의 성패를 좌우한다. 실제로 이들 기업의 커뮤니티 리더들은 개인의 명예나 목표 달성이 아니라 자신을 둘러싼 공동체, 즉 커뮤니티의 성장과 발전을 위해 끊임없이 역량을 개발하고 자신의 역량도 아낌없이 공유하고 있다.

공동체 회복이 아닌 새로운 공동체를 만들어야 한다

✦ ✦ ✦ ✦ ✦

수직적 권위주의 리더십에서 수평적 커뮤니티 리더십으로 변화하는 것은 지역도 마찬가지다. 저개발국일 때는 농경사회의 문화가 지배적이었다. 농촌공동체는 모두가 같은 일을 하면서 상부상조하는 특징이 있다. 서로의 논에 모내기와 김매기를 함께 하고 추수도 함께 하는 식이었다. 효율적인 협동을 위해 이장을 중심으로 한 수직적 위계질서로 노동력을 동원했다. 하지만 선진국 시대에는 농업도 지식산업화가 되어간다. 그만큼 수직적 위계질서보다 다양하고 수평적인 커뮤니티로 바뀌고 있다. 청년세대가 원하는 지역은 다양성을 포용하고 개방적이고 수평적인 커뮤니티가 있는 곳이다. 지식산업화가 이루어지는 지역에도 새로운 커뮤니티 리더십이 점점 더 중요해지고 있다.

물론 지역의 커뮤니티는 아직 폐쇄적인 경우가 많다. 마을의 주민이 누구인가에 대해서 말할 때 내부와 외부 커뮤니티 사이에 경계가 생기곤 한다. 흔히 그 지역에서 태어나서 자라난 사람을 성골이라고 말한다. 이주한 사람들은 수십 년이 지나도 마을 주민 공동체의 일원으로 받아들여지지 않는 경우가 많다. 마을 출신으로 청년기에 타지에 가서 성장한 사람들이 마을에 되돌아오더라도 커뮤니티에서 배척되는 경우도 많다. 그럴 때 커뮤니티는 현재에서 미래를 지향하는 커뮤니티가 아니라 과거의 커뮤니티가 된다. 열린 커뮤니티가 아니라 닫힌 커뮤니티, 생명력으로 성장하는 커뮤니티가 아니라 축소되어 죽어가는 커뮤니티가 된다.

많은 정부의 마을 관련 사업들이 주민 주도 커뮤니티를 전제하고 있지만 '무엇이 주민 커뮤니티인가?'라는 것에 대해서 중요한 질문을 생략하고 넘어가는 경우가 많다. 단지 기존에 존재하는 주민들을 대표하는 조직이나 위원회에 의존하거나 사업을 위해 하향식으로 급조한 조직을 주민 주도 커뮤니티라 말하곤 한다. 이런 커뮤니티는 주민이 주인인 커뮤니티라 볼 수 없음에도 불구하고 주민 주도 커뮤니티라 호명하면서 많은 경제적 자본을 투입하지만 커뮤니티 자본은 오히려 훼손될 뿐이다.

지방 인구는 대부분 감소하고 있음에도 일부 지역에서는 자발적 이주자들로 인해 마을 커뮤니티의 구성원이 다양해지고 있다. 제주에서 시작된 한달살이는 전국으로 확대되고 1년살이 등으로 기간도 길어지고 있다. 전통적인 기준에 따르면 그들은 마을 주민이 아니라 여행자다. 그런데 그들 중에 상당수는 그 지역에 대한 이해와 애정이 상당히 크며 다양한 방식으로 지역 커뮤니티와 연결되고 기여하고 있다. 반면 마을에서 태어나 자라난 주민이라고 해도 일부 사람들은 그 마을에 대한 애정이 약하고 마을을 떠나서 서울로 향하거나 마을이 서울과 같은 방식으로 발전하기를 꿈꾼다. 두 경우 중 어떤 쪽이 더 마을의 커뮤니티에 속한다고 볼 수 있을까?

서로 다른 마을에 속했던 경험이 있는 경계인은 서로 다른 커뮤니티들을 연결해서 새로운 커뮤니티를 창조할 수 있는 좋은 위치에 있다. 제주시 구좌읍 세화리에서 과테말라의 카카오 원두를 수입해 수제 카카오 푸드를 생산하는 카카오패밀리의 김정아 대표는 제주와 과테말라 마을 사이의 경계인이다.

그녀는 34년 전인 1988년 부모를 따라서 제주로 이주했다. 그녀의 부모는 이곳에 음악 목회를 하며 정착했다. 어느 날 서울의 대기업에 다니던 한 청년인 이인욱이 제주에 자전거 여행을 왔다가 그녀와 사랑에 빠졌다. 그들은 결혼 후 이인욱의 부모가 선교 활동을 하고 있던 과테말라로 이주했다. 과테말라에서 7년을 살면서 카카오 원산지 과테말라의 농민 친구들이 생기고 마야 문명 때부터 이어져 온 식문화를 익히게 되었다.

김정아는 넷째 아이를 출산하러 제주의 친정에 왔다가 눌러앉게 되었고 여기서 다섯째까지 낳았다. 어느 날 그들은 세화 해변에서 열린 플리마켓에 과테말라의 카카오 원두를 카카오 푸드로 수제 가공하여 들고 나왔는데 순식간에 200개가 완판되었다. 그것을 계기로 2018년에 카카오패밀리를 창업했다. 이인욱은 과테말라를 오가며 현지인 친구들의 농지를 누빈다. 원두와 재료 수입도 남다르다. 생산자의 노동에 정당한 대가를 지불하고 고객에게 좀 더 좋은 제품을 제공할 수 있는 공정무역을 통해 가장 좋은 카카오 원두와 바닐라 원재료를 가져온다.

이인욱은 기계공학을 전공한 전문성을 살려서 한국의 떡방앗간 기계를 응용하여 카카오 푸드테크 기계를 만들었다. 김정아는 회사의 대표를 맡아 새로운 제품과 브랜드를 개발하고 마케팅을 하는데 마을에서 스무 명이 함께 일한다. 마을 이장님은 김정아에게 마을에 카카오패밀리와 같은 기업과 청년들이 많아지면 좋겠다고 말했다. 김정아는 '진모살' 회원이기도 한데 진모살은 하도리로 시집온 젊은 엄마들의 모임이다. 또한 380명이 참여하는 '동쪽 CEO방'을 만들어서 운영하고 있고 구좌 당근을 활용한 새로운 비즈니스를 계획하고 있다. 그녀는 이렇게 마을과 마을을 연결하는 경계인으로서 마을의 커뮤니티 리더의 역할을 해내고 있다.

최근엔 정부의 사업도 마을 커뮤니티의 다양성을 높이는 데 일조하고 있다. 행정안전부는 2018년부터 청년마을 만들기 사업을 운영하고 있다. 수도권에 집중된 청년들이 지방의 마을들에서 새로운 인생을 설계할 수 있도록 주거·활동 공간과 지역 체험 등을 지원하는 사업이다. 전남 목포와 충남 서천을 시작으로 2023년 현재까지 누적 39개 지역으로 확대되었다. 지역마다 상황이 모두 다르기 때문에 다양한 사례들이 나오고 있다.

이 사업에 성공한 지역들은 저마다 마을의 환경과 자원이 다르고 사업의 내용이 다름에도 불구하고 공통점이 있다. 사업가가 어느 지역 출신인지는 성공의 요소가 아니다. 성패는 그 지역에 청년마을 만들기 사업자가 서로 다른 커뮤니티들을 진정성 있게 연결하고 협력을 끌어낼 수 있는 커뮤니티 리더인지에 달려 있다. 그들은 커뮤니티 간의 갈등과 오해의 과정을 극복하고 서로 이해하고 협력해서 함께 변화를 만드는 성공 경험을 통해 지역의 커뮤니티 자본을 키워낸다.

인천시 강화군의 협동조합 청풍은 '재래시장에 젊은 바람을 일으키겠다'는 뜻으로 창업한 회사다. 유명상 대표는 대학을 졸업하고 문화기획자로 일했는데 일회성 이벤트로는 지속가능한 변화를 만들 수 없다는 것을 깨달았다. 그는 '협동조합의 수도'로 불리는 이탈리아 볼로냐에 가서 열흘간 머물며 경쟁이 아니라 협력이 중요하다는 것을 깨달았다. 이후 첫 여행지로 강화에 갔다가 우연히 친해진 사람과 함께 2013년 강화풍물시장에 화덕 피자집을 창업했고 게스트하우스, 커뮤니티 펍, 기념품 가게로 사업을 확장했다.

강화 출신이 아닌 그는 지역 커뮤니티와 갈등을 겪기도 했다. 사업이 차츰 자리를 잡아가던 2015년 겨울 임대 재계약을 하려면 상인회 추천서가 필요했다. 그런데 상인회가 석 달간 가게 문을 닫고 허드렛일을 하지 않으면 추천서를 써주지 않겠다고 한 것이다. SNS에 호소문을 올렸고 여론이 들끓자 지자체가 중재에 나서서 시장에 남을 수 있었다. 이것이 계기가 되어 시장 상인들은 그동안 내지 못한 목소리를 상인회에 내게 되었고 청풍이 상인들과 가까워지게 되었다. 오랫동안 권위주의적 위계 조직이었던 상인회가 다양성과 개방성을 수용하고 협력하는 수평적 커뮤니티로 변화한 것이다.

강화 살이 10년 차가 된 청풍은 청년마을 만들기 사업을 통해서 지역에 많은 청년이 체류하자 강화의 커뮤니티와 연결되도록 도왔다. 단순히 강화에 머무는 것이 아니라 마을 상인들과도 자연스레 교류하도록 했는데 흥미로운 일들이 일어났다. 비건인 청년들에게 비건 음식을 팔도록 동네 가게에 요청했는데 처음에는 주인이 이해하지 못하며 거부감을 보였다. 설득해서 비건식을 팔아보았는데 점차 그 음식점은 비건 명소가 되었다. 동네 상인들이 체류 청년들과 만나서 새로운 가능성을 발견하게 된 것이다.

청풍 김선아 이사는 『라이프인』과의 인터뷰에서 다음과 같이 말했다.

"공동체를 '회복'하는 것이 아니라 '새로운 공동체'가 필요한 것은 아닐까 생각한다. 예전의 공동체는 결속적인 사회 자본을 추구했다. 그래서 친목에 의한 관계를 맺고, 공동의 이익을 목표로 함께 나아가고, 그 과정에서 개인은 조금의 희생을 감수할 수 있다.

그런데 우리는 연계형 사회 자본을 추구한다. 느슨한 관계를 맺으면서 공동의 가치관과 지향을 천천히 따라가고 당장의 목표가 아니라 먼 방향을 함께 바라보며 같이 걸어가고 있다는 유대감을 형성하는 것이다. 요즘 청년들에게 필요한 공동체는 이런 형태가 아닐까 싶다."

리더는 먼저 주기 방식으로 커뮤니티 자본을 키운다

◆ ◆ ◆ ◆ ◆

뛰어난 커뮤니티 리더의 존재 여부가 그 지역 커뮤니티의 성장 여부를 결정한다. 이러한 커뮤니티 리더는 다음과 같은 공통된 특징이 있다.

첫째, 뛰어난 커뮤니티 리더는 원주민 커뮤니티와 이주민 또는 외지인 커뮤니티 사이의 경계인이며 다른 커뮤니티를 연결할 수 있는 매개자다. 그들 개인이 걸어온 성장 경로는 각각 다르다. 하지만 지역 출신이라 하더라도 이주민 또는 외지인 커뮤니티와 연결되어 있고 이주민이라 하더라도 원주민 커뮤니티와 연결되어 있다. 이주민도 그 지역에서 최소 3년 이상 가능한 5년 이상, 10년 이상을 그 지역에서 지속적으로 활동하며 커뮤니티들을 연결하고 마을 사람들에게 진정성을 인정받은 사람이라면 성공할 가능성이 크다. 지역 출신의 경우 끊임없이 다른 지역을 오가며 다양한 커뮤니티와 연결되어 있는 사람이라면 성공할 가능성이 크다. 그렇지 않다고 하더라도 새로운 커뮤니티와 연결하고 시너지를 창출할 수 있는 개인의 커뮤니티 기술이 탁월한 사람이라면 시행착오의 시간을 줄이고 성공의 길로 들어선다.

둘째, 다른 사람을 도우면서 그가 잘되면 행복을 느낄 뿐만 아니라 사람들끼리 서로 돕게 만드는 먼저 주기와 되돌려주기 문화를 만든다. 그들은 자신을 둘러싼 사람들이 서로 돕게 만듦으로써 커뮤니티도 성장하고 자신의 행복도 커진다는 것을 자각하고 있다. 이러한 커뮤니티 리더의 영향으로 커뮤니티 구성원들은 다양한 영역과 지역의 사람들과 연결되어 다양한 커뮤니티를 끊임없이 생성하는 주체가 될 수 있다. 또한 이러한 과정을 통해 각자 커뮤니티와의 관계가 형성되면서 자기 자신을 찾아갈 수 있게 된다.

커뮤니티 리더가 커뮤니티 자본을 키워서 성장하는 사례는 비단 청년마을 만들기 사업에 국한되지 않는다. 로컬 비즈니스를 하는 로컬크리에이터, 시민사회 운동가, 도시재생 사업가, 문화도시 기획자, 지역 스타트업들 중에서도 그런 커뮤니티 리더를 발견할 수 있다. 커뮤니티 리더를 정의할 때 사업을 중심으로 한 정체성은 중요하지 않다. 한 사람이 동시에 여러 사업의 이름으로 불리기도 한다. 커뮤니티 리더는 어떤 사업을 하는 사람이 아니라 자신과 커뮤니티 사이에서 어떤 관계 맺음을 하며 자신과 사회의 커뮤니티 자본을 키워갈 수 있는 사람이다.

이러한 커뮤니티 리더는 지역의 마을 커뮤니티뿐만 아니라 다양한 영역에서 커뮤니티 자본을 키울 때도 같은 특징이 있다. 그들은 다양한 영역의 경계에 서서 서로 다른 커뮤니티에 연결되어 있으며 그곳에 모여든 사람들이 연결되어 먼저 주고 되돌려주는 방식으로 커뮤니티 자본을 함께 키울 수 있도록 돕는다.

커뮤니티 자본을 갖춘 커뮤니티 리더 덕분에 커뮤니티 간의 연결을 통한 커뮤니티 자본이 확장될 뿐만 아니라 커뮤니티 내의 연결성도 강해진다. 커뮤니티와 단절했던 이들도 다시 커뮤니티와 연결된다. 지방 마을의 획일적인 문화와 위계가 답답하고 지긋지긋해서 마을 커뮤니티와 단절하고 서울로 떠난 청년들이 다시 지역으로 돌아와서 마을 커뮤니티와 연결되는 것이 대표적인 사례다. 일례로 제주창조경제혁신센터의 '제주다움'을 통해 한 달여를 제주에서 살았던 문화기획자 김신애는 자극과 영감을 얻어서 고향인 강원도 태백으로 돌아가 그곳에 공유업무공간인 무브노드를 열고 새로운 커뮤니티를 만들어갔다. 그곳에 체류했던 사람들이 태백에 정착하고 있다. 이를 통해 마을의 부모 세대와 자녀 세대가 마을 커뮤니티 속에서 그리고 다양한 세대의 커뮤니티들 사이에서 커뮤니티 자본을 키워간다.

경기도 파주의 DMZ의 민간인통제구역에서 DMZ숲을 창업해서 임업과 농업의 혁신을 만들어가는 임미려 대표는 산림청 산하 학술법인 근무 출신으로 식음료F&B 사업을 하던 남편과 함께 7년 전 그곳으로 이주했다. 그곳은 연간 400만 명에 달하는 DMZ평화관광 방문객이 있음에도 불구하고 외부인의 유입과 교류는 극히 제한적인 곳이다. 주민 구성의 변화가 거의 없는데다가 군부대가 가장 중요한 이해관계자인 특수한 곳이다. DMZ는 통제가 강한 지역의 특수성으로 인해 오히려 새로운 경작 모델을 테스트해볼 수 있어 우리나라 임업과 농업을 혁신할 수 있는 최적지이기도 하다. 그곳에서 DMZ숲은 주민과 군부대에 그들의 사업 비전에 대해 설득하고 서로 도우면서 긴 호흡으로 커뮤니티 자본을 형성해냈고 DMZ를 혁신의 장소로 만들어가고 있다.

커뮤니티 자본이 일단 선순환을 통해 성장 궤도에 오르면 한 사람의 커뮤니티 리더의 영향력을 넘어서서 많은 커뮤니티 리더가 등장하게 된다. 그들이 다양한 영역과 지역에서 커뮤니티 자본을 키워감으로써 커뮤니티 자본은 시간이 지날수록 기하급수적으로 커지게 된다. 한 사람의 커뮤니티 리더가 많은 사람을 동참시키며 장기간에 걸쳐 변화를 만들어낼 수 있는 것이다.

7

커뮤니티 자본과 지적 자본이 함께해야 한다

지식 커뮤니티는 혁신의 의미화 작업을 해야 한다

✦ ✦ ✦ ✦ ✦

변화는 오랜 시간에 걸쳐 일어나며 멈추지 않는 뜨거운 심장이 필요하다. 한 사람이 아니라 여러 사람이 동시에 같은 방향으로 여러 노력을 지속해야 한다. 그렇게 할 수 있는 힘의 원동력은 그 실천의 '의미'다. 만약 개별적인 실천이 있다 하더라도 그것의 의미를 드러내고 확산하지 못한다면 머지않아 고립되고 동력을 상실할 것이다.

실천의 의미를 밝히는 것이 지식의 역할이다. 현장에서 기존 영역 간의 경계에서 일어나는 혁신의 의미를 밝혀내고 확산하는 것을 지식 커뮤니티가 해내야 한다. 지식 커뮤니티가 기존 틀 안에 갇혀 있다면 주변부 경계에서 일어나는 혁신을 발견하기 어렵고 의미화하는 데도 실패한다. 새로운 실천적 경계인들의 지식 커뮤니티가 생겨나는 것이 중요하다.

근대화 시기에 우리 사회의 지식 커뮤니티는 해외의 지식을 수입해서 하향식으로 전달하는 경우가 많았다. 지금도 정부의 각 부처나 대학의 각 학과에서 하향식으로 지식을 전달하는 경우가 많다. 개발도상국이었던 시절에는 그것이 통했다. 하지만 이제는 경제와 문화 등에서 이미 선도적 국가가 되었다. 각 현장에서는 새로운 혁신들이 이미 탄생하고 있는데 지식 커뮤니티가 그것을 따라가지 못한다면 의미 있는 실천이 지속되고 발전하기 어렵다.

21세기에 들어서 국내 대기업들은 지식경영을 통해 지식을 본격적으로 창출하기 시작했다. 삼성과 LG 등이 지식경영을 하기 위해 경영연구원이나 싱크탱크 등을 운영하면서 부서 간, 업무 간 경계를 넘어 융합과 시너지를 창출할 수 있는 혁신의 실천을 지식화하기 시작했다. 대기업에서부터 지식 커뮤니티에 본격적으로 변화가 시작된 것이다.

일본의 경영학자 노나카 이쿠지로는 지식경영을 체계적으로 이론화한 학자다. 노나카는 논문 「지식 창조 기업」에서 급변하는 경제 환경에서 지속적인 경쟁 우위를 가져다주는 유일한 원천은 지식이라고 주장했다. 그리고 성공하는 기업이란 새로운 지식을 지속적으로 창출하고, 창출된 지식을 전사적으로 확산하고, 그럼으로써 새로운 제품과 기술을 지속적으로 만들어내는 기업이라고 강조했다. 지식 창조 기업이야말로 21세기를 지배하는 기업이라는 것이다.

그는 개개인이 많은 암묵지를 가지고 있는데 그것이 형식지로

노나카의 SECI 이론

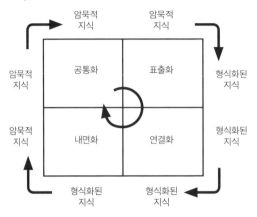

변환되어야 공유와 확산이 가능하다고 보았다. 그는 지식 변환의 과정을 SECI 이론으로 정립했다. SECI는 '공통화Socialization → 표출화Externalization → 연결화Combination → 내면화Internalization'의 과정을 뜻한다. 개인의 암묵지가 '공통화'를 통해 공동체의 암묵지가 되고, 암묵지가 '표출화'를 통해 형식지가 된다. '연결화'는 형식지들 사이의 연결과 융합을 통해 새로운 형식지가 창출되는 것이다. '내면화'는 개인이 형식지를 실천함으로써 자신의 것으로 만들어가는 것이다. 이러한 과정은 한 번에 끝나는 것이 아니라 나선형으로 계속 반복되며 지식이 창출된다.

이러한 지식 변환과 창출의 과정은 현장에서 개인의 실천 커뮤니티와 지식 커뮤니티가 함께 호응했을 때 가능하다. 일본의 경우 지역에서 일어나는 다양한 실천들이 잘 개념화되어 전 세계로 전파되고 있다. 실천가들이 자신의 사례를 책으로 출판하고 강연을 다니면서 적극적으로 알리기 때문이라고 한다. 그 책 중 상당수는

1만 권 이상이 읽힐 정도로 많이 알려졌고 사례 공유를 위한 강연도 활발하다. 충분한 지식 커뮤니티가 뒷받침될 때 그들의 활동이 의미화되고 지속될 수 있다.

우리는 압축성장의 시기에 정부나 학계가 현장에 자원과 지식을 일방적으로 공급하는 역할에 그쳤다. 지역의 지식 창출의 산실이 되어야 할 지방대학과 지방정부는 중앙의 연구와 자원에 의존하면서 현장에서 이미 일어나고 있는 변화와 경계를 넘는 실천의 의미를 밝히고 확산하는 일을 해내지 못했다.

다행인 것은 최근 몇 년 사이에 비제도권의 현장에서 다양한 실천 커뮤니티와 지식 커뮤니티가 태동하고 있다는 것이다. 앞서 언급했듯이 전국의 실천가들이 서로 경험과 지식을 나누며 배우고 창의적인 협업을 도모하는 전국적인 커뮤니티를 형성하고 있다. 또한 그들이 나눈 지식을 아카이브를 통해 공유하면서 암묵적 지식을 명시적 지식으로 변환하며 커뮤니티 자본과 지적 자본을 함께 키우고 있다.

실천적 암묵지를 형식지로 정리해 선순환해야 한다

✦ ✦ ✦ ✦ ✦

2017년 말에 나는 센터의 창업생태계 조성 전략 수립을 위한 리서치의 필요성을 느꼈다. 메타기획컨설팅을 리서치 파트너로 결정했는데 그 결정은 이후 제주의 지식 커뮤니티를 키우는 의미 있는 시작점이 되었다. 당시에 2년여간 센터장을 했지만 가시적인 성과는 크지 않았다. 더구나 우리나라의 지역 창업생태계에서 커뮤니티 전략은 낯선 것이었다. 나는 커뮤니티 전략은 명확한 성과를 내기까지 3년 이상의 시간이 필요하다고 판단하고 있었다.

그런데 2017년 초 박근혜 정부가 국정농단 사건으로 1년 빨리 끝나고 문재인 정부가 들어섰다. 센터도 격동기로 들어섰다. 중소벤처기업부로 소관 부처가 옮겨진 상태에서는 과거 중소기업청의 창업지원 틀 안에 묶이게 될 가능성이 컸다. 나의 비전과 전략이 맞다는 것을 이해관계자들에게 설득할 필요가 있었다. 하지만 당시에는 외부뿐만 아니라 센터 직원들조차도 대부분 나의 방향에 대해 이해와 확신이 부족한 상황이었다.

메타기획컨설팅은 1989년에 설립되어 풍부한 리서치와 컨설팅 경험이 있는 회사였지만 2017년까지 28년 동안 창업생태계와 관련한 리서치나 컨설팅은 해본 적이 없었다. 리서치 파트너로 메타기획컨설팅을 선택한 이유는 역설적으로 이 회사가 창업지원과 관련한 기존 프레임에 갇혀 있지 않았기 때문이다.

내가 제주 창업생태계 조성을 위해 중요하게 생각한 것은 창조도시였다. 문화 기획, 건축, 도시 분야의 전문가들로 이루어진 메타기획컨설팅은 제주창조경제혁신센터가 추구하는 스타트업 시티, 크리에이티브 시티, 커뮤니티엑스 웨이를 지식으로 함께 정립해갈 최고의 파트너라고 생각했다. 실제로 최도인 본부장은 영국의 창조도시 컨설턴트인 찰스 랜드리의 『크리에이티브 시티 메이킹The Art of City Making』의 번역본을 기획한 장본인이기도 했다.

우리나라는 문화체육관광부를 중심으로 정책가와 문회기획자들이 2000년대 초반부터 서구의 문화도시와 창조도시를 벤치마킹했고 실천커뮤니티와 경계를 넘는 매개자의 역할을 중요하게 여기고 활동하고 있었다. 하지만 정작 다양성과 개방성이 부족했다. 문화체육관광부 산하 사업이라는 문화예술을 육성하고 양성한다는 틀에 갇혀 있었다.

나는 실천커뮤니티를 방법론으로 지역 창업생태계를 조성해서 창조도시를 만드는 일을 하고 싶었다. 그래서 전략 수립을 위한 리서치를 함께할 파트너로 문화와 도시에 강점이 있는 메타기획컨설팅을 선택했던 것이다. 2016년 말에 최도인 본부장에게 메신저로 연락해서 센터의 지역 창업생태계 지식 콘퍼런스인 '제주 더 크래비티Jeju the Cravity'에 초대했다. 그리고 1년 뒤인 2017년 12월에 메타기획컨설팅과 함께 첫 번째 리서치 '제주 창업생태계 지속성장 전략 마련 프로젝트'를 했다. 센터 임직원과 제주 스타트업들을 인터뷰해서 정리한 전략 문서는 이후 5년간 제주 창업생태계 조성의 핵심 전략 로드맵이 되었다. 이 자료에 잘 도표화된 자료는 지역의 변화관리를 위한 매우 유용한 형식지가 되었다. 나는 곳곳에서 발표할 때 이 도표를 이용해서 전략을 공유할 수 있었다.

첫 번째 리서치 이후에 메타기획컨설팅은 제주의 중요한 지식창출 파트너가 되었다. 다음 해에 제주창조경제혁신센터가 제주도시재생지원센터와 함께한 원도심 도시재생과 스타트업 생태계와 관련한 전략 리서치를 같이했다. 이것이 시작점이 되어서 메타기획컨설팅은 제주의 다양한 부서와 기관으로부터 리서치를 하게 되는 기회가 생겼다. 제주도청, 제주문화예술재단, 제주대학교 등 리

제주창업생태계 지속성장 전략 마련 프로젝트

비전 및 추진전략 | 전략방향 핵심요소 및 영역

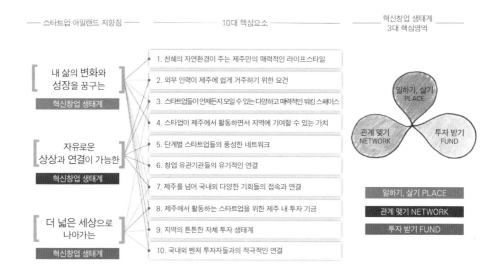

── 스타트업 아일랜드 지향점 ──　　　　　　10대 핵심요소　　　　　혁신창업 생태계
　　　　　　　　　　　　　　　　　　　　　　　　　　　　　　　3대 핵심영역

내 삶의 변화와 성장을 꿈꾸는
혁신창업 생태계

자유로운 상상과 연결이 가능한
혁신창업 생태계

더 넓은 세상으로 나아가는
혁신창업 생태계

1. 천혜의 자연환경이 주는 제주만의 매력적인 라이프스타일
2. 외부 인력이 제주에 쉽게 거주하기 위한 요건
3. 스타트업이 언제든지 모일 수 있는 다양하고 매력적인 워킹 스페이스
4. 스타업이 제주에서 활동하면서 지역에 기여할 수 있는 가치
5. 단계별 스타트업들의 풍성한 네트워크
6. 창업 유관기관들의 유기적인 연결
7. 제주를 넘어 국내외 다양한 기회들의 접속과 연결
8. 제주에서 활동하는 스타트업을 위한 제주 내 투자 기금
9. 지역의 튼튼한 자체 투자 생태계
10. 국내외 벤처 투자자들과의 적극적인 연결

일하기, 살기 PLACE
관계 맺기 NETWORK
투자 받기 FUND

서치를 이어가며 제주의 변화에 대해 다양한 영역과 관점에서 정리했다. 이것은 현장의 실천적 암묵지를 형식지로 정리하는 효과가 있었다. 제주의 미래 방향성이 일관되면서도 다각도로 지식화될 수 있었다.

　제주의 지식커뮤니티를 더 키우기 위해서 2019년에는 제주창조경제혁신센터에서 지역혁신싱크탱크협의체CIRI, Core Influencer of Regional Innovation를 조직했다. 지역 창업생태계 조성을 미션으로 하는 센터가 지역의 지식 창출의 역할을 해야겠다고 생각한 것은 '왜 그 지역에서 창업해야 하는가?'에 대한 질문에 대한 답을 찾기 위해서였다. 인재와 돈과 네트워크가 몰려 있는 서울과 판교가 지역에 비해서 창업하기에 좋은 것은 사실이다. 그래서 보통 지역은 많은 지원금을 주며 기업들을 유치하려고 한다. 그러나 인재와 네트워크 등 비경제적 자본들의 부족으로 지역은 수도권에 비해 크게 열위에 있다.

제주에 있어 보니 제주도청, 제주연구원, 제주대학교 등 기존의 제도권에서는 제주의 현장에서 일어나는 혁신의 의미를 밝히고 지식화하는 것을 제대로 해내지 못하고 있었다. 사실 다른 지역도 모두 마찬가지였다. 지역에 구체적으로 어떤 문제들이 있으며 어떻게 해결하고 있는지를 지식화하는 것이 중요하다. 지역이 서울에 비해 단점만 있는 것은 아니다. 지역은 그 지역만의 고유의 문화, 역사, 환경, 지리 등 서울이 갖지 못한 정체성이 있다. 그것이 지식화될 때 그 지역의 강점을 살릴 수 있는 스타트업들이 생겨서 선순환의 생태계를 만들어갈 수 있는 것이다.

지역혁신싱크탱크협의체는 지역혁신과 관련된 지식 창출과 공유를 목적으로 다음과 같이 운영되었다. 연초에 1년간 함께할 본위원을 선정하는데 다양한 분야의 전문가 5인 내외로 구성한다. 지역에 대해서 진정성을 가지고 활동하고 연구하고 지식을 아낌없이 나누며 새로운 지식을 창출하는 것에 즐거움을 느끼고 함께 만든 지식을 널리 공유하고 확산하는 데 관심이 많은 사람으로 구성했다. 골목길 경제학자 모종린 교수, 제주더큰내일센터 김종현 센터장, 메타기획컨설팅 최도인 본부장, 일in연구소 황세원 대표, 쿠퍼실리테이션 구기욱 대표 등이 본 위원으로 함께했다.

본 위원들은 각자 자신이 관심을 가지는 지역혁신 관련 주제를

제주 지역혁신 싱크탱크 2021 아카이브북 표지

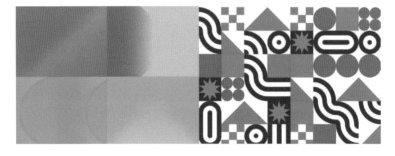

발제하고 그와 관련된 초청 위원을 초대할 권한이 주어진다. 1년에 4회 정도 모여서 회당 4시간 이상을 한 가지 주제로 깊이 있는 토론을 하고 그 내용은 아카이브북을 제작하여 온·오프라인으로 공유했다.

지역혁신싱크탱크협의체는 그동안 서로 영역이 나누어져서 진지하게 토론해보지 못한 이슈들을 선정하여 다양한 영역의 전문가와 실천가를 초대해서 질문을 도출하고 융합적 지식을 창출하는 방식으로 진행되었다. 2019년에는 '로컬크리에이터 현상과 관련된 이슈'를 끌어내 다양한 관점에서 토론했고 2020년에는 '코로나 19 시대, 로컬의 가까운 미래'를 주제로 커뮤니케이션 증진 방법, 지역인재, 로컬푸드, 도시와 청년 정착 등에 관해 논의했다. 2021

년에는 '제주, 지속가능한 로컬'을 주제로 기후변화, 농업혁신, 모빌리티 등에 관해 다양한 전문가들이 영역을 넘나들며 새로운 지식을 창출했다. 2022년에는 '제주 CONNECTS, 그리고 로컬'을 주제로 지난 몇 년간 제이커넥트데이를 통해 형성된 전국 로컬크리에이터 커뮤니티의 현장인 공주와 속초 등을 방문하며 현장에서 지식을 창출했다.

비수도권 지역에서 현장의 실천가들이 혁신적인 시도를 의미화하지 못하고 중앙에 의존한다는 것은 지역의 혁신과 성장 역시 중앙의 아류가 되고 실천가들의 정체성으로 발전하기 어렵다는 것을 뜻한다. 현장의 실천가들에게는 지역에 관해 공부할 자료가 부족했다. 그래서 지역혁신싱크탱크협의체의 모든 논의의 내용은 아카이브북으로 공유하였고 매해 11월에 열리는 제이커넥트데이에 참여자들에게 사전 자료로 배포하여 학습하고 더 깊이 있는 논의를 할 수 있도록 유도했다.

지식 혁신가들의 실천커뮤니티를 지속적으로 만들자

✦ ✦ ✦ ✦ ✦

2022년 11월 23일 제주창조경제혁신센터에서는 제이커넥트데이 5주년 리뷰 세션이 열렸다. 무대에는 그해의 지역혁신싱크탱크협의체 위원들이 함께했다. 한종호 전 강원창조경제혁신센터장, 최도인 메타기획컨설팅 본부장, 황세원 일in연구소 대표, 조희정 더가능연구소 연구실장, 김종현 제주더큰내일센터장이었다. 나는 센터장을 퇴임한 지 6개월 만에 지역혁신싱크탱크협의체 위원이자 패널 토의의 모더레이터로 무대 위에 함께 올랐다. 강원창조경제혁신센터와 제주창조경제혁신센터를 중심으로 활동해온 로컬지식 커뮤니티의 핵심 멤버들이 함께 모인 것이다.

그보다 7년 반 전인 2015년 2월 강원창조경제혁신센터가 생기고 4월에 제주창조경제혁신센터가 생겼다. 두 센터는 파트너 기업이 IT 기업이라는 것과 지역이 1차 산업과 관광 외에 다른 산업이 발달하지 않은 도서·산간 지역이라는 공통점이 있었다. 네이버에서 파견된 한종호 전 센터장은 강원 센터를 맡았고 다음카카오에서 파견된 나는 제주 센터를 맡았다. 네이버와 다음의 관계처럼 두 센터는 서로 선의의 경쟁자이자 가장 가까운 동업자였다. 혁신적인 사업들을 시도했고 서로 적극적인 벤치마킹과 개선을 거듭하면서 지역 창업생태계를 만들어갔다. 10년을 향해 달려가는 지금 로컬크리에이터 생태계와 지역 스타트업 커뮤니티를 창출하는 데 중간 지원조직으로 두 센터의 역할은 매우 컸다고 많은 사람이 평가하고 있다.

두 지역은 다르면서도 비슷하다. 강원도의 면적은 제주도의 9배가 넘는다. 그래서 한종호 전 센터장은 강원도 내에서 다양한 로컬들의 커뮤니티를 만드는 데 주력했다. 제주는 상대적으로 작은 지역이지만 새로운 라이프스타일을 추구하는 사람들이 전국에서 몰려드는 상징적인 지역이기에 나는 제주를 허브로 전국의 로컬 크리에이터들을 연결하는 데 주력했다. 두 센터의 활동은 시간이 갈수록 시너지를 내서 두 지역은 함께 로컬크리에이터 생태계의 발상지가 되었다.

2022년 두 센터장이 동시에 퇴임하면서 자연스럽게 지역혁신싱크탱크협의체 본 위원에 제주와 강원의 지식 커뮤니티가 합쳐졌다. 한종호 전 센터장은 2022년 3월에, 나는 5월에 각각 7년여의 임기를 마치고 퇴임했다. 그동안은 각자의 지역을 중심으로 활동하는 데 바빴지만 이제는 싱크탱크에 함께 모였다. 그동안 조희정 박사는 더가능연구소의 강원 리서치 파트너였고 최도인 본부장은 제주의 리서치 파트너였다. 일in연구소의 황세원 대표는 희망제작소 연구원 출신으로 청년의 일에 대한 연구자로서, 김종현 센터장은 제주더큰내일센터에서 청년 인재를 양성하는 기관장으로서 지역혁신싱크탱크협의체의 본 위원으로 꾸준히 참여해온 분들이었다.

우리는 6개월간 지역혁신싱크탱크협의체 활동 후에 제이커넥트데이 5주년을 리뷰하는 자리에서 제이커넥트데이가 그동안 사회에 어떤 영향을 미쳤으며 기존 행사와 무엇이 달랐기에 그것이 가능했는지 의견을 나누었다. 이곳에 참여했던 전국의 지역 창업가와 파트너들은 이곳에서 새로운 지식과 네트워크를 얻고 성장할 수 있었다고 한목소리로 얘기했다. 실제로 2018년 제이커넥트데이가 전국에서 제주에 모았던 로컬크리에이터들은 2022년 전국구 로컬크리에이터 커뮤니티의 모태가 되었다.

제이커넥트데이의 운영 형식은 기존 기관이 했던 행사와는 전혀 달랐다. 그 흔한 축사도 없었고 유명 연사가 발표하고 다른 참가자는 듣기만 하는 행사도 아니었다. 초대된 100여 명의 참가자는 모두 자신의 현장에서 실천하고 있었다. 그들은 서로에게 누구나 발표자이자 토론자가 될 수 있었다. 이 행사는 실천커뮤니티이자 지식 커뮤니티의 행사이며 커뮤니티엑스 웨이로 커뮤니티 자본을 키우는 행사였다. 서로 연결되어 새로운 커뮤니티가 만들어지고 각자가 실천한 일들을 개인의 암묵지에서 커뮤니티의 암묵지와 형식지로 변환하고 창출하는 행사였다.

행사는 4일간 진행됐지만 사실상 1년 내내 진행된 것이나 다름없었다. 연초부터 지역혁신싱크탱크협의체를 운영하면서 그해에 논의할 어젠다를 도출하고 담당자들이 한 해 동안 전국의 지역 현장을 다니면서 지역에서 혁신적인 일을 하는 사람들을 발굴했다. 골목길 경제학자 모종린 교수가 발굴한 로컬 브랜드들, 로컬 미디어 스타트업 비로컬 김혁주 대표가 발굴한 로컬 크리에이터들, 건축공간연구소 윤주선 박사가 발굴한 도시재생스타트업들, 제주창조경제혁신센터의 리노베이션스쿨을 통해 발굴한 로컬 창업가들, 강원창조경제혁신센터가 발굴한 지역청년혁신창업가들 등 그동안 서로 만난 적이 없었던 다양한 커뮤니티들이 처음으로 총 망라되었다. 지리적으로 떨어져 있거나 영역이 달라서 서로 만난 적이 없는 사람들이 제주에서 연결되었을 때 강한 공감과 소통의 불꽃이 일었다. 여기서 새롭게 형성된 창조성의 커뮤니티는 행사 이후에도 계속 이어졌다.

센터는 암묵지를 형식지로 변환하기 위해 행사에서 있었던 모든 세션의 대화를 녹취하고 아카이브북을 제작하여 공개했다. 참가자들뿐만 아니라 지역혁신에 관심이 많은 민간과 공공에서 이 아카이브북을 보고 학습 자료로 썼다. 한 지자체의 공무원들은 이 자료

2018 제이커넥트데이 아카이브북의 지역혁신가 소개

●●● 지역혁신가 소개

50인의
지역혁신가

국내 지역혁신가 45인

01	강보배 제주	전국청년정책네트워크 / 사무국장 제주청년협동조합 / 조합원
02	고선영 제주	(주)콘텐츠그룹 재주상회 / 대표
03	권정우 제주	탐라지예건축사사무소 / 소장, 대표
04	김종현 제주	(유)섬이다 / 대표
05	김지윤 제주	(주)비클 대표
06	강병록 제주	서귀포시 STARTUP BAY / 센터장
07	문주현 제주	웃집 / 공동대표
08	박경호 제주	제주청년협동조합 / 이사장
09	윤석민 제주	다들집 / 대표 쥬드 / 대표
10	이광석 제주	(주)비클 / 크리에이티브 디렉터
11	이금재 제주	(주)일로와 / 공동대표
12	이승민 제주	주식회사 한국리노베링 / 대표
13	이종관 제주	애웰아빠들 / 본부장 플래닝본부장 / 대표
14	최정훈 제주	비젠빌리지 / 대표
15	이종인 전남	완도살롱 / 대표
16	윤현석 광주	(주)컬체네트워크 / 대표
17	이한호 광주	(주)츠컴퍼니 / 대표이사
18	고은설 전북	예술기획연구소 Art-Cluster 별의별 / 대표
19	김은주 전북	전북대학교 무형문화연구소 / 연구원
20	박은진 부산	(주)공유를 위한 창조 / 대표
21	권상구 대구	사단법인 시간과공간연구소 / 상임이사
22	김준태 대전	도시여행자 / 콘텐츠 디렉터
23	박은영 대전	도시여행자 / 아트 디렉터
24	이태호 대전	(주)윙윙 / 대표
25	권오상 충남	소도시콘텐츠연구소 / 대표 봉황재 모던한옥 / 대표
26	임효목 경기	빌드(주) / 부대표, 이사
27	조은주 경기	경기도 시흥시청 자치분권과 청년정책팀 / 총괄디렉터, 주무관
28	김지우 강원	더웨이브컴퍼니 / 대표
29	이창석 강원	더웨이브컴퍼니 / 이사
30	최윤성 강원	와이크래프트보츠 칠성조선소 / 대표
31	구선아 서울	책방연희 / 대표, 작가
32	김혁주 서울	비로컬주식회사 / 대표
33	민윤조 서울	(유)크립벤처스 / 대표
34	박기범 서울	(주)버플러스 / 대표
35	박대민 서울	한국언론진흥재단 / 선임연구위원
36	박성조 서울	글랜스TV / 대표
37	양경준 서울	(주)크립톤 / 대표
38	윤성욱 서울	와디즈(주) / 이사
39	이용원 서울	SLA엔지니어링 건축사사무소 / 소장
40	이지현 서울	브로드컬리 / 디자이너
41	이현덕 서울	론드리프로젝트 / 대표
42	조퇴계 서울	브로드컬리 / 편집장
43	최도인 서울	(주)메타기획컨설팅 / 본부장
44	최흥진 서울	하이브아레나 / 공동대표
45	홍주석 서울	(주)어반플레이 / 대표

해외 지역 혁신가 5인

01	김정후 영국	한양대 도시대학원 / 특임교수 런던시티대학 문화경제학과 / 펠로
02	마데 왕신 인도네시아	파이브 필라 파운데이션 / 디렉터
03	하워드 우 대만	Goodideas-Studio / 대표
04	시마다 요헤이 일본	(주)리노베링 / 대표
05	에노모토 가즈히로 일본	와카야마시 / 정책관

집을 제본해서 스터디를 했다고 한다. 그해에 선정된 50여 명의 전국 지역혁신가들을 지도 위에 표시해서 제공했는데 전국적으로 알려지는 계기가 되었다. 행사 이후에 참가자들이 서로의 장소들을 찾아가서 만나기도 했고 아카이브북을 보고 많은 사람이 지역혁신가들의 활동을 이해하고 관심을 기울이게 되었다.

그들은 기존 관행을 혁신하고 앞서가는 개척자이기에 자신이 활동하는 곳에서는 중심에 서 있지 않은 주변인 취급을 받는 경계인인 경우가 많았다. 평상시에 주변에서 충분히 인정받지 못하고 고군분투하고 있었기에 지치는 날도 많았다. 그런데 제이커넥트데이에 초대되어 오면 모든 것이 달랐다. 그들은 미래를 여는, 세상의 중심에 서 있는 주인공이었다.

기관이 만든 행사이지만 그들이 주인공이라는 것을 센터 임직원들은 알았기에 모든 프로그램에 그런 마음이 전달되도록 노력했다. 우선 첫날부터 센터는 그들 한 명 한 명을 존중하고 환대했다. 항공료와 숙박비는 물론이고 네트워킹 파티에 케이터링 등도 정성껏 준비했다. 4일간 서로가 잘 알아가고 다양한 대화를 나눌 수 있도록 여러 장치와 프로그램들을 세심하게 운영했다. 제이커넥트데이에 모인 사람들은 서로 다른 지역과 영역에 있다 하더라도 결이 비슷하다는 것을 금방 알아차렸다. 행사 시작부터 내내 서로에게 마음을 열고 지지하고 경험과 지식을 아낌없이 나누었다.

사실 이러한 커뮤니티의 원리는 실리콘밸리에서 차용한 것이다. 실천커뮤니티는 실리콘밸리에서 탄생한 것이다. 실리콘밸리에서 경계를 넘는 혁신이 왜 잘 일어나는지를 학습이론가 에티엔 벵거 Étienne Wenger와 진 레이브Jean Lave가 함께 연구해서 주창한 개념이다. 이렇게 경계를 넘는 지식 공유, 창출, 그리고 혁신가들이 자신의 활동에 의미를 찾아가는 것이야말로 실리콘밸리 혁신의 원동력이다. 사람들은 실리콘밸리가 IT 스타트업의 성지라고 말한다. 그러나 실리콘밸리에서 나고 자란 사람들만이 그곳에서 IT 스타트업을 창업하는 것이 아니다. 실리콘밸리에는 전 세계에서 다양한 영역의 사람들이 몰려들어서 서로 지식과 경험을 교류하고 새로운 통찰과 네트워크를 형성한 후에 다시 자신의 현장이 있는 국가와 도시로 되돌아간다. 그러한 그들의 참여로 실리콘밸리가 IT 스타트업의 성지가 된 것이다.

지역이 혁신의 허브가 되기 위해서는 실천커뮤니티를 지속적으로 만들어낼 수 있어야 한다. 내가 제주 창업생태계를 조성하면서 지역혁신싱크탱크와 제이커넥트데이를 매년 열었던 이유는 제주의 커뮤니티 자본을 키워서 지역 창업생태계의 리더가 되도록 하기 위함이었다. 제주의 지역혁신가, 로컬크리에이터, 스타트업들은 제주를 홈그라운드로 해서 커뮤니티를 주도할 수 있도록 하는 게 목적이었다. 풍부한 커뮤니티 자본이야말로 그들이 지속성장할 수 있는 기회가 되는 것이다.

앞서 언급했듯이 2022년은 전국구 지역 커뮤니티들이 경주, 순천, 공주, 울산 등에서 활발하게 탄생했던 시기다. 제이커넥트데이 5주년이 된 때이기도 했다. 2020년부터 3년 가까이 팬데믹으로 인해 움츠려 있던 에너지가 오프라인 모임이 가능해지자 본격적으로 타올랐다. 그 최초의 점화는 2018년 제주에서의 제이커넥트데이와 2019년 서울 성수에서의 로컬크리에이터 페스타였다고 많은 사람이 기억한다.

지역의 실천 커뮤니티와 지식 커뮤니티는 이제 다양한 영역과 지역으로 확산되었다. 사실 2020년 중소벤처기업부에 로컬크리에이터 활성화 지원 사업이 만들어진 후부터 로컬크리에이터 페스타는 그해 지원 사업을 받은 기업을 대상으로 열리게 되면서 전국구 로컬크리에이터 커뮤니티의 행사라는 의미는 퇴색했다. 반면 어반플레이 홍주석 대표, 재주상회 고선영 대표가 주축이 되어 2022년 설립한 '로컬브랜드포럼', 비로컬 김혁주 대표가 주관해서 2022년 시작된 경주의 '로컬브랜드페어', 행정안전부의 '2022년 청년마을 성과공유회'는 2018년 제이커넥트데이와 2019년 로컬크리에이터 페스타에서 모였던 전국구 커뮤니티를 확장시키면서 동시에 행사의 형식과 내용을 계승 발전시켜가고 있다. 또한 충북창조경제혁신센터의 심병철 책임은 제주, 강원에서 배운 것들을 바탕으로 충북의 로컬크리에이터 커뮤니티를 키워내고 더 나아가 전국구 커뮤니티에서도 중요한 역할을 해내고 있다.

J-커넥트 데이 2018 기획안
지역 변화 경영과 학습 경제

사업 개요

- 지역의 지속가능한 발전을 위한 지역변화관리, 지식 창조 루틴의 장
- 지역혁신 안트러프러너*들이 베스트 프랙티스를 공유하며 서로 배우고 실천커뮤니티를 형성하여 공동창조와 변화 확산을 돕는 온·오프라인의 장

---

* 지역혁신 창업가 물론이고 지역 현장에서 활동하는 민간, 공공, 중간 지원조직과 지역 현장에 상주하지 않으나 지역혁신을 다루고자 하는 정책가, 연구자, 언론 등으로 변화를 만들어가는 변화촉진자

사업 내용

J-커넥트 데이 전

지역혁신을 위해 변화가 필요한 중요 이슈들을 정의하고 다양한 현장에서의 혁신 시도들을 발굴한다.

※ 주제 기획 및 안트러프러너 발굴

1. 혁신 주체, 이슈 발굴 위원회 구성 및 역할

   사업의 미션을 가장 잘 이해하는 전문 위원들을 선정하여 어젠다 선정 및 사례 발굴

   발굴위원회의 역할은 다음과 같다.

   ① 어젠다 선정: 올해의 지역혁신 핵심 이슈 도출

   ② 사례 발굴: 실패, 성공 여부를 떠나 배우는 데 있어 서로 영향을 미칠 수 있고 시너지를 낼 수 있는 다양한 분야의 사례와 주체들을 발굴

2. 기획 밋업: 발굴 단계에서 주제별 소규모 밋업 진행

3. 기획 자료집: 발굴 단계에서 확보된 정보, 스토리를 기록

※ 지역혁신 안트러프러너 발굴 선정 기준

   ** 다음 7가지 기준을 모두 충족할 것

1. 실제 지역 문제를 발견하고 해결하며

2. 지역 아이덴티티의 강점을 살려

3. 혁신 창업생태계를 통해 새로운 가치를 창출하고

4. 영역 간 융합에 열려 있으며

5. 제주 등 지역에 구체적으로 연결되고 타 지역 확산 가능성이 있는

6. 기존 관행을 뛰어넘어 새로움을 창출한 안트러프러너

7. 단순하게 강연만 하거나 듣기만 하는 참가자가 아니라 지속적인 실천가

2022년 3월 한종호 강원창조경제혁신센터 센터장 임기를 마쳤고 두 달 뒤인 5월에는 내가 제주창조경제혁신센터 센터장 임기를 7년여 만에 끝냈다. 지역창업생태계와 로컬크리에이터 커뮤니티를 키우는데 일조한 두 사람은 민간인으로서 앞으로 어떻게 기여할 것인가를 고민하면서 만나기 시작했다. 내가 센터장을 퇴임한 이후 공주, 속초에서 연달아 열린 제주창조경제혁신센터 지역혁신싱크탱크CIRI에 한종호 전 강원창조경제혁신센터장과 강원의 리서치 파트너였던 더가능연구소 조희정 박사가 참여하고 나는 센터장이 아닌 민간인으로서 참여하게 되면서 자연스럽게 강원과 제주에서 수년간 만들어온 로컬 지식 커뮤니티가 연결되고 융합되기 시작했다.

여기에 경북 영주에서 활동하는 임팩트스퀘어 류인선 실장, 즐거운도시연구소 정수경 대표, 우주소년 박우현 대표, 지리산이음 조아신 이사장, 브리크 정지연 대표 등이 함께 하면서 메타기획컨설팅 최도인 본부장과 지역혁신싱크탱크의 제주더큰내일센터 김종현 센터장, 일in연구소 황세원 대표 등이 함께 하는 다양한 분야

보양포럼

밀양소통협력센터에서 '보양식당' 커뮤니티를 초대해서 열었다.

를 아우르는 지식커뮤니티가 탄생했다.

이 지식 커뮤니티의 이름은 로컬의 변화를 만들어가는 청년들에게 힘을 실어주자는 의미에서 '보양식당'이라고 부르게 되었다. 느슨하고 개방된 커뮤니티를 유지하면서 지역에서 도움을 요청하면 함께 가서 경험과 네트워크를 기꺼이 공유하고 함께 배우는 모임으로 활동하고 있다.

8

커뮤니티 자본과 경제적 자본의 선순환을 만들자

지역 공간을 거점으로 커뮤니티 자본을 만들다

✦ ✦ ✦ ✦ ✦

대전시 유성구 어은동과 궁동은 충남대학교와 카이스트 사이에 있는 폭이 1킬로미터 내외인 동네다. 두 대학에서 도보 거리의 동네로 20여 년 전에 지은 4층짜리 건물들이 늘어서 있는데 점차 공동화됐다. 예전에는 대학교수들이 살거나 작업공간으로 쓰는 경우가 많았지만 유성구에 신시가지가 생기고 아파트 단지가 생기면서 동네의 정주 인구와 유동 인구가 급감한 것이다.

이곳에 새로운 커뮤니티 자본이 태동하기 시작한 것은 2010년으로 거슬러 올라간다. 충남대학교 경영학과 학생이었던 천영환은 궁동에 노네임카페Noname cafe를 창업했다. 이곳은 단순한 카페가 아니라 토론, 공연, 전시 등을 하는 복합문화공간이었다. 그는 'TED×Daejon' 디렉터로 행사를 열기도 하고 2011년에 어은동에 벌집Birlzip이라는 공유공간을 만들었다. 벌집에 모였던 많은 청년이 창업하거나 기획자 등으로 성장했다. 그중 한 명이 벌집의 커뮤니티 빌더로 합류해서 2017년 사회적 기업 윙윙을 설립한 이태호 대표다. 윙윙은 '마을 공간 곳곳을 연결하여 다양한 만남과 즐거운 일상을 만듭니다. 창의적 시도와 협력적 문제 해결 문화가 깃든 공동체 도시를 꿈꿉니다.'를 모토로 공유공간 벌집, 공동체 주택 꿈꿀통, 라이프스타일숍 새러데이커피 등을 운영하고 있다.

이태호 대표는 2018년 제이커넥트데이에서 초대한 전국의 지역 혁신가 50인 중 하나다. 그보다 앞선 2017년에는 제주창조경제혁신센터의 '디지털노마드 밋업'에 발표자로 초대되기도 했다. 내가 그가 활동하는 어은동에 가보게 된 것은 센터장 퇴임을 앞둔 2022년 4월이었다. 그는 동네를 안내하며 동네와 건물과 사람에 관한 이야기를 차근차근히 들려주었다. 길이나 가게에서 마주치는 동네 사람들이 그에게 친근하게 인사하고 대화를 나누었다. 그는 대전 출신이긴 했지만 어은동 출신은 아니었다. 10여 년을 그곳에 다니면서 진정성 있게 활동했다. 이제 그는 동네 커뮤니티 자본의 중심에 서 있다. 나는 그에게서 동네의 미래를 만들어가는 일에 사람들을 동참시키는 커뮤니티 리더의 모습을 보았다.

윙윙은 커뮤니티가 만드는 변화와 공간의 가능성에 주목한다. 낡은 건물을 매입하여 장기 임대하거나 공공 위탁시설을 인큐베이팅하는 등 다양한 방식으로 동네 부동산을 확보해서 창업 공간으로 리모델링하고 있다. 이러한 공간을 거점으로 지역에 정착한 창업가들과 동네 주민들 사이에 경계를 넘는 커뮤니티 자본을 만들어왔다.

이태호 대표는 10년 이상 축적해온 동네 커뮤니티 자본을 바탕으로 커뮤니티 자본과 경제적 자본의 선순환을 만들어내고 있다. 2022년 12월 윙윙은 부동산 조각 투자 플랫폼 '소유'를 운영하는 루센트블록과 함께 '대전창업스페이스' 건물을 공모해서 완판에 성공했다. 커뮤니티, 공간, 비즈니스(수익률 5.18%) 삼박자를 갖춘 동네 대안 모델을 창출한 것이다. 이곳에 투자한 이들은 '공유마을, 공유거리를 구현해 경제 순환 마을을 조성하겠다'는 윙윙의 비스트리트B.Street 비전에 동참했다. 즉 투자자들은 경제적 자본뿐만 아니라 동네의 커뮤니티 자본에 투자하고 이 커뮤니티의 일원이 된 것이다. 윙윙은 그전에 비플러스 크라우드펀딩을 통해 이 건물을 매입한 바 있다. 그리고 조각 투자 투자자들에게 이 건물을 팔아서 생긴 자금으로 다시 새로운 동네 건물을 매입해서 비스트리트 비전을 실현해갈 예정이다.

윙윙이 만들어가는 동네는 다양성과 개방성의 커뮤니티가 어우러지면서 커뮤니티 자본과 경제적 자본이 선순환하는 곳이라 볼 수 있다. 동네의 현재 주민과 미래 주민들이 함께 더 좋은 동네를 만들어갈 수 있도록 많은 사람이 동참하도록 이끈다. 또한 한 지역 공동체의 커뮤니티 자본과 성공 모델은 사회 전체로 확산할 수 있다. 그렇게 되면 우리 사회뿐만 아니라 동참하는 개인들도 커뮤니티 자본과 경제적 자본이 선순환하며 균형 잡힌 행복한 삶을 살 수 있도록 만들 수 있다.

커뮤니티 자본이 크면 경제적 자본도 창출된다

✦ ✦ ✦ ✦ ✦

우리 사회에서 커뮤니티 자본의 축적이 그동안 소홀했던 이유는 경제적 자본 중심의 물질주의 사회였기 때문이다. 하지만 이제는 경제적 자본의 지속가능성을 위해서라도 커뮤니티 자본이 꼭 필요한 시대가 되었다. 개인도 회사도 모두 마찬가지다.

사람들은 돈을 모아서 금융 소득과 부동산 소득을 올리는 것으로 경제적 자유를 달성하고자 한다. 자산을 축적해서 매달 돈이 꼬박꼬박 들어오는 시스템을 구축하는 것은 생활에 안정감을 주기 때문에 중요한 일이다. 하지만 그것을 달성했다고 해서 경제적 자본으로 커뮤니티 자본을 살 수 있는 것은 아니다.

반대로 커뮤니티 자본이 큰 사람은 지속적으로 경제적 자본을 창출할 기회가 생긴다. 한 조직에 평생 속해서 꾸준히 받는 급여를 말하는 것이 아니다. 때로는 직장을 떠나서 무직인 상태에 있더라도 커뮤니티 자본이 풍성한 사람은 또 다른 기회를 언제든 맞이할 수 있다. 그리고 60세 이후에 남들이 다 은퇴해서 경제적 자본을 통해서 살아가고 있을 때 커뮤니티 자본이 풍부한 사람은 더 오래 일할 수 있다.

커뮤니티 자본이 부족한 사람은 한두 개의 폐쇄적인 커뮤니티에 자신을 의존하게 된다. 그러나 커뮤니티 자본이 많은 사람은 다양한 커뮤니티들을 서로 연결하고 융합해서 새로운 커뮤니티를 창조해낼 수 있는 커뮤니티 기술을 가지고 있다. 이를 통해 비경제적 자본을 키울 뿐만 아니라 경제적으로도 지속가능한 수익을 창출할 기회가 생길 가능성이 커진다.

커뮤니티 자본이 부족한 사람은 돈을 지불하면서 커뮤니티가 제공하는 서비스를 사용한다. 반면에 커뮤니티 자본이 풍부한 사람은 돈을 받으면서 커뮤니티를 제공하는 입장이 되기도 한다. 예를 들면 어떤 사람은 지식과 네트워크를 얻기 위해 독서 클럽에 돈을 내고 참여하지만 어떤 사람은 스스로 독서 클럽을 만들어서 사람들이 지식과 네트워크를 나누고 배울 수 있도록 하면서 회비를 받는 위치에 서게 되는 것이다.

60세 이후에 매달 버는 금융 소득과 부동산 소득 300만 원과 일을 통해서 매달 버는 300만 원의 가치는 같지 않다. 일은 단지 돈만을 위한 것이 아니기 때문이다. 일을 통해 개인은 동료와 파트너라는 커뮤니티를 얻는다. 이를 통해 삶의 의미를 찾을 수 있다. 은퇴 후에 자신의 일을 만들어내지 못하는 사람은 소비를 통해서 자신의 존재 의미를 드러내고자 할 것이다. 그러나 돈을 더 많이 쓰게 되면 평생 쌓아둔 경제적 자본이 줄어드는 속도가 더 빨라질 뿐이다. 자신의 존재 의미는 궁극적으로 해결되지 않는다.

매달 규칙적인 수입이 아니더라도 그동안 자신이 쌓아온 커뮤니티 자본을 통해서 연간 3,000만 원의 돈을 꾸준히 벌 수 있다면 연간 이자를 3.0%라고 가정했을 때 10억 원 상당의 금융 자산을 가지고 있는 것과 같은 효과가 있다. 노인이 될수록 일을 갖기 어려워지고 커뮤니티가 좁아지는 경향이 있는 것을 고려할 때 축적해둔 커뮤니티 자본은 나이가 들수록 가치가 커지는 것이다.

노후를 준비해야 하는 50대에 어떻게 사느냐는 60대 이후의 삶을 결정한다. 두려움 속에서 경제적 자본만을 위한 삶을 살아갈 것인가? 아니면 용감하게 경제적 자본과 비경제적 자본 사이에 균형을 이루어 지속가능한 의미 있는 삶을 추구할 것인가? 커뮤니티 자본과 커뮤니티 기술을 갖추는 것은 경제적 자본을 준비하는 것 못지않게 중요한 노후 준비일 것이다.

지역 커뮤니티 자본을 키워야 경제성장이 가능하다

✦ ✦ ✦ ✦ ✦

1970년대에 산업도시들이 만들어질 때 그 지역 출신의 다양한 사람들이 모두 협업했다고 한다. 예를 들면 울산이라는 도시가 중공업 도시로 성장할 때 그 도시 출신의 재일 교포 사업가와 지역의 유지들이 긴밀하게 협업했고 중앙정부와 지방정부의 관료들이 머리를 맞대고 고민했다. 산업화의 시대에는 그때의 방식으로 커뮤니티 자본이 작동했다.

지금은 모든 자본이 수도권 중심으로 빨려 들어가고 있다. 비수도권 지역의 커뮤니티 자본 역시 취약해졌다. 중앙정부와 지방정부는 지역 균형 발전을 위해서 막대한 예산을 투입하고 있다. 각종 인프라 구축 사업, 연구개발 사업, 청년 이주, 출산 장려 등을 위한 예산의 규모는 상당하다. 그렇지만 상당한 경제적 자본을 투입했음에도 서울과 지방의 격차는 점점 더 커지고 있고 지방의 산업은 취약해지고 인구도 계속 줄어들고 있다.

서울과 지역의 격차가 갈수록 커지는 이유가 무엇일까? 여러 가지 원인이 있겠지만 그중에서 커뮤니티 자본의 중요성을 강조하지 않을 수 없다. 개발도상국의 산업화 시기에는 지역의 산업은 선택과 집중, 효율성, 규모의 경제를 통해서 형성되었다. 하지만 경제선진국이 된 지금은 더 이상 우리보다 앞선 선진국을 벤치마킹해서 따라갈 수 없고 우리가 새로운 혁신을 창출할 수 있어야 한다. 혁신과 창조는 다양성과 개방성을 기반으로 이종 간의 융합과 우연한 창발성을 통해 발생한다. 지역에 취약한 다양성과 개방성의 커뮤니티 자본은 지속가능한 경제성장에 장애가 되고 있다.

이제 지역의 커뮤니티 자본을 키우는 것은 경제성장을 위해서도 꼭 필요한 일이다. 제주창조경제혁신센터가 2015년부터 지역 창업생태계를 조성하면서 지역에 다양성을 높이고 지역 간의 새로운 연결을 통해 협력하고 창조의 결과물을 만든 것은 그런 이유였다. 이 방법은 단기간의 경제적 사업 성과를 창출할 수는 없다. 하지만 3년 이상의 장기간을 내다보며 커뮤니티 자본을 늘리는 방법만이 지속가능한 경제성장을 이룰 수 있다고 보았다.

커뮤니티 자본이 커지는 과정은 초반에 가시적으로 보이지 않는다. 하지만 시간이 지날수록 네트워크 효과를 통해서 제이커브를 그리게 되고 경제적 자본과의 시너지도 구체적인 성과로 나타나기 시작한다. 실제로 제주창조경제혁신센터의 '새로운 연결을 통한 창조의 섬, 제주'의 비전과 사업은 3년이 지나고 5년이 지나면서 본격적인 성과로 나타나기 시작했다. 2015년에 센터를 처음 맡았을 때는 제주에 스타트업 커뮤니티가 없었다. 지역에 IT 기업들이 일부 있었고 협회도 있었지만 정부의 용역 사업을 수주하거나 지원 사업을 받는 것에 그치는 경우가 많았다. 제주에는 스타트업과 투자자가 거의 없다시피 했고 소수의 주체마저도 서로 연결되어 있지 않았다.

7년이 지나자 제주는 전국 비수도권 중에서 스타트업 생태계와 커뮤니티가 가장 잘 갖추어진 지역이 되었다. 초기에는 제주에서 할 수 있는 사업을 추구하거나 제주가 좋아서 이곳에서 일하고 싶어 하는 스타트업들이 이주했다. 그리고 그들 중에 뛰어난 기업들이 서울의 투자자들로부터 투자를 유치했다. 제주로 이주한 창업가와 제주 출신 창업가들이 서로 커뮤니티를 이루면서 점차 제주는 창업하기 좋은 지역이 되었다. 우주, 신재생에너지, 자율주행 스타트업들이 커나갔으며 로컬크리에이터 스타트업의 발생지이자 허브가 되었다. 제주도의 출연금으로 시드 투자를 했던 것이 점차 제주 지역 자본으로 민간이 출자해서 스타트업을 투자하는 흐름으로 이어졌다.

제주창조경제혁신센터의 보육기업들은 제주 전역에 걸쳐 있다. 그들은 서로 커뮤니티로 연결되어 협력한다. 그들은 1차 산업 중심의 마을 커뮤니티, 스타트업, 로컬크리에이터 커뮤니티들 사이의 경계인이자 매개자다. 기성세대와 청년세대를 연결하고 서로 협력하도록 만드는 촉진자이기도 하다. 그들은 지역의 커뮤니티가 정체되지 않고 외부 커뮤니티와 지속적으로 교류하며 다양성과 개방성을 통해 성장할 수 있도록 이끈다.

이제 제주의 스타트업들은 지역 출신인지 아닌지에 상관없이 함께 커뮤니티를 이루고 서로 도우며 시너지를 창출한다. 그것이 다

제주창조경제혁신센터의 보육기업 지도

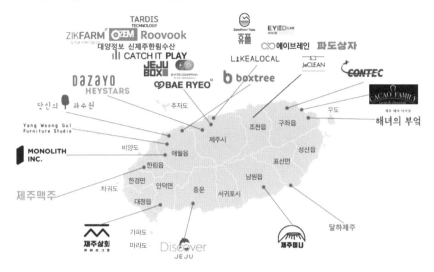

른 지역에서 찾기 힘든 제주 스타트업 생태계의 최대 강점 중 하나가 되었다. 커뮤니티 회원들이 어부에게 조업을 요청하면 어부가 직접 해산물을 잡아서 보내주는 국내 유일의 조업 요청형 서비스인 '파도상자'를 운영하는 공유어장은 2021년 초 스타트업아일랜드제주 투자조합에서 투자를 유치했다. 그 후 공유어장은 부산에서 제주시 조천으로 본사를 옮겼는데 단순히 투자 유치를 했기 때문은 아니었다. 제주의 커뮤니티 자본의 강점이 진짜 이유였다. 제주의 해변에 위치한 스타트업들은 마을 이장과 어촌계의 신뢰를 형성하고 함께 변화를 만들어가고 있다. 그들이 만든 마을의 커뮤니티 자본 덕분에 공유어장 유병만 대표는 센터가 연결한 보육기업의 소개로 이장님과 어촌계장님을 만나서 마을과의 협업과 시너지 창출을 논의할 수 있었다. 이미 다른 지역에서 오해와 배척으로 어려움을 겪었던 이 회사는 제주로 이주를 결정하게 되었다.

제주창조경제혁신센터와 크립톤이 함께 만든 스타트업아일랜드 제주 투자조합은 제주도의 커뮤니티 자본과 경제적 자본이 어우러진 투자조합이다. 일부러 출자자들을 다양하게 구성해서 투자자 커뮤니티를 형성하도록 유도했다. 제주도 출신으로 대학 때 서울에 가서 대기업 사장을 하고 은퇴한 분, 제주도에 국제학교 학부모로 이주한 분, 제주도에서 1차 산업을 운영하고 있는 대표, 제주에서 병원을 운영하는 원장, 제주도에 이주해서 스타트업을 창업한 사업가, 제주도 출신으로 서울에 가서 투자로 경제적 자유를 이룬 20대 후반의 청년, 제주도 출신도 아니고 제주에 살지도 않지만 제주를 너무 사랑해서 이곳에 투자하고 싶은 분 등 다양한 사람들을 한 분 한 분 설득해서 모셨다. 그들은 이전에는 함께 협력한 적이 없는 서로 다른 커뮤니티에 있는 분들이었다. 나는 지역에 거주지를 두었는지와 관계없이 그들이 출자한 투자조합을 '도민자본 투자조합'이라고 부른다. 지역을 사랑하고 미래를 만들어가는 커뮤니티야말로 진정한 지역민이라 할 수 있기 때문이다.

센터는 스타트업 투자자를 위한 기업홍보IR 행사에 이 출자자들을 초대했다. 그들은 제주의 스타트업들에 대해 이해하게 되고 관심을 가지게 되었을 뿐만 아니라 서로 간의 네트워킹을 통해 커뮤니티 자본을 키워갔다. 2020년에 처음 10억 원 규모로 시작한 도민 자본의 투자조합은 점점 더 커질 것이다. 알고 보니 지역에 민간의 경제적 자본이 절대적으로 부족한 것은 아니었다.

지역 부동산 가격의 상승으로 부를 일군 분 중 상당수는 서울 강남의 아파트에 투자하고 있다. 그 대신, 아니 그중 일부라도 자신의 지역에 있는 스타트업에 투자할 수 있다는 것을 알게 된다면 어떻게 반응할까? 그리고 그러한 경제적 자본과 커뮤니티 자본을 자녀들에게 물려주고 계속 키울 수 있다면 10년, 20년 뒤에 어떤 일이 일어날까? 지역의 스타트업 투자 자본은 민간 자본만으로도 수천억 원대 이상으로 커갈 수 있으리라 생각한다. 그리고 지역에 많은 스타트업들이 성공하면서 미래 세대들에게는 큰 기회가 열릴 것이다. 커뮤니티 자본과 경제적 자본의 선순환을 이룬 지역은 시간이 갈수록 점점 더 번영하게 될 것이다.

왜 나는 제주창조경제센터장을 그만두었는가

제주가 아닌 곳에서도 커뮤니티엑스를 실천해보고 싶다

✦ ✦ ✦ ✦ ✦

이 책을 쓰기로 마음먹은 것은 2015년부터 7년간의 제주창조경제혁신센터 센터장의 경험을 마치고 새로운 경계로 나아가기 시작한 2022년 봄이었다. 45세에 제주도로 와서 기관장이 된 후 어느덧 내 나이는 52세가 되어 있었다. 센터장 임기를 마치기 한 달 전인 4월에 아버지가 86세로 돌아가셨다. 아버지의 죽음은 당신의 삶을 돌아보며 동시의 나의 삶에 대해서 생각하는 계기가 되었다.

20대에 사회에 나와 30여 년을 살아온 내가 앞으로 30여 년을 더 살아간다면 어떻게 살아가는 것이 좋을까. 60세 이후의 삶을 생각할 때 50대의 10년을 어떻게 살아가는 것이 좋을까. 아직 사회 활동을 왕성하게 할 수 있는 지금 이 시기에 내가 어떤 것을 추구하고 무엇을 쌓아갈 것인지에 따라 앞으로 30여 년의 나는 전혀 다른 존재로 살아가게 될 것 같았다.

이런 생각이 미치자 50대를 어떻게 살아가야 하는지와 어떻게 해야 행복한 노년을 준비할 수 있는지에 대한 책들을 닥치는 대로 찾아 읽었다. 그러나 그 어떤 책들도 내게 명확한 답을 제시해주지는 못했다. 미국이나 일본의 저자들이 쓴 책들은 나름의 지혜를 안겨 주고는 있었으나 너무 일반적인, 개인의 삶에 관한 이야기에 머물렀다. 그보다 내가 살고 있는 대한민국에서 지금 내가 어떻게 세상과 연결되어 다양한 세대와 지역과 영역과 관계 맺음을 하며 살아야 할지를 확인하고 싶었다. 내가 지금 우선순위를 두어야 할 것들, 내가 덜 중요하게 생각해도 되는 것들이 무엇인지 알고 싶었다.

한편으로는 2022년 5월에 센터장을 퇴임하고 카카오에 복귀한 이후에 11월 퇴사하기까지 마음이 복잡했다. 2006년 다음커뮤니케이션에 입사한 이후 무려 만 17년 만에 퇴사한다는 것은 큰 결심이었다. 잘 나가는 회사에서 꽤 높은 급여를 받고 있는 것을 포기하고 스스로 떠나겠다는 결정을 할 때 마음의 불안감이 없지 않았다.

나는 불안과 번민의 시간을 겪는 동안 이 책을 썼다. 그러면서 스스로에게 물었다. 내가 앞으로 살아갈 시간 동안 경제적 자본을 더 많이 축적하는 것이 중요할까, 아니면 비경제적 자본을 축적하는 것에 대한 비중을 높여야 할까. 비경제적 자본에는 어떤 것들이 있고 그것들은 내게 어떤 의미가 있을까. 그것들도 복리가 붙어서 꾸준히 커나가는 것일까. 경제적 자본과 비경제적 자본 사이에 선순환 고리를 만들 수 있을까. 이런 질문들이 계속 꼬리에 꼬리를 물고 이어졌다.

이 책을 쓰기 시작한 처음부터 '커뮤니티 자본'이라는 용어를 썼던 것은 아니다. 경제적 자본 외에도 지적 자본, 사회적 자본, 창조적 자본, 문화적 자본과 같이 다양한 혁신 자본을 문맥이나 필요에 따라 쓰고 있었다. 이러한 자본이 개인과 사회에 필요한데 어떻게 키워야 할지에 대한 고민으로 커뮤니티 웨이에 관한 초고를 쓰고 있었다. 그러다가 초고를 검토하는 편집회의에서 '커뮤니티 자본'이라는 말이 나왔다. 아, 그거다 싶었다. 모든 것이 설명되기 시작했다.

내가 얘기하려던 자본은 지금 대한민국 사회에 꼭 필요한 자본이고 개인의 행복을 위해서도 필요한 자본이다. 그런데 지금까지 그 누구도 깊이 있게 얘기하지 않았던 새로운 개념의 자본이었다. 얽힌 실타래가 풀리기 시작했다. 내가 7년여간 제주창조경제혁신센터에서 지역창업생태계와 지역혁신 커뮤니티를 만들기 위해 해왔던 일들이 커뮤니티 자본으로 설명되었다. 또한 개인으로서 내가 앞으로 어떤 일을 하며 어떤 삶을 살아갈지도 탐색을 해나갈 수 있게 되었다.

그리고 다시 3개월이 지난 후 '커뮤니티 자본'과 '커뮤니티엑스웨이'라는 개념에 대해서 사람들에게 조심스럽게 꺼내기 시작했다. 2022년 10월 나는 지리산포럼에 가서 강연할 기회가 생겼다. 주로 시민사회 활동가들이 많이 참여하는 실천 커뮤니티의 장이었다. 그곳에서 나는 처음으로 커뮤니티 자본을 중심으로 생각을 풀어냈다. 사람들이 많이 공감해주었다. 지난 몇 년간 크게 확장되었던 시민사회단체가 보수 정부가 들어선 뒤부터 크게 위축되었던 해였다. 나는 시민사회 활동가가 아니고 창업생태계를 만드는 사람이었지만 '나는 커뮤니티로 이루어져 있다' '경제적 자유를 넘어서 커뮤니티 자유를 추구한다' '서로 다른 커뮤니티가 연결하여 새로운 가치를 창출한다' 등 나의 주장에 그들도 동의했다.

그리고 두 달 뒤, 나는 행안부의 27개 청년마을 사업자들이 공주에서 한자리에 모인 Y-로컬 콘퍼런스에서 다시 강연할 기회가 있었다. 이 자리에서 나는 또 한 번 '커뮤니티 자본'과 '커뮤니티엑스 웨이'에 대해 강연했다. 지역에서 변화를 만들어가는 청년 사업가들은 자신들의 사업을 통해 지역의 커뮤니티 자본이 커나가고 있다는 것에 공감했다. 또한 지역민, 외지인, 기성세대와 청년세대 사이에서 다양한 커뮤니티들을 연결하고 융합해나가는 것을 커뮤니티엑스 웨이라고 불렀을 때 자신들이 무엇을 실천해야 할지 뚜렷이 인식해나가는 것을 확인할 수 있었다.

나는 7년 동안 제주에서 지역창업생태계 조성을 경험하고 2022년 5월에 퇴임했다. 그로부터 1년여간 전국 각지의 커뮤니티 자본과 커뮤니티엑스 웨이의 현장을 다녔다. 2022년 10월 4일에는 전남 광양에서, 12월 6일에는 전주에서 보건복지부와 지자체가 주최하고 CBS가 주관한 인구포럼의 강연자로 무대에 섰다. 이때도 나는 지역의 커뮤니티 자본을 커뮤니티엑스 웨이를 통해 키우는 것이 지역의 인구 문제에 대한 해법이라는 주장을 했고 지역의 공무원과 시민들의 호응을 얻었다. 그리고 대전의 어은동과 원도심, 목포 원도심, 부산 영도, 강원 속초, 충남 공주 등 지역 현장을 다니며 지역의 혁신가들에게 그들이 만들어가는 변화가 어떤 것인지 그 의미를 말해주었다. 2023년 3월에는 제주시 소통협력센터 전 직원 워크숍을 앞두고 아직 출간되기 전 책의 목차를 펼쳐놓고 강연을 하기도 했다. 그리고 4월에는 희망제작소에서 직원들을 대상으로 강연을 하며 시민사회에서는 커뮤니티엑스 웨이에 대해 어떤 반응을 보이는지 살펴보고, 5월에는 대전시 유성구청에서 공무원들에게 강연을 하고, 이어서 충남엔젤투자허브에서 스타트업 투자자들에게 같은 강연을 하면서 다양한 커뮤니티에서 어떤 반응을 보이는지 탐색했다.

이렇게 이 책은 나에 대한 성찰과 미래에 대한 설계도이다. 우리 사회 곳곳에 있는 혁신의 현장을 발로 뛰면서 쓴 것이다. 커뮤니티 자본과 커뮤니티엑스 웨이는 지역창업생태계와 스타트업 커뮤니티에 적용될 수도 있다. 그뿐만 아니라 시민 사회와 지역혁신, 공공 혁신에도 적용될 수도 있다. 또한 어떤 전문 영역이 경계를 넘어서 융합을 통해 혁신하고자 할 때도 적용될 수 있다.

커뮤니티 자본은 생성형 인공지능이 대체할 수 없다

✦ ✦ ✦ ✦ ✦

2023년은 챗GPT 3.5와 4.0이 출시되며 인공지능이 우리의 일과 삶을 크게 바꾸어놓는 해로 기억될 것이다. 교수, 변호사, 회계사, 번역가, 디자이너, 마케터, 작가, 컨설턴트 등 그동안 지식산업에 종사했던 이들이 해왔던 일들을 생성형 인공지능Generative AI이 빠르게 대체해가고 있다. 미래에 대한 공상 소설과 영화에 등장했던 사회가 현실로 다가온 것이다.

지금까지 인간만 할 수 있었다고 생각했던 것들을 인공지능이 대체하게 됨으로써 사람들은 흥분과 혼란의 감정을 동시에 느끼고 있다. 이 같은 변화가 더욱 가속화될 것은 자명하기 때문에 이런 혼란에 관한 질문도 더 빨라지고 고민도 깊어질 것이다.

이 책에서 다룬 커뮤니티 자본과 커뮤니티엑스 웨이에 대해서는 어떨까? 나는 이것은 인공지능이 대체할 수 없는 영역이라고 생각한다. 인공지능은 인간의 지식을 모방하고 창조할 수는 있지만 인간의 존재를 이루는 삶의 영역을 대체하지는 못하기 때문이다. 인공지능은 인간이 생산한 지식을 빅데이터로 모아서 새로운 지식을 창출한다. 빅데이터가 될 때 그 지식을 생산한 인간의 삶은 보이지 않는다. 그저 수치로 된 통계 데이터로만 존재한다. 인터넷에 올라와 있는 수많은 글과 그림들을 만들어낸 저작자들이 왜 그것들을 만들어냈는지는 데이터로 알 수 없다. 그들이 살아온 삶과 앞으로 살아갈 삶, 그리고 그들이 관계 맺고 있는 커뮤니티에 대한 것들은 사라지고 그저 정보화된 지식을 모아서 모방하고 재창조하는 것이 인공지능이다.

우리는 인공지능이 발달할수록 생산성에서 더 많은 의존을 하게 될 것이다. 또 한편 우리는 인공지능이 할 수 없는 영역에 대해 더 소중하게 생각하고 그와 관련된 능력을 의식적으로 키우려 들 것이다. 마치 산업혁명 이후에 인간은 동력을 기계에 의존하면서 더 많은 것들을 이루어냈지만 한편으로는 운동, 스포츠, 댄스 등의 활동에 더욱 열중하면서 몸의 활동을 키워간 것처럼 말이다.

인간의 지식 창조 활동 중의 상당한 부분을 인공지능이 효율적이고 생산적으로 해낼수록 인간의 커뮤니티에서만 창출되는 실천적 지식의 가치는 더욱더 커질 것이다. 인간은 여전히 삶의 여정에서 커뮤니티와 관계 맺을 수밖에 없다. 다양한 커뮤니티들은 여전히 충돌하며 갈등을 일으키기도 하고 융합하고 시너지를 창출하기도 하며 새로운 커뮤니티를 창조해낼 것이다. 그리고 커뮤니티의 생태계는 세대와 세대를 통해 계속 함께하게 될 것이다. 커뮤니티 자본론에 대해 우리가 더욱 관심을 가져야 하는 이유다.

커뮤니티 자본론

: 나의 제주에서 7년간 창업생태계 실천커뮤니티를 만들어간 이야기

초판 1쇄 인쇄 2023년 7월 10일
초판 1쇄 발행 2023년 7월 15일

지은이 전정환
펴낸이 안현주

국내 기획 류재운 이지혜 **해외 기획** 김준수 **메디컬 기획** 김우성
편집 안선영 박다빈 **마케팅** 안현영
디자인 표지 정태성 본문 장덕종

펴낸 곳 클라우드나인 　　　**출판등록** 2013년 12월 12일(제2013 – 101호)
주소 우) 03993 서울시 마포구 월드컵북로 4길 82(동교동) 신흥빌딩 3층
전화 02 – 332 – 8939 　**팩스** 02 – 6008 – 8938
이메일 c9book@naver.com

값 19,000원
ISBN 979 – 11 – 92966 – 24 – 3　03320